Johann Moritz Schwager

Versuch einer Geschichte der Hexenprozesse.

Johann Moritz Schwager
Versuch einer Geschichte der Hexenprozesse.
ISBN/EAN: 9783743318748

Hergestellt in Europa, USA, Kanada, Australien, Japan

Cover: Foto ©ninafisch / pixelio.de

Manufactured and distributed by brebook publishing software (www.brebook.com)

Johann Moritz Schwager

Versuch einer Geschichte der Hexenprozesse.

Versuch
einer
Geschichte
der
Hexenprocesse.

Von
Johann Moriz Schwager,
Pastoren zu Joellenbeck in der Grafschaft Ravensberg.

Erster Band.

Berlin, 1784.
Bei Johann Friedrich Unger.

Seiner

Kayserlichen und Königlichen

Majestät,

Joseph II.

Dem Sieger über Aberglauben und Gewissenstyranney.

Allerdurchlauchtigster Kayser!

Allergroßmächtigster Kayser und Herr!

Wenn die Fürsten in jenen dunkeln Zeiten der Unwissenheit, Barbarey und falschen Religionseifers sich mit demjenigen Muthe, mit derjenigen unerschütterlichen

Stand=

Standhaftigkeit dem Fanaticismus der Ke=
tzermeister entgegen gestellt hätten, mit der
Ew. Kayserliche Majestät den Aberglau=
ben in seiner Verschanzung angreifen und
die Gift sprühende Hyder der Religionsver=
folgung vom Erdboden vertilgen; so würd'
ich keine Materialien gefunden haben, dies
Buch zu schreiben, das ohne Indignation
kein Mensch wird lesen können. Ich lege
es, großer, menschenfreundlicher Mo=
narch! zu den Füßen Ew. Kayserlicher
Majestät, und wenn Allerhöchst Diesel=

ben

ben glauben, daß eine getreue Darstellung jener Raserey, die sich jetzt verkrochen hat, aber noch nicht völlig aus der Welt seyn dürfte, in Allerhöchst Dero Staaten Nutzen stiften könne, so bitte ich um Ew. Kayserlichen Majestät mächtigen Schutz für mein Buch, und um Verzeihung, daß ich dem unwiderstehbaren Drange meines Herzens nachgab, Ew. Kayserlichen Majestät vor den Augen der Welt öffentlich ein Opfer meiner Bewunderung und des innigsten Danks im Namen der Menschheit

dar=

darzubringen, der Allerhöchst Dieselben die ihr mit Gewalt geraubten Rechte wiedergeben. Ich ersterbe mit tiefster Devotion

Ew. Kayserlicher Majestät

alleruntertänigster
Johann Moritz Schwager.

An die Leſer.

Als Prediger hab' ich nun ſchon ſeit funfzehn Jahren Erfahrungen gnug geſammlet, wie ſehr der Aberglaube noch immerfort die Religion ſchånde, und ein lebhaftes und kindliches Vertrauen auf Gott durch freylich leere, aber doch immer höchſt ſchådliche Furcht verdrenge. Der grobe ohne alle Vernunft eingeſogene Glaube an einen beynahe allmåchtigen, allgegenwårtigen und allwiſſenden Teufel, dem Gott entweder das Handwerk nicht legen kann, oder nicht legen will, herrſcht noch in den meiſten Köpfen der Chriſten; Geiſtliche ſind es gewöhnlich, die ihn unterhalten und weiter fördern, und wenn unſre Fürſten ſie nur machen laſſen wollten; ſo würden wir bald traurige Beweiſe gnug ſammlen können, wie åußerſt geringe unſere ſo hochgerühmte Aufklårung noch ſey. Hie und da ſteht freylich einer auf, der die Wahrheit ſucht, findet und Muth gnug hat, ſie laut zu ſagen; wer aber mit dem großen Haufen bekannt iſt, und in's Detail geht, erfåhrt es mit Leidweſen, wie ſehr die meiſten Stimmen wider ſolche Herolde ſind, und wie ſehr ſich der muthige Mann verleugnen müße, der es wagt, verjährte und ehrwürdig gewordene Vorurtheile anzugreifen. Die wirkliche Aufklärung bleibt nur auf wenige Oerter und sehr einzelne Menschen eingeschränkt, in den Provinzen ist sie meist noch Conterbande, und viele Religionslehrer bleiben um hundert und mehr Jahre zurück. Theils fehlt es ihnen an Mitteln, ihre Einsichten zu vermehren und ihre Kenntnisse zu bereichern; denn ihre Einkünfte verringern sich nach Maßgabe des höhern Preises des täglichen Brodts und des Zuwachses ihrer Bedürfnisse; theils fehlt es ihnen an Kopf und vielleicht noch öfterer am guten Willen, denn ein gewisser frommer Trotz, der nicht Unrecht haben und sich keines Bessern belehren lassen will, thut auf die Dauer der Aufklärung mehr Schaden, als vormals Kerker, Folter und Scheiterhaufen, und unser Gottesdienst, der ein vernünftiger Gottesdienst seyn sollte, bleibt leider noch immer durch Fabeln und Mährchen entstellt. Wie soll nun der Laye aufgeklärt werden, wenn sein Lehrer und Seelsorger, der sein ganzes Vertrauen besitzt, sich seinen Irrthum nicht will nehmen lassen, und seine Vorurtheile zu einer Sache Gottes macht? Ich rede nicht von großen Städten, (wo auch diese Wahrheit beym größten Haufen noch immer anwendbar bleibt) sondern vom platten Lande, wo es zum Theil noch sehr finster aussieht. Großentheils erschallt hier der Name des Teufels häufiger von der Canzel, als der Name Gottes und Jesu, aus freyen Christen und Kindern Gottes macht man

erschro-

erschrockene Sclaven der Furcht, die in ihrem ganzen Leben Knechte bleiben müßen. Hie und da steht freylich auch auf dem Lande ein Mann auf, der zu gewissenhaft ist, seine Augen vor dem hellen Glanze der Wahrheit zu verschließen, der es wagt, seine Ueberzeugungen laut zu sagen; aber was ist sein Lohn? Verketzerung und Verfolgung. Man stichelt auf ihn an heiliger Stätte, man hetzt seine Kirchkinder wider ihn auf, macht ihn bey seinen Vorgesetzten verdächtig — und meynt, man thue Gott einen Dienst daran. Man kann mir's zutrauen, daß ich in diesem Stücke die Chronique scandaleuse meiner Amtsbrüder ziemlich genau kenne, und meine Erfahrungen hab' ich nicht immer wohlfeil. Doch, ich will nicht klagen. Die erhabene Weisheit meines Königes, und der Geist der Duldung, der seine Regierung auszeichnet und seine Staaten glücklich macht, hat mich noch immer erhalten, und meine Bemühungen, die freylich, im Ganzen genommen, nicht viel sagen wollen, sind in meinem eingeschränkten Wirkungskreise, nicht immer ohne Segen geblieben. Durch oft gemachte Erfahrungen hab' ich's meinem Publico abgemerkt, daß abstractes Räsonnement nicht viel über es vermag, wenigstens nicht über alle Leser. Ich habe mich also entschlossen, ihm Thatsachen vorzulegen, Geschichte, über die doch jeder urtheilen will und wird, und dadurch, glaube ich, werden wir näher zusammen kommen. Jeder einigermaßen

billige

billige Leser wird es fühlen, daß wir wenigstens jetzt klüger sind, als es unsre Vorfahren vor hundert und mehr Jahren waren, und wer nicht gar zu große Prädilection für sein Zeitalter hat, wird es wenigstens nicht leugnen, daß unsre Nachkommen noch klüger seyn werden, als wir sind. Wenn unsre Fürsten fortfahren werden, solche wahre Väter und Hirten ihrer Völker zu seyn, als es unser Friedrich und unser Joseph II sind; so fürcht' ich nichts, die Wahrheit wird gewiß siegen und der Irrthum sich selbst stürzen. Und Gottlob! der Geist, der diese große Monarchen zum Heil der Welt beseelt, belebt schon mehrere christliche Fürsten, und ehe noch das achtzehnte Jahrhundert ganz wird verflossen seyn, werden wir, zum Besten der Menschheit, Revolutionen erleben, die thätige Beweise der nie schlafenden göttlichen Vorsehung seyn und dafür erkannt werden müssen.

Eine vollständige Geschichte der Rasereyen, Thorheiten und Irrthümer der Menschen, in Rücksicht auf Aberglauben und namentlich auf Zauberey, kann und will ich nicht liefern. Wo käm' alles Papier her? Tausende von Jahren müßt' ich leben, und mehr als Mensch seyn, um alle Possen sammlen zu können, die die Menschheit beschimpft haben. Ich hebe mir nur einen gewissen einzeln Zweig des Aberglaubens aus, ihn zu beleuchten und vor das Anschauen zu bringen; ich wage mich nicht weiter, als ich vesten
Fuß

Fuß habe, die Geschichte zu entwickeln; meine Arbeit geb' ich für weiter nichts aus, als für einzelne Materialien und Bruchstücke, die künftig einmal ein Geschichtschreiber, der mehr Zeit, Bücher und Archive zu seinem Befehl hat, in ein Ganzes verweben mag, wenn er's für gut findet. Meinen Plan hätt' ich freylich erweitern können, und gern hätt' ich's auch gethan; aber ich mußte meine Zeit und Kräfte auch zu Rathe ziehen, und da ich keine andre Bücher zum Gebrauche habe, als meine eigene, die Bibliothek eines in einem abgesonderten Winkel lebenden Landpredigers, so wird der Leser mich beurtheilen, wie ich beurtheilt zu seyn wünsche, und nicht mehr von mir fordern, als ich versprochen habe, und in meinem sehr eingeschränkten Wirkungskreise zu leisten vermögend bin.

Meine Documente sind indessen nicht zu verachten, wenigstens sind sie ächt, und Schade wär's um sie gewesen, wenn sie ferner eine Beute der Motten geworden wären, denen ich sie aus den Zähnen gerissen habe. Meine Gönner und Freunde, die sie mir verschaft haben, wollen nicht genannt seyn, von meiner Dankbarkeit sind sie indessen überzeugt; und da ich weder die Gerichte, bey welchen die Acten, in so weit sie noch nie gebraucht wurden, verhandelt sind, noch die Personen namentlich nennen darf, die sie betrafen; so hoff' ich doch beym Publico Credit gnug für meine Beweismittel zu finden, um dieser na=
ment=

mentlichen Documentirung überhoben seyn zu können. *).

Meine Schreibart hat meinen Feinden schon oft Gelegenheit gegeben, mich anzuzapfen und mir Verdruß zu machen. Sie ist geradezu, bisweilen und die meiste Zeit ohne Umstände, warm und mit einem Worte mir natürlich. Ich nenne gern jede Sache bey ihrem wahren Namen, und behandle Schurken so wie sie es verdienen; wessen ich mich annehme, des nehm' ich mich mit Wärme an, und meinen Abscheu vor Schurkereyen kann ich nicht unterdrücken. Ich gebe dies für keine Tugend, wenigstens für keine Klugheit aus, ich bitte nur um Gedult und Toleranz, und anbey zu bedenken, daß ich nur ein Landprediger und kein Hofprediger bin. Ich bin schon zu alt, mich in diesem Stücke bessern zu können, also müssen meine Leser so gut seyn, mich zu nehmen, wie ich bin, oder meine Schriften ungelesen zu lassen.

Joellenbeck in der Grafschaft Ravensberg,
im December, 1783.

J. M. Schwager.

*) Daß diese Documente erst künftig und muthmaßlich erst im dritten Bande ihre Stelle finden werden, darf ich kaum erinnern, denn der erste Band bleibt blos Einleitung, und auch im zweyten Bande werde ich, zum Theil wenigstens, noch Einleitung schreiben müssen, um die Gleichheit der Bände beobachten zu können.

Die

Die verfluchten Hexenprocesse stützten sich auf den nicht verstandenen Befehl Mosis: Die Zauberinnen sollt du nicht leben lassen, 2 Mos. 22, 18. und man ermordete ohne weitere Nachfrage alle Unglückliche, die im Grunde doch nichts weniger waren, als Zauberer und Zauberinnen, wie sie sich Moses gedachte *). Unsere Inquisitoren dachten sich unter Zauberern

*) Das Zaubergesindel, wider welches das Mosaische Gesetz eifert, waren astrologische Betrüger, die unter andern Sonnen- und Mondsfinsternissen ausrechnen konnten, und durch die Vorhersagung einer solchen Finsterniß das unwissende Volk in Furcht jagten und betrogen. Ein solcher Mecascheph war Columbus, jedoch in einem zu entschuldigenden Verstande, als er den Indianern auf Jamaica eine Mondsfinsterniß vorher verkündigte — um Lebensmittel von ihnen zu erhalten; im völlig schlechten Verstande war auch Schröpfer ein solcher Zauberer (Mecascheph), der da vorgab, Sterne beschwören zu können. Moses sagt, Zauberinnen sollen לא תחיה, nicht am Leben bleiben, der Herr Ritter Michaelis, dieser Montesquieu der hebräischen Gesetzgebung, lies‍t dafür lieber: לא תהיה, soll nicht seyn, und dann stimmen die Gesetze 2 Mos. 22, 18. und 5 Mos. 18, 10. 11. überein. S. Michaelis Mosaisches Recht, Th. 5. §. 255. S. 205. der ersten Ausgabe. Die Septuaginta hat 2 Mos. 22, 18. φαρμακους, Giftmischerinnen, auch sie denkt also an unsre Hexen nicht; Junius und Tremellius übersetzen Praestigiatricem, Gauklerin, und auch dies Wort entspricht unsern Hexen bei weitem nicht. Eine Malefica, Verbrecherin, war die Mecaschepha Mosis immer, ohnerachtet wir nicht für ganz gewiß sagen können,

rern Leute, „die Gott verleugnet, ihm und seiner Gnade
„entsagt, mit dem Teufel einen Bund gemacht und sich
„ihm mit Leib und Seele ergeben hätten, die mit Teu=
„feln Unzucht trieben,' seine Assembleen besuchten, von
„ihm Giftpulver und Befehl erhielten, Menschen und
„Vieh umzubringen und durch seine ihnen mitgetheilte
„Wunderkraft Gewitter schaffen und die Kräfte der Na=
„tur umschaffen und verwirren könnten."

Nur wenige Rechtschaffene und muthige Zeugen der
Wahrheit haben es nach und nach gewagt, sich mit Mo=
sen bekannter zu machen, und gefunden, daß Moses
unsern Teufel gar nicht gekannt hat, folglich auch
keine Hexen, dergleichen unsere Hirngespinste waren, die
ohne unsern Teufel nicht bestehen konnten, der, so wie
man ihn abmahlt, gleichfalls weiter nichts, als ein blos=
ses Hirngespinst ist, das durch Erbgangsrecht von dum=
men, höchst abergläubischen Juden auf uns gekommen
und von unsern christlichen Rabbinen weiter ausgeputzt
ist. Daß Moses vom Teufel, so wie er bey uns aus=
sieht, keine Sylbe gewußt hat, beweisen seine Bücher,
und ich biethe dem Trotz, der mir das Gegentheil zeigen
kann. In keinem biblischen Buche, das vor der assyri=
schen Gefangenschaft geschrieben ist, steht ein Wort vom
Teufel. Alle Bücher, die wir Protestanten mit Recht
für

können, worin ihr Verbrechen bestand; jedoch bringt es
der Zusammenhang mit sich, daß solches Gesindel besonders
Gelegenheit zum Götzendienste gab, und nun lese man
תחית oder תחיה, es gilt uns beydes gleich.

Auch die Griechen und Römer kannten unsre Zauberer
nicht, weil sie unsern Teufel nicht kannten, sondern sich bey
ihren Zaubereyen respectabler Götter und Göttinnen be=
dienten, die man nicht so aushunzte, als wir den Fürsten
der Finsterniß. Ihre Zauberer waren Leute, die schon was
bedeuteten, weil sie nach dem Volksglauben und ihrem ei=
genen Vorgeben, mit den Göttern en Camerade umgiengen.

für apocryphische halten, sind spätern Ursprungs, und selbst das Buch Hiobs, das bey näherer Prüfung so sehr von seinem Ansehn verlohren hat, verräth seine Jugend durch die Fabel vom Satan, diesem erdichteten General=fiskale Gottes, den man vor der babylonischen Gefangenschaft gar nicht kannte. Zauberer, wie sie spätere Zeiten ausgebrütet haben, kennt die Bibel gar nicht, außer dem Namen nach, der aber ein Product abergläubischer Uebersetzer ist, die neuere Meynungen dem Grundtexte unterlegten. Ist es wahr, daß man vormals den Teufel Zabul *), und Teufeley Zabuley und zuletzt Zauberey nannte; so dürfen wir um die Abstammung dieses Worts unbekümmert seyn, die mit den neuern Meynungen so vollkommen einstimmig ist.

Zauberer, wie man sie sich ohngefähr seit 250 Jahren geträumt hat, haben unsere ältere christliche Vorfahren auch nicht gekannt. Müßige und tückische Mönche haben sie in ihren Klöstern ausgebrütet, und der wundersüchtige Pöbel nahm diese Fabeln mit beiden Händen an. Wahr ist es freylich, die Materialien zu diesem Fabelgebäude sind, wenigstens zum Theil, schon alt, nur die Zusammensetzung ist neu, nebst einigem Flickwerke, das sich gleichfalls aus spätern Zeiten herschreibt. Der heil. Hieronymus **) breitete schon viele Fabeln

---

*) Wierus sagt: Etliche meynen, daß Zabulus und Zamolxis die Zauberkunst erfunden haben sollten. Irenäus nennt den Teufel Zabuloo, daher soll auch der Name Rübenzahl gekommen seyn. S. Mich. Förtsch Diss. de pactis hominum cum diabolo. p. 7.

**) Besonders findet man viel ungereimtes Zeug in seinen Lebensbeschreibungen der heiligen Einsiedler Paulus, Hilarion und Malchus. Einst träumte er, er würde vor das Gericht geführt und befragt, wer er sey? Ein Christ, war seine Antwort; der Richter sprach aber: Nein,

der Art in seinen Schriften aus, die mit Begierde gelesen wurden, und der heilige Augustinus *) war unter allen Kirchenvätern der größte Fabelhans, wenn ihm etwa Gregorius der Große **) den Preis nicht abgejagt hat. Diese Väter überließen indessen ihren Nachkommen noch Fabeln gnug zu erfinden, besonders das Mährchen von dem Bunde mit dem Teufel, welches jedoch Basilius der Große schon vor ihnen glaubte, der eines gewissen Proterii Knecht, der mit dem Teufel einen Bund wollte gemacht haben, wieder in integrum restituirte. Man muß sich wundern, daß die menschliche Vernunft so tief fallen konnte, wenn man alle die Possen liest, die man sich von dem Zauberwesen erzählte; bedenkt man aber auf der andern Seite, wie reichlich den Mönchen vorgearbeitet war, wie groß ihre Unwissenheit in der heiligen Schrift und Naturkunde, wie stark bey ihrem faulen Leben das Bedürfniß war, sich doch mit

etwas

du bist ein Ciceronianer und kein Christ. Um ihm die Liebe zu den Schriften und der Eleganz des Cicero abzugewöhnen, ließ ihn der Richter tüchtig peitschen, und zwar alles Ernstes, daß er blaue Striemen bekam. Opp. T. 4. P. 2. p. 42. Seite 385 macht er aber einen Traum daraus, und widerspricht sich. Bey einem großen Theile Mönche fruchtete seine Züchtigung so viel, daß sie sich von dem Ciceronianischen Latein suchten unbefleckt zu erhalten.

*) Er behauptet unter andern das Daseyn der Buhlteufel, die sich mit dem Frauenzimmer fleischlich vermischen, alles Ernstes. De Civit. Dei L. 15. c. 23.

**) Gregorius Magnus schrieb 4 Bücher Dialogen, in welchen die gröbsten, abgeschmacktesten und abergläubigsten Lügen enthalten sind. Nur eine zur Probe. Eine Ehefrau, die des Nachts vor der Procession zur Einweihung einer Kirche oder Capelle bey ihrem Manne geschlafen hatte, ward zur Strafe vom Teufel besessen. Aber warum der Mann nicht auch?

etwas zu beschäftigen, und dann, wie oft sie Gelegenheit bekamen, das Emporstreben der unterdrückten Vernunft bey den Layen zu verhindern, um dem Falle ihrer Actien vorzubeugen; so muß man sich wundern, daß der abgeschmackten Fabeln nicht noch mehr sind. Denn ich darf es doch wohl nicht erst beweisen, daß es Mönche waren, die alle diese Fabeln ausheckten, ausputzten und unter die Leute brachten? daß Mönche die lächerlichen, abgeschmackten Legenden ausbrüteten? und daß es bis diese Stunde Mönche und Nonnen sind, die wunderthätige Marienbilder besitzen, und Mönche, die die Vitas Sanctorum schreiben? Ich besitze selbst einen ziemlichen Vorrath von Legenden, keine aber, die nicht einen Mönch zum Verfasser hätte.

Es ist wider meinen Plan, mich näher auf diese Legenden einzulassen, wenigstens hier noch nicht *); ich kehre also zur Geschichte der Zauberfabeln zurück, und zwar mit einem Sprunge bis auf die Bulle Pabsts Innocenz des achten **). Diese ist der eigentliche Zeitpunkt, von dem man den Anfang der Hexenprocesse datiren kann, und sie verdient ganz gelesen zu werden.

B 3   BVLLA

---

*) Wenn mir Gott das Leben fristet und Muße verleiht; so bin ich entschlossen, die merkwürdigsten Legenden zu sammlen, und Scholiastendienste dabey zu vertreten.

**) Thomasius, auf den ich hier, der Kürze halber, verweise, hat in seiner historischen Untersuchung von dem Ursprunge und Fortgang des Hexenprocesses zwar noch vieles Sachdienliche, ehe er auf diesen Zeitpunkt kommt, ich würde aber sehr weitläuftig werden müssen, wenn ich nach seinem Plan arbeiten wollte.

BVLLA *)

Pabsts Innocents des 8, durch welche er den Inquisitoren wider die Ketzer eingeräumet hat, den Hexenproceß in Deutschland einzuführen.

INNOCENTIVS Episcopus, Servus servorum Dei. Ad futuram rei memoriam. Summis desiderantes affectibus, prout pastoralis sollicitudinis cura requirit, ut fides catholica nostris potissime temporibus ubique augeatur et floreat, ac omnis haeretica pravitas de finib. fidelium procul pellatur, ea libenter *declaramus* **), ac

Innocenz Bischof, ein Knecht der Knechte Gottes. Zukünftigen der Sache Gedächtniß. Indem wir mit der höchsten Begierde verlangen, wie es die Sorge unsers Hirtenamtes erfordert, daß der katholische Glaube fürnehmlich zu unsern Zeiten allenthalben vermehret werden und blühen möge, und alle ketzerische Bosheit von den Grenzen der Gläubigen weit hinweggetrieben werde, so erlauben **) wir etiam

---

*) Ich nehme sie und die Uebersetzung aus Haubers Bibliotheca magica, erstem Stücke, S. 1. ff. Hauber sagt S. 18. selbst: „Uebrigens sind wir bey Uebersetzung dieser „Bulle mit Fleiß etwas genau bey den Buchstaben geblie„ben." Der unheilige Vater hat sich sehr in Acht genommen, mit Hieronymo keine Prügelsuppe für ciceronianisches Latein zu bekommen.

**) Hauber übersetzt *declaramus* durch erläutern, es spricht hier aber ein Pabst, dessen Declaration Befehl ist. Semler sagt darüber in seiner Sammlung von Geisterbeschwörungen, Stück 2. S. 204. bey Gelegenheit des kurzen Auszugs aus der Hauberschen Bibliotheca magica: „Es ist declaratio *magistralis*, quae pertinet ad Doctores, gar „sehr

etiam de novo concedimus, per quae hujusmodi pium desiderium nostrum *votivum* sortiatur effectum, cunctisque propter ea per nostrae operationis ministerium quasi per providi operatoris sarculum erroribus extirpatis, ejusdem fidei zelus et observantia in ipsorum corda fidelium fortius imprimatur. Sane nuper ad nostrum non sine ingenti molestia pervenit auditum, quod in nonnullis partibus Alemaniae superioris, nec non in Moguntinen. Colonien. Treveren. Saltzburgen. et Bremen. provinciis, civitatibus, terris, locis et diocesibus complures utriusque Sexus personae, propriae salutis immemores

gerne dasjenige und setzen es auch von neuem, wodurch solches unser gottseliges Verlangen die erwünschte Wirkung erlangen mag. Und dannenhero indeme, durch den Dienst unserer Arbeit, als durch die Reuthaue eines vorsichtigen Arbeiters alle Irrthümer gänzlich ausgerottet werden, der Eifer und die Beobachtung eben desselben Glaubens in die Herzen der Glaubigen um so stärker eingedrucket werde. Gewißlich es ist neulich nicht ohne große Beschwehrung zu unsern Ohren gekommen, wie daß in einigen Theilen des Oberteutschlandes, wie auch in den Mäinzischen, Cöllnischen, Trierschen, Saltzburgischen und Bremenschen Ertzbistümern, Städten, Ländern, Orten und Bistümern sehr viele Personen beyderley Geschlechts, ihrer eigenen Seligkeit vergessend

B 4 et

„sehr unterschieden von *declaratio* et determinatio auctoritativa, finalis, cui omnes debent acquiescere. Diese gehört dem Pabst; Antoninus titulo XII. de infidelitate; cap. 5. de materia haeresis. Herr D. Hauber hat also dies Wort, declaramus, unrecht gegeben: so erläutern wir."

et a fide catholica deviantes, cum daemonibus incubis et succubis abuti, ac suis incantationibus, carminibus et conjurationibus aliisque nefandis superstitiis et sortilegiis, excessibus, criminibus et delictis mulierum partus, animalium foetus, terrae fruges, vinearum uvas et arborum fructus, nec non homines, mulieres, pecora, pecudes, et alia diversorum generum animalia, vineas quoque, pomeria, prata, pascua, blada, frumenta et alia terrae legumina, perire, suffocari et extingui facere, et procurare, ipsosque homines, mulieres, jumenta, pecora, pecudes et animalia diris tam intrinsecis, quam extrinsecis doloribus et tormentis afficere et excruciare, ac eosdem homines ne gignere, et mu-

und von dem catholischen Glauben abfallend, mit denen Teufeln, die sich als Männer oder Weiber mit ihnen vermischen, Mißbrauch machen, und mit ihren Bezauberungen, und Liedern und Beschwehrungen, und anderen abscheulichen Aberglauben und zauberischen Uebertretungen, Lastern und Verbrechen, die Geburthen der Weiber, die Jungen der Thiere, die Früchte der Erden, die Weintrauben und die Baumfrüchte, wie auch die Menschen, die Frauen, die Thiere, das Vieh, und andere unterschiedener Arten Thiere, auch die Weinberge, Obstgärten, Wiesen, Weiden, Korn und andere Erdfrüchte, verderben, ersticken und umkommen machen und verursachen, und selbst die Menschen, die Weiber, allerhand groß und klein Vieh und Thiere mit grausamen sowohl innerlichen als äußerlichen Schmerzen und Plagen belegen und peinigen, und eben dieselbe Menschen, daß sie nicht zeugen, und die Frauen, daß sie
lieres

lieres ne concipere, viros-
que ne uxoribus et mulie-
res ne viris actus conjuga-
les reddere valeant, impe-
dire. Fidem praeterea
ipsam quam in sacri sus-
ceptione baptismi suscepe-
runt ore sacrilego abnega-
re. Aliaque quam pluri-
ma nefanda excessus et crimina, instigante humani
generis inimico, commit-
tere et perpetrare non ve-
rentur, in animarum sua-
rum periculum, divinae
majestatis offensam ac per-
niciosum exemplum et
scandalum plurimorum.
Quodque licet dilecti filii
HENRICVS *) INSTITO-
RIS, in praedictis parti-
bus Alemaniae superioris,
in quibus etiam provin-
ciae, civitates, terrae dioces. et alia loca hujusmodi
comprehensa fore cense-
tur, nec non IACOBVS
SPRENGER per certas

*) ad. Henrici.

nicht empfangen, und die
Männer, daß sie den Wei-
bern, und die Weiber, daß
sie den Männern die eheliche
Werke nicht leisten können,
verhindern. Ueberdieses
den Glauben selbst, welchen
sie bey Empfangung der heiligen Taufe angenommen
haben, mit eidbrüchigem
Munde verleugnen. Und
andere überaus viele Leicht-
fertigkeiten, Sünden und
Laster, durch Anstiftung des
Feindes des menschlichen
Geschlechts zu begehen und
zu vollbringen, sich nicht
fürchten, zu der Gefahr ihrer Seelen, der Beleidi-
gung göttlicher Majestät
und sehr vieler schädlichem
Exempel und Aergerniß.
Und daß, obschon die geliebten Söhne Henricus In-
stitoris in den obgenann-
ten Theilen des Oberteutschlandes, in welchem auch solche Erzbisthümer, Städte,
Länder, Bisthümer und an-
dere Orte begriffen zu seyn
gehalten werden, wie auch
Jacobus Sprenger,
durch gewisse Striche des
partes

partes lineae Rheni, ordinis praedicatorum et theologiae professores, haereticae pravitatis inquisitores per literas Apostolicas deputati fuerunt, prout adhuc existunt, tamen nonnulli clerici et laici illarum partium, quaerentes plura sapere, quam oporteat, pro eo, quod in literis deputationis hujusmodi provinciae, civitates, dioces. terrae et alia loca praedicta, illarumque personae ac excessus huiusmodi nominatim et specifice expressa non fuerunt, illa sub iisdem partibus minime contineri et propterea praefatis inquisitoribus in provinciis, civitatibus, dioces. terris, et locis praedictis hujusmodi inquisitionis officium exequi non licere, et ad personarum earundem super excessibus et criminibus ante dictis punitionem, incarcerationem et correctionem admitti non debere, pertinaciter asserere non erubescunt.

Rheinstroms, des Predigerordens und Professores theologiae zu Inquisitoren des ketzerischen Unwesens durch apostolische Briefe bestellet worden, wie sie auch noch sind, dennoch einige Geistliche und Gemeine derselben Länder, welche mehr verstehen wollen, als nöthig wäre, deswegen, weil in den Briefen ihrer Bestellung solcherley Ertzbistümer, Städte, Bistümer, Länder, und andere obgenannte Orte und deren Personen und solche Laster nicht namentlich und insonderheit ausgedrucket worden, dahero solche auch gar nicht darunter begriffen, und also denen vorgenannten Inquisitoren in solchen Ertzbistümern, Städten, Bistümern, Ländern und Orten, vorgenennet, solches Amt der Inquisition zu verrichten nicht erlaubt seyn, und dieselbe zu Bestraffung, Inhafftnehmung und Besserung solcher Persohnen, über denen vorgenannten Verbrechen und Lastern nicht müssen zugelassen werden, halsstarrig zu bejahen sich nicht schä-

Propter

Propter quod in provinciis civitatibus, dioces. terris et locis praedictis excessus et crimina hujusmodi non sine animarum earundem *evidenti**) jactura et aeternae salutis dispendio remanent impunita. Nos igitur impedimenta quaelibet, quae per ipsorum inquisitorum officii executio quomodo libet retardiri posset, de medio submovere, et ne labes haereticae pravitatis aliorumque excessuum hujusmodi, in perniciem aliorum innocentum sua venena diffundat, oportunis remediis, prout nostro incumbit officio, providere volentes, fidei zelo ad hoc maxime nos impellente, ne propterea contingat, provincias, civitates, dioceses, terras et loca praedicta sub eisdem partibus Alemaniae superioris, debito inquisitionis officio carere, eisdem inquisitoribus in illis officium

*) alias *evidentia*.

men. Deswegen dann in denen Ertzbisthümern, Städten, Bisthümern, Ländern und Orten vorgenennte solcherley Verbrechen und Laster, nicht ohne offenbaren Verlust solcher Seelen und ewiger Seelengefahr ohngestraft bleiben. Derohalben wir, indem wir alle und jede Hindernisse durch welche die Verrichtung des Amts der Inquisitoren auf irgend eine Weise verzögert werden könnte, aus dem Wege räumen, und damit nicht die Seuche des ketzerischen Unwesens und anderer solcher Verbrechen ihr Gifft zu dem Verderben anderer Unschuldigen ausbreiten möge, durch taugliche Hülfsmittel, wie solches unserm Amt obliegt, versorgen wollen, da der Eifer des Glaubens uns fürnemlich hierzu antreibt, damit nicht dahero geschehen möge, daß die Ertzbistümer, Städte, Bistümer, Länder und obgenennte Orte in denselben Theilen des Oberteutschlandes, ohne das nöthige Amt
in-

inquisitionis hujusmodi exequi licere, et ad personarum earundem super excessibus et criminibus praedictis correctionem, incarcerationem et punitionem admitti debere, perinde in omnibus et per omnia, ac si in literis praedictis provinciae, civitates, dioces. terrae et loca ac personae et excessus hujusmodi nominatim et specifice expressa forent, autoritate Apostolica tenore praesentium statuimus. Proque potiori cautela literas et deputationem praedictas ad provincias, civitates, dioces. terras et loca, nec non personas et crimina hujusmodi extendentes, praefatis Inquisitoribus, quod ipsi et alter eorum, accersito secum dilecto filio IOHANNE GREMPER, clerico Constantien. diocess. magistro in artibus, eorum moderno seu quovis alio Notario

der Inquisition darinnen zu verrichten erlaubt seyn, und sie zu der Besserung, Inhafftnehmung, und Bestrafung solcher Personen über den vorgenannten Verbrechen und Lastern hinzugelassen werden sollen, durchgehends und in allen eben so, als wann in den vorgenannten Briefen, solche Ertzbistümer, Städte, Bistümer, Länder und Orte und Personen und Verbrechen namentlich und insonderheit ausgedrucket wären, Kraft dieses unseres Briefes. Und indem wir, um mehrerer Sorgfalt willen, vorgemeldte Briefe und Bestellung auf solche Ertzbistümer, Städte, Bistümer, Länder und Orte, desgleichen solche Personen und Laster, ausstrecken, so geben wir denen vorgesagten Inquisitoren, daß sie und einer derselben, wann sie den geliebten Sohn Johannes Gremper, einen Geistlichen des Constanzer Bistums, Meister in den Künsten, ihren damaligen oder einen jeden andern Notarium publicum zu sich gerufen haben, der von ihnen publico

publico, per ipsos et quemlibet eorum pro tempore deputando, in provinciis, civitatibus, diocesis, terris et locis praedictis contra quascunque personas, cujuscunque conditionis et praeeminentiae fuerint, hujusmodi inquisitionis officium exequi, ipsasque personas, quas in praemissis culpabiles repererint, juxta earum demerita corrigere, incarcerare, punire et mulctare. Nec non in singulis provinciarum hujusmodi parrochialibus Ecclesiis, verbum Dei fideli populo, quotiens expedierit, ac eis visum fuerit, proponere et praedicare, omniaque alia et singula in praemissis et circa ea necessaria et opportuna facere, et similiter exequi libere et licite valeant, plenam ac liberam eadem auctoritate de novo concedimus facultatem. Et nihilominus venerabili fratri nostro Episcopo Argentinensi per Apostolica scripta mandamus, quatenus ipse per se,

u. einem jeglichen derselben zu der Zeit wird verordnet werden, in den vorgenannten Ertzbistümern, Städten, Bistümern, Ländern und Orten, wider alle und jede Personen, wes Standes und Vorzuges sie seyn mögen, solches Amt der Inquisition vollziehen, und die Personen selbst, welche sie in vorgemeldeten werden schuldig befunden haben, nach ihrem Verbrechen züchtigen, in Haft nehmen, am Leib und am Vermögen straffen, nicht weniger in allen und jeden Pfarrkirchen solcher Länder das Wort Gottes dem gläubigen Volke, so oft, als es nützlich seyn, und ihnen gutdüncken wird, vortragen und predigen, auch alles und jedes, was zu und in obigen Dingen nöthig und nützlich seyn wird, frey und ungehindert thun und also vollziehen mögen, aus eben derselben Hoheit, von neuem völlige und freye Gewalt. Und befehlen nicht weniger Unserm ehrwürdigen Bruder dem Bischoff zu Straßburg durch Apostolische Briefe, daß er durch sich vel.

vel per alium seu alios, praemissa ubi, quando et quotiens expedire cognoverit, fueritque pro parte inquisitorum hujusmodi seu alterius eorum legitime requisitus, solenniter publicans, non permittat, eos quoscunque super hoc, contra praedictarum et praesentium literarum tenorem, quavis autoritate molestari, seu alios quomodo libet impediri, molestatores et impedientes et contradictores quoslibet, et rebelles, cuiuscunque dignitatis, status, gradus, praeeminentiae, nobilitatis et excellentiae aut conditionis fuerint, et quocunque exemtionis privilegio sint muniti, per excommunicationis, suspensionis et interdicti, ac alias etiam formidabiliores, de quibus sibi videbitur, sententias, censuras et poenas, omni appellatione postposita, compescendo et etiam legitimis super his per cum

selbst, oder durch einen andern, oder etliche andere, das vorgemeldete, wo, wann und so oft er es vor nützlich erkennen wird, und er vonSeiten solcher Inquisitoren, oder eines derselben gebührend wird ersucht seyn, öffentlich kund thun, und nicht gestatten solle, daß sie oder einer derselben über diesem, wider den Inhalt deren gedachten und gegenwärtigen Briefe durch keinerley Gewalt beeinträchtiget oder sonst auf irgend eine Weise gehindert werden, alle diejenige, so ihnen Eintracht thun, und sie verhindern, und wiedersprechen und rebelliren werden, von was vor Würden, Aemtern, Ehren, Vorzügen, Adel und Hoheit oder Standes, und mit was für Privilegien der Befreyung sie versehen seyn mögen durch den Bann, die Aufhebung und Verbott, und andere noch schröcklichere Urtheile, Ahndungen und Straffen, welche ihm belieben werden, mit Hindansetzung aller Appellation bezäumen, und nach denen von ihm zu haltenden rechtlichen

sen-

servandis proceſſibus sententias ipſas, quotiens opus fuerit, aggravare et reaggravare autoritate noſtra procuret, invocato ad hoc, ſi opus fuerit, auxilio brachii ſecularis. Non obſtantibus praemiſſis ac conſtitutionibus et ordinationibus Apoſtolicis contrariis quibuscunque. Aut ſi aliquibus communiter, vel diviſim ab Apoſtolica ſit ſede indultum, quod interdici, ſuſpendi vel excommunicari non poſſint, per literas Apoſtolicas, non facientes plenam et expreſſam, ac de verbo ad verbum, de indulto hujusmodi mentionem, et qualibet alia dictae ſedis indulgentia generali vel ſpeciali, cujuscunque tenoris exiſtat, perquam praeſentibus non expreſſam, vel totaliter non inſertam effectus hujusmodi gratiae impediri valeat, quomodo libet vel differri, et de quacun-

Proceſſen, die Urtheile, ſo oft es nöthig ſeyn wird, durch unſer Anſehen ein und abermal ſchärfen laſſe, und darzu, wann es von Nöthen ſeyn wird, die Hülfe des weltlichen Arms anruffe. Ohngeachtet aller und jeder vorigen und dieſem zuwider ſeyenden Rathſchlüſſen und Verordnungen. Oder wann einigen insgemein oder inſonderheit von dem Apoſtoliſchen Stuhl nachgegeben worden, daß wider ſie keine Verbote, Aufhebung oder Bann ſolle ergehen können, durch Apoſtoliſche Briefe, in welchen ſolcher Nachgebung nicht völlige und ausdrückliche Meldung geſchieht, desgleichen alle andere allgemeine oder beſondere Indulgenzien des bemeldten Stuhls von was vor Inhalt ſie ſeyen, durch welchen, und wann ſie in dieſem gegenwärtigen nicht ausgedrucket, oder nicht ganz einverleibet werden, die Wirkung dieſer Gnade auf einige Weiſe verhindert oder aufgeſchoben werden möchte, und von einer jeglichen daque

que, toto tenore habenda, sit in nostris literis mentio specialis. Nulli ergo omnino hominum licet hanc paginam nostrae declarationis, extensionis, concessionis et mandati infringere, vel ei ausu temerario contraiare. Si quis autem hoc attentare praesumpserit, indignationem omnipotentis Dei ac beatorum Petri et Pauli Apostolorum ejus, se noverit incursurum.

Datum Romae apud sanctum Petrum, Anno incarnationis Dominicae Millesimo quadringentesimo octuagesimo quarto, Nou. Decembris, Pontificatus nostri Anno primo.

von geschiehet nach dem ganzen Inhalt in unserm Brief besondere Meldung. Es soll also gar keinem Menschen erlaubt seyn, dieses Blatt unserer Verordnung, Ausdehnung, Bewilligung und Befehls zu übertreten, oder derselben aus vermegener Kühnheit entgegen zu handeln. Wann aber jemand sich dieses zu erkühnen unternehmen würde, der soll wissen, daß er den Zorn des allmächtigen Gottes und seiner heiligen Apostel Petri und Pauli auf sich laden werde.

Gegeben in Rom zu St. Peter im Jahr der Menschwerdung des Herrn, Tausend vierhundert und vier und achtzig, den 5. December, im ersten Jahre unserer päbstlichen Regierung.

Dies war also der verfluchte Kriegsgesang und das aus der Hölle entliehene Zeichen zum Angriffe auf Tausende von Unschuldigen, die ein vorgeblicher Statthalter Christi einem Haufen rasender Büttel Preiß gab. Dies ist das Datum, mit dem sich die Herenprocesse in Deutschland anfingen, und dies die Tyranney eines Heuchlers, eines Pabstes, den wohldenkende Katholiken selbst verfluchen

fluchen *). **Gottfried Wahrlieb** (den eigentlichen Verfasser kenn' ich nicht) datirt seine Nichtigkeit der vermeynten Hexereyen und des ungegründeten Hexenprocesses (Halle 1720.) „nach Erfindung der „Hexerey im dritten Seculo und nach Einführung des „Hexenprocesses im Jahre 236." **) Diese Rechnung trifft mit dem Dato der obigen Bulle genau überein, und vorher kannte man wenigstens gerade solche Hexen nicht, ohnerachtet der Aberglaube schon lange gnug vorher ähnliche Hirngespinste ausgebrütet hatte, und zugleich viele Materialien, aus denen im 15ten Jahrhundert dies fabelhafte Lehrgebäude zusammengesetzt ward.

Inno-

---

*) Hauber hat S. 19. eine eigene Rubrik: Besondere Anmerkungen von den Gemüthseigenschaften des Pabsts Innocenz 8. und des damaligen Bischoffs zu Straßburg, welchem er die Commission wegen des Hexenprocesses aufgetragen. Jener war ein wohllüstiger, geiler Bock, von dem die Verse bekannt sind:

Octo *Nocens* pueros genuit, totidemque puellas,
Hunc merito poterit dicere Roma *patrem*.

Und seine Galanterie leugnen selbst seine Apologeten nicht. Fleury sagt in seiner Kirchengeschichte von ihm: „Er habe „diesen Namen (Innocenz) des Unschuldigen angenom„men — um, wie es scheine, anzuzeigen, was er hätte „thun sollen. Es habe kein Mensch eine gute Meinung „von dem neuen Pabst gehabt, denn er habe ein gar unor„dentliches Leben geführt, indem er von verschiedenen „Weibsbildern sieben Kinder gezeuget."

Der Bischof Albertus von Straßburg schor seine Schafe bis auf die Haut, verkaufte auf das theuerste das päbstliche Privilegium, in der Fasten Butter zu essen, zeugte verschiedene Kinder und sah Enkel — doch hatte er, wie Wimpheling sagt, einen Greuel daran, wenn jemand öffentlich eine Weibsperson als eine eigene Ehefrau in dem Hause hatte. Par nobile fratrum!

**) S. Hauber a. a. O. S. 13.

Innocenz eifert in seiner Bulle wider gewisse Leute, welche mehr verstehen wollen, als nöthig wäre, die sich halsstarrig zu bejahen nicht schämten, daß Leute über solche Laster nicht dürften bestraft werden; er befürchtet, daß sich einige unterstehen würden, den Inquisitoren Eintracht zu thun, sie zu verhindern, ihnen zu widersprechen, und zu rebelliren. Ist dies nicht Winks gnug, daß es damals noch Männer gab, die zu viele gesunde Vernunft besassen, an dergleichen mehr als kindische Possen und altvettelsche Fabeln zu glauben? Die mörderischen Buben, die den Hexenhammer ausbrüteten, dies Schandmal der Menschheit, von dem unten weitläuftiger wird geredet werden, sagen*) es ausdrücklich: "daß einige Seel- "sorger und Prediger göttlichen Worts sich nicht scheue- "ten, öffentlich in ihren Predigten dem Volke die Versi- "cherung zu geben, es gäbe keine Hexen, oder es sey mit "ihren Künsten, vermittelst welcher sie den Geschöpfen "schaden sollten, nichts, durch welche unvorsichtige Re- "den der weltliche Arm nicht selten verhindert werde, der- "gleichen Zauberinnen zu bestrafen, wodurch sich diese "so sehr vermehrten, und diese Ketzerey so mächtig be- "stärkt würde." Beweises gnug, daß es noch immer muthige Bekenner der Wahrheit gab, bis man ihnen das Maul mit Rauch und Dampf stopfte.

Bis dahin war Deutschland von den Hexenbütteln noch meist befreyet geblieben, aber in andern Ländern hatte ihre Wuth schon stärker angefangen; besonders verbrannte man schon längst die Waldenser als Zauberer, um sie für ihre Heterodoxie zu bestrafen. Hauber erzählt S. 65. des ersten Stücks seiner B. M. aus Enguerrand

*) In dem Notariatinstrumente, das dem Malleus Maleficarum vorgesetzt ist.

rand de Monstrelets Chronique diese traurige Geschichte so:

"In diesem Jahre (1459) trug sich in der Stadt
"Arras, oder im Lande Artois, eine erschreckli=
"che und klägliche Begebenheit zu, welche man
"Vaudoisie nannte, ich weiß nicht, warum. Man
"sagte aber, daß es gewisse Leute wären, Männer und
"Weiber, welche bey Nacht durch Hülfe des Teufels
"weggeführt würden von der Stelle, wo sie wären,
"und kämen plötzlich an gewisse abgelegene Oerter in
"Gehölzen oder Wüsteneyen, allwo sich Männer und
"Weiber in sehr großer Anzahl befänden. Und träfen
"sie daselbst einen Teufel in Gestalt eines Mannes an,
"dessen Gesicht sie niemals zu sehen bekämen. Und
"dieser Teufel läse oder sagte ihnen seine Gebote und
"Verordnungen, und wie und auf was Art und Weise
"sie ihn müßten anbeten und ihm dienen. Hiernächst
"liesse er sich von einem jeglichen unter ihnen seinen
"Hintern küssen: und darauf gäbe er einem jeden unter
"ihnen etwas Geld. Und zuletzt theile er ihnen Wein und
"Essen in großer Menge mit, womit sie sich belustigten.*)
"Und darauf ergriffe auf einmal ein jeder die Seine:
"und in diesem Augenblicke würde das Licht ausgelöscht,

C 2   "und

*) Dies setzt allerdings eine Art von Bündniß mit dem Teufel voraus, das freylich nachher erst von den Fabulisten mehr ausgeputzt ward. Von fleischlicher Vermischung mit dem Teufel steht hier noch kein Wort, sondern von einer Vermischung der Zauberer und Hexen untereinander. Man verfiel später auf diesen aufgewärmten Kohl, den die Kirchenväter den Rabbinen, diesen größten Fabelhänsen aller Zeiten und Orten, abgeborgt hatten, diese aber hatten dies Mährchen aus einer übelverstandenen Schriftstelle 1 Mos. 6, 1. genommen, und so viel dazu gelogen, daß nur ein Rabbine im Stande war, so mächtig zu fabeln, als R. Simeon, R. Salomon und R. Aben Esra.

"und vermischten sie sich fleischlich mit einander. Und
"wenn dieses geschehen, befände sich plötzlich ein jeder
"wieder an seinem Platz, woher sie vorher gekommen.

"Wegen dieser Thorheit wurden verschiedene vor=
"nehme Leute der besagten Stadt Arras, wie auch an=
"dere geringe Leute, thörichte Weiber und dergleichen,
"eingezogen und gefangen genommen, welche denn der=
"maßen gequälet und so entsetzlich gefoltert wurden,
"daß einige bekannten, es habe sich mit ihnen eben so
"zugetragen, wie es oben gesagt worden. Und über=
"dem gestunden sie, wie sie in ihren Versammlungen
"viele vornehme Leute, Prälaten, Herren und andere
"obrigkeitliche Personen in Aemtern und Städten gese=
"hen und erkannt hätten, nämlich, nach der gemeinen
"Sage, solche, welche die Verhörer und Richter ihnen
"nannten und in den Mund legten, so daß sie dieselbi=
"gen wegen der vielen Qual und Marter angaben und
"sagten, sie hätten sie gewiß daselbst gesehen. Einige
"nun von denen, welche also angegeben waren, wur=
"den gleich darauf eingezogen, und so sehr, und so
"lange, und so oft gefoltert, daß sie es endlich gestehen
"mußten. Und wurden die geringen Leute auf eine un=
"menschliche Weise gerichtet und verbrannt. Einige
"andere, welche reicher und mächtiger waren, kauften
"sich durch viel Geld los, um die Strafen und Be=
"schimpfungen zu vermeiden, die man ihnen anthat.
"Nun waren einige unter den Vornehmsten, die sich
"von denen, so sie verhörten, überreden und verführen
"ließen, als welche ihnen zu verstehen gaben und ver=
"sprachen, daß sie weder an ihren Leibern noch Gütern
"sollten Schaden nehmen, wenn sie die Sache gestehen
"würden. Andere erlitten die Qual und Marter mit
"verwundernswürdiger Geduld und Standhaftigkeit,
"wollten aber nichts zu ihrem Nachtheil gestehen.
"Sehr viele gaben den Richtern und denen, die sie von
"ihren

"ihren Strafen befreyen konnten, häufig Geld. An=
"dere entfernten ſich und räumten das Land, und thaten
"ihre Unſchuld dar, ſo daß man ſie daher zufrieden ließ.
"Und hierbey iſt nicht zu verſchweigen, was viele red=
"liche Leute gnug erkannten, daß dieſe Art der Anklage
"eine Sache geweſen, welche von einigen boshaften
"Leuten erfunden worden, *) um etliche Vornehme,
"wider welche ſie einen alten Haß trugen, aus einer hef=
"tigen, böſen Neigung, in Schaden und ins Verderben
"zu bringen, oder ſie zu beſchimpfen, und daß ſie bos=
"hafter Weiſe zu allererſt liederliche Leute laſſen gefan=
"gen nehmen, welche ſie durch viele Pein und Marter
"gezwungen, einige Vornehme anzugeben, nämlich
"ſolche, welche ſie ihnen in den Mund legten; welche,
"nachdem ſie auf ſolche Weiſe angeklagt wurden, ge=
"fangen genommen und gepeinigt wurden, wie geſagt
"iſt. Welches denn, nach dem Urtheil aller redlichen
"Leute eine gar ſehr verkehrte und unmenſchliche Sache
"war, welche gar nicht zur großen Beſchimpfung derer,
'die damit beſchuldigt wurden, und zu großer Gefahr
"der Seelen derer, die durch ſolche Mittel ehrliche Leute
"beſchimpfen wollten." **)

C 3   Nicht

---

*) Es mußten alſo damals von eben der Art, ſoge=
nannte Hexen, wie ſie nach dieſer Beſchreibung ſeyn ſollten,
zu richten, keine ältere Beyſpiele bekannt ſeyn. Man erfand
den Hexenproceß zuerſt, wie es ſcheint, in Arras, aber Inno=
cenz dem 8ten war es vorbehalten, ihn zu authoriſiren, und
den Verfaſſern des Hexenhammers, ihn in ein Syſtem zu
bringen. In Frankreich ward freylich allerdings früher wi=
der ſogenannte Hexen inquirirt, denn Edelinus, ein Sor=
bonniſt, eiferte dagegen, und ward ſchon 1453 den 12 Dec.
verurtheilt. S. Hauber, St. 15. S. 152.

**) Monſtrelet iſt ein glaubwürdiger Mann, denn
theils lebte er in der Zeit ſelbſt und kurz nachher, theils
wohnte er auch in der Nachbarſchaft der Blutbühne, zu
Cambray,

Nicht ganz so freymüthig und ehrlich erzählt Jacob Meyer diese Geschichte in seinen Annal. Flandriae L. 16. sub Philippo Burgundione 1459. "In dem "Jahre 1459 lesen wir, daß zu Arras etwas erschreck= "liches geschehen sey. Daß sehr viele ohnmenschlich mit "Feuer verbrannt worden, welche des Nachts heimliche "Zusammenkünfte mit dem Teufel gehabt haben, davon "sie vieles Geld bekommen. Es sind sehr viele vorneh= "me Männer und Frauen auf die Aussagen derer, die "verbrannt worden, gegriffen, einige sind gefangen ge= "setzet und mit den allergrausamsten Martern belegt wor= "den. Andere haben sich durch großes Geld losge= "kauft, etliche sind aus dem Lande gegangen, einige "aber sind in den Martern also beständig gewesen, "daß sie nichts bekenneten. Man erzählt, es seyen "einige von den Richtern so abscheulich boshaft gewe= "sen, daß sie einige, denen sie feind waren, haben an= "geben lassen, daß sie mitschuldig seyen, indem sie die "Beklagte durch Tortur zu solchem Angeben gezwun= "gen haben; man setzet hinzu, es seyen bey solchen "nächtlichen Zusammenkünften Männer und Weiber "aus allen Ständen gewesen, und haben den Teufel, "welcher ihnen in einer menschlichen Gestalt erschienen, "angebetet, doch haben sie niemals sein Angesicht gese= "hen, und haben darauf auf seine Worte und Befehle "geschworen, sie haben sich bey einer von ihm bereite= "ten Mahlzeit lustig gemacht, und hernach, nachdem alle "Lichter ausgelöschet worden, habe ein jeglicher mit der "Frauen, welche er am nächsten bekommen, zugehal= "ten, und seyen darauf, nicht ohne teuflische Hülfe,
wieder

Cambray, wo er Gouverneur war. Den einzigen Rabelais ausgenommen, geben ihm alle Recensenten das Lob eines treuen, fleißigen und unpartheyischen Schriftstellers. S. Baile Dict. crit. voc. Monstrelet.

"wieder an die Orte, da sie hergekommen waren, ge-
"bracht worden." *)

Erst 1491 untersuchte das Parlement zu Paris diese teuflische Proceduren, sprach die Unschuldigen los und bestrafte Richter und Ankläger — aber damit ward keinem Ermordeten und Verbrannten das Leben wieder gegeben. Ich habe diese Geschichte mit Fleiß voran geschickt, um dem Leser einen Vorschmack von dem Verfahren der Hexenrichter, der Denuncianten und von dem dummen, läppischen Aberglauben zu geben, auf den sich der ganze Hexenproceß stützte.

Daß Innocenz 8. den Hexenproceß zuerst eingeführt habe, kann man freylich nicht sagen, denn die Waldenserey ist älter, als seine Bulle, und man findet schon vor deren Entstehung hin und wieder Plackereyen dieser Art. **) Allein der Hexenproceß war bis dahin

---

*) S. Hauber, a. a. O. S. 69. 70. Schon hier war ein Inquilitor hæreticæ pravitatis, Peter Brussard, der verfluchte Büttel. Limborch sagt Hist. inquis. L. 1. c. 23. „Die meisten wurden auf Begehren des Peter Brussard, „eines Inquisitoris, ins Gefängniß geworfen. Diese wur„den durch die Marter überwunden, und bekannten alles, „was man ihnen Schuld gab, unter andern bekannten sie, „daß sie sich dem Teufel ergeben, ihn angebetet, sich mit „demselben fleischlich vermischt, und ander abergläubische „Dinge mehr. Wie sie zum Feuer verdammt waren, pro„testirten sie, daß sie unschuldig wären, und schrieen mit „lauter Stimme öffentlich aus: daß sie niemals in Valde„sien (dem Teufelssabbathe) gewesen, sondern sie wären „von den Richtern betrogen, welche mit vielen Schmeiche„leyen, daß ihnen ihr Leben 2c. sollte geschenkt werden, „wenn sie die ihnen imputirten Laster gestehen würden, ein „falsches Bekenntniß solcher Dinge, die sie niemals began„gen, ausgezwungen, u. s. w."

**) Besonders in Nideri Formicario.

dahin noch nicht authorisirt, die Richter konnten noch keine legale Vollmacht vorzeigen, und wenn ein höheres Gericht sie zur Verantwortung zog, so hatten sie noch nichts, worauf sie sich mit Nachdruck hätten berufen können. Nach aller Vernunft und allen Rechten kam diese Bevollmächtigung einzig und allein der gesetzgebenden Gewalt zu, die man bloß bey der weltlichen Obrigkeit suchen muß. Aber auch diese suchte der päbstliche Stuhl an sich zu reissen, und weil die Deutschen damals noch weit folgsamer und weniger wider solche ungerechte Eingriffe auf ihrer Huth waren, als heut zu Tage; so gelang es den Päbsten, Gesetze, Obrigkeiten und die Menschheit selbst ungestraft mit Füßen zu treten und alle Gewalt an sich zu reissen, um den katholischen Glauben auszubreiten und aufrecht zu erhalten. Vorwandes gnug, den Pöbel zu blenden, wer aber mit der Chronique scandaleuse der Päbste damaliger Zeit, eines Innocenz 8, Alexander 6 *) und anderer bekannter ist, fühlt die Zweydeutigkeit dieses Vorwandes.

Die

*) Von diesem Scheusale will ich weiter nichts sagen, außer was die Grabschrift seiner Tochter Lucrezia sagt: Conditur hoc tumulo *Lucretia* nomine, sed re *Thais*, *Alexandri* filia, sponsa, nurus. In diesem Grabe liegt begraben Lucrezia, wenigstens dem Namen nach, in der That aber eine geile Thais, des Alexanders Tochter, Beyschläferin und Schwiegertochter; und was der Verfasser der Histoire des Papes von ihm urtheilt: de l'aveu de tous les Historiens le Pape, dont je vais parler, fut le plus scelerat de tous les hommes, und wer seine Geschichte liest, muß dem Verfasser Recht geben. Der Kürze wegen verweis ich meine Leser auf Walchs Historie der römischen Päbste, S. 366. Ein ähnlicher Bruder war in der ersten Hälfte des 15ten Jahrhunderts Heinrich Beaufort, Bischof von Winchester. Unter der Regierung Heinrichs 6,

Die weltliche Obrigkeit und selbst das Volk standen dem Pabste und seinen Inquisitoren zwar in Glaubenssachen eine Art von Jurisdiction zu, allein nicht über Verbrecher, dergleichen die Zauberer doch seyn sollten; Thomasius erzählt uns aber in seiner Disput. de origine & progressu proc. inquis. contra sagas, §. 35. und daselbst noch besonders Nota a. der Uebersetzung, daß Pabst Alexander 4. die Layen durch einen listigen Rechtsspruch betrogen habe. Er stellt sich an, als wenn er dem Volke wider die Ketzerrichter beytrete. "Gewiß, sagt er, da die Glaubenssache, (welche sehr "privilegirt ist,) durch anderwärtige Geschäfte nicht "verhindert soll werden, so sollen die Inquisitoren, wel= "che der apostolische Stuhl zur Inquisition wider das "schändliche Gift der Ketzerey bestellet, sich in die "Wahrsagereyen und Zaubereyen nicht einmischen, und "auch diejenigen, welche solche Dinge ausüben, stra= "fen, sondern dieselben ihren Richtern zu strafen über= "lassen, (es wäre denn, daß diese Dinge handgreif= "lich nach einer Ketzerey schmeckten.)" Durch diese listige

richs 6, unter seiner Minderjährigkeit hatte der Bischof sich mehr als einmal des Hochverraths schuldig gemacht, und niemand war mehr sein Widersacher, als der Herzog von Glocester. Beaufort und Consorten rächten sich dadurch, daß sie die Gemahlin dieses Herzogs der Zauberey beschuldigten: sie habe, hieß es, nebst Roger Bolingbrocke und Margery Jordan, zweyen Geistlichen, ein Bildniß des Königs von Wachs gehabt, und dies hätten sie langsam und auf eine magische Art am Feuer geschmolzen, um den König, nach Maßgabe des Abschmelzens, eben so zu schwächen. Die Herzogin ward verurtheilt, drey Tage lang öffentlich in London Buße zu thun, und darauf Lebenslang im Kerker zu bleiben, die andern aber wurden hingerichtet. Der Herzog suchte die erlittene Beschimpfung seiner Gemahlin zu rächen, allein man warf ihn ins Gefängniß und ermordete ihn.

listige Wendung nahm der Pabst den Layen alles wieder, was er ihnen zum Schein bewilligt hatte, und daß es ihm und seinen geistlichen Sbirren nicht schwer fallen konnte, die Zauberey zu einer l●●haften Ketzerey zu machen, haben sie in der Folge gezeigt. Innocenz X. ließ es sich, wie er sagte, angelegen seyn, daß alle Ketzerische Bosheit von den Grenzen der Gläubigen weit hinweggetrieben werde, und ordnete zu dem Ende den Hexenproceß an. Die Waldenser waren, nach den Begriffen des Römischen Stuhls, Ketzer, und man verbrannte sie als Zauberer. In dem Notariatinstrumente vor dem Hexenhammer wird das Zauberwesen ausdrücklich eine Haeresis Maleficarum genannt, und ein gleiches thut der Verfasser in der vorgesetzten Apologie; *) und S. 35. 36. **) giebt er diese Ketzerey für bey weitem die schädlichste vor allen übrigen Ketzereyen aus. Thomas Stapleton, ein bigotter papistischer Engländer, der unter der Königin Elisabeth auswanderte, und 1598 zu Löwen als Professor der Theologie starb, hielt eine Rede über die

---

*) Quare & insolitam quandam haereticam pravitatem in agro dominico succrescere fecit, haeresin inquam Maleficarum.

**) Nach der Ausgabe nämlich, die ich besitze und im Verfolge immer gebrauchen werde. Sie ist die in 8vo. Frankfurth am Main 1580. apud Nicolaum Bassaeum. Es heißt daselbst a. a. O. Nam attento, quod haec haeresis Maleficorum non solum differt ab aliis haeresibus in hoc, quod ipsa per pacta, nedum expressa, verum etiam placita, ac foederata in omnem Creatoris ac suae creaturarum contumeliam & nocumentum insanit, cum tamen omnes aliae simplices haereses per nullum pactum tacitum vel expressum, cum Daemonibus initum, licet non absque instinctu satoris omnis insidiae, erroribus propter difficultatem credendorum assentiunt.

die Frage: warum die Zauberey heutiges Tages mit der Ketzerey zugleich so sehr überhand nehme? *) Seiner vorgreiflichen Meynung nach kommen Ketzeren und Hexeren in allen Stücken ganz genau mit einander überein, sie sind rechte Zwillinge, und der Teufel beyder Vater, Luther und die Lutheraner nebst den Reformirten, Melanchthon, Calvin und Zwingli, sind bey ihm Ketzer und alle Ketzer sind Zauberer. Es war dem Römischen Stuhle von jeher dran gelegen, die Ketzerrichter mit allen Kräften zu unterstützen, weil sie ihn wieder unterstützten; denn da, wo die Inquisition ihre Macht und Ansehen verliehrt, sieht es um die Autorität des Pabstes nach gleicher Maßgabe schlecht aus. Der gemeine Mann, bey dem es eben nicht schwer hält, ihn dumm und in Respect zu erhalten, durfte nicht der vornehmste Gegenstand der Wachsamkeit der Inquisitoren seyn, sondern die Grossen des Volks und die Geistlichen selbst, bey denen sich doch noch bisweilen einige Aufklärung und ein nothwendiges Streben der unterdrückten Vernunft fand, sich ihrer geraubten Gerechtsame wieder zu bemächtigen, oder die, welche, wie die Bulle Innocenz 8 sagt, mehr verstehen wollen, als nöthig wäre. Zu dem Ende mußte wider die Ersten des Volks und wider jede aufkeimende Vernunft ohne Ansehen der Person verfahren werden, wider alle und jede Personen, sagt die Bulle, wes Standes oder Vorzuges sie seyn mögen, und dieser Maxime, einer mehr als machiavellischen Staatskunst, blieben Rom und die Hexenrichter nur gar zu treu. Diese Staatskunst schrieb sich, wo sie nicht gar schon älter ist, von Gregorio dem 9ten her.

*) Cur magia pariter cum haeresi hodie creuerit. S. Hauberts B. M. 20tes Stück. Num. CLXXII. S. 505.

her. "Er, sagt Semler *), der dem Ketzermeister "Conrad von Marpurg, stinkenden, fluchwerthen "Andenkens, eine tyrannische Gewalt verliehen hatte, "die Ketzer aller Arten geradehin gefangen zu nehmen "und zu verbrennen, wonach nicht nur der Land= und "Bürgerstand, sondern auch Herren und Grafen, ohne "alle Widerrede und Defension, entweder bekennen "sollten, (nicht Ketzerey, denn sie waren ehrliche Chri= "sten; sondern) daß sie die Kröte, den bleichen Mann, "den Bock, den Teufel im Hintern geküsset hätten, "oder gleich zum Feuer gehen mußten, worüber endlich "dieser infame Mordbrenner, dieser Teufels=Theologe "selbsten hingerichtet wurde, indem ehrliche deutsche "Christen eine solche höllische Theologie nicht mehr "leiden konnten, welche bloß aus Unsinn und eigener "Büberey und Bosheit Lehrsätze über des Teufels größe "Gewalt erfinden und zu Glaubensartikeln erheben "wollte."

Wollte die weltliche Obrigkeit sich dem verfluch=ten Verfahren der Hexenmeister widersetzen, und ihre unschuldige Unterthanen wider ihre Wuth in Schutz nehmen, so konnte und wollte der Pabst ihr, als Layen, solche Eingriffe in geistliche Sachen nicht zugestehen. Von diesem Päbstlichen Despotismus zeuget die Bulle Leo 10. vom 15ten Febr. 1521, die sich anfängt Ho=nestis petentium. **) Die Veranlassung zu dieser Bulle war kürzlich diese. "In den Städten und Ge=genden von Brescia und Bergamo, im Gebiete der Repu=

---

*) S. Semlers Sammlung von Geisterbeschwörun=gen, erstes Stück, S. 60. 61.

**) Man findet sie zunächst beym Hauber, B. M. St. 5. S. 277.

Republik Venedig, wollten die Hexenmeister *) eine Art schädlicher Menschen entdeckt haben, die Zauberer, und als solche auch Kindermörder wären. Die Inquisitoren inquirirten nach gewöhnlicher Art wider diese Unglücklichen, deren viele aber lieber sterben als bekennen wollten, daß sie das wären, was sie seyn sollten. Die Grausamkeit der Hexenmeister war so groß, daß öffentliche Beschwerden wider sie geführt wurden, und selbst der Doge und hohe Rath von Venedig klagten über sie beym Pabste, und baten ihn, diesen freylich competenten Hexenrichtern einen außerordentlichen Commissarius zuzuordnen. Der Pabst erfüllte diese Bitte, aber freylich nach seinem Gutfinden, und setzte den ordentlichen Ketzermeistern seinen Nuncius bey der Republik Venedig, den Bischof von Poli zur Seiten, mit der Vollmacht, entweder selbst, oder durch einen andern, oder durch einige andere, die durch die Inquisitoren gehaltene oder geschehene Processe zu revidiren, und wenn sie richtig würden befunden seyn, sollten sie gemeinschaftlich wider diese Leute zu inquiriren fortfahren, auch Officialen der Inquisition mit Aussetzung eines gewissen Gehalts anordnen, die Bußfertigen wieder aufnehmen und absolviren, die sich aber nicht bessern lassen wollten, verdammen, dem weltlichen Arm übergeben, und alles übrige thun, ausüben und vollstrecken, was die Inquisitoren nach Recht und Gewohnheit thun könnten und sollten. Der Nuncius subdelegirte an seine Statt den Bischof von Justinopel. Diese inquirirten nun im Thale von Como des Brescier

Bischofs

*) Hexenmeister war erst der Name der Inquisitoren, die auf sogenannte Hexen Jagd machten, späterhin ward er ein Schimpfname, und ein Synonim von Zauberer. Hexenmeister und Ketzermeister, Inquisitor haereticae pravitatis, waren Titel, und vor ihnen zitterte die Welt.

Bischofthums tapfer drauf los, condemnirten verschiedene unglückliche Schlachtopfer, und trugen dem (dasigen) Gerichte auf, sie abzuschlachten. Der Rath zu Venedig befahl aber seinem Richter zu Brescia an, solche von der Inquisition gefälleten Urtheile nicht zu vollziehen, auch den Inquisitoren und Subdelegirten die Vollziehung derselben zu untersagen. Auch sollten ihnen die zur Bestreitung der Inquisition verlangten Kosten nicht ausgezahlt werden, die wider die Beklagte geführten Processe aber sollten an den Rath nach Venedig eingesandt und der Subdelegirte gezwungen werden, vor dem hohen Rathe zu erscheinen, wozu er auch wirklich gezwungen ward. Einige glaubten, daß der Pabst durch diese Adjunction oder Substitution die Macht der Inquisitoren, die sie vorher hatten (oder sich anmaßten), eingeschränkt habe. Der Pabst fand es nun unziemlich, wider die Verordnungen des Rechts und der heiligen Canonen und die Freyheit der Kirche, daß sich Layen in geistliche Dinge und Personen betreffende Sachen mischen, und die von den Inquisitoren anbefohlne Strafen nicht vollziehen wollten, ohne vorher die Acten und Setenz gesehen und geprüft zu haben, als wenn ihnen Hoheit und Jurisdiction über den Clerus zustünde, welches doch nicht so, sondern es vielmehr ihre Schuldigkeit sey, zu gehorchen und zu exequiren, nicht aber zu befehlen, als woran sich gläubige Christen nicht wenig ärgerten. Damit demnach die heilsame Inquisition nicht länger behindert würde; so hebt der Pabst, aus Apostolischer Macht und durch gegenwärtige Bulle, alle Zweifel, und will, daß die Ketzermeister nach wie vor nach dem Rechte, der Hoheit und den Privilegien wider Zauberer und Apostaten procediren sollen und können. Die Inquisitoren nebst dem zugegebenen Commissarius sollten demnach die Venetianer, ihren Herzog und seine Bediente, erinnern, sich

nicht

nicht mehr in solche geistliche Sachen zu mischen, sondern die anbefohlenen und künftig noch anzubefehlenden Executionen, ohne die durch vorgesagte geistliche Richter geführte Processe anzusehen und zu untersuchen, ohne Aufschub zu exequiren, und falls sie sich des weigern sollten, sie durch die Gewalt der Kirche dazu anzuhalten. Zugleich sollen alle andere diesem entgegenstehende Constitutionen und Ordinationen, desgleichen die Statuten und Gewohnheiten der Städte und Bisthümer, ob sie schon durch einen Eid, päbstliche Confirmation, oder auf irgend eine andere Weise bestätigt worden sind, — ungültig erklärt werden, und nichts dawider vermögen."

So gewaltig, eigenmächtig und despotisch verfuhren damals die Päbste, mit Füßen traten sie das Recht der Fürsten, die Vernunft und die Unschuld; und niemand durfte es wagen, sich der Unschuldigen, der Unterdrückten anzunehmen, wenn er sich nicht dasselbe Schicksal zuziehen wollte. Wir werden in der Folge sehen, daß ein ehrlicher Biedermann nichts thun durfte, sich selbst in die Hände der Inquisition zu liefern, als die Unschuld zu vertreten, und zu sagen: es gäbe keine solche Zauberey, als es, nach dem Vorgeben der Ketzermeister doch geben sollte. Jeder, der das nächste Mittel ergreifen wollte, sich an seinem Feinde zu rächen, ihn auf das schrecklichste zu stürzen, und den allmächtigen Arm der Clerisey zur Hülfe zu erhalten, durfte das bestimmte Schlachtopfer nur der Ketzerey oder Zauberey verdächtig machen, ein paar feile Zeugen erkaufen, und er drang gewiß durch. Dies Werkzeug der Bosheit verschafte den Jesuiten den Sieg über die Jansenisten, und einem Philipp dem Schönen konnte es nach dieser Practic nicht schwer fallen, den Orden der Tempelherren zu stürzen, um sich ihrer Güter zu bemächtigen, wozu

ihm

ihm ein gedungener Pabst, Clemens der fünfte, seine unwürdige Hand gern lieh, weil er eine beförderte Creatur des Königs Philipps war. Die Geschichte dieses Ordens beschäftigt jetzt viele Federn, der eine und der größte Theil von philosophischen Historikern entschuldigt ihn, Herr Friedrich Nicolai findet ihn aber schuldiger, als es andern einleuchten will, *) und hauptsächlich deswegen, weil sich nicht erwarten ließe, daß alle Beschuldigungen ganz falsch wären, daß der König sie nur aus Geiz und Rachsucht ersonnen, und das Geständniß derselben nur durch die Folter erpreßt worden. **) Was sich von dem damaligen Inquisitionsprocesse erwarten ließ, werd' ich in dem Verfolg dieser Geschichte nur gar zu oft Gelegenheit haben, zu zeigen, und da der Proceß wider die Tempelherren mit dem Inquisitionsprocesse wider die Zauberer nur gar zu viele Aehnlichkeit hatte; so bitte ich meine Leser um Erlaubniß, aus Boccacii Werke de casibus virorum illustrium, L. IX. eine Geschichte des Inquisitionsprocesses wider die Tempelherren, als eine Episode, einrücken zu dürfen. Der Vater dieses Boccacc hielt sich gerade um die Zeit in Paris, Handelsgeschäfte halber, auf, als der König wider diesen Orden inquiriren ließ, er war von den meisten Proceduren ein Augenzeuge, und nimmt man die Aussagen der unverdächtigsten Geschichtschreiber damaliger Zeit zu Hülfe, die nicht in der traurigen Lage waren, dem Könige und seiner Creatur, dem Pabste, schmeicheln zu müssen; so bekömmt dies Gemählde die frappanteste Aehnlichkeit mit der Wahrheit. Die Uebersetzung schreibt sich von einem meiner

*) S. dessen Versuch über die Beschuldigungen, welche dem Tempelherrenorden gemacht worden. 8. Berlin 1782.
**) a. a. O. S. 9.

meiner Freunde her, und da sie getreu ist, so will ich sie beybehalten.

"Die Alten erzählen, daß, nachdem der berühmte Herzog von Lothringen, Gottfried, Jerusalem erobert, einige eben so fromme als tapfere Männer, weil sie sahen, daß die Pilgrimme, welche aus Andacht diese ehrwürdigen Gegenden besuchten, nicht sicher vor den Anfällen und Beraubungen der Türken waren, ihre Kriegesdienste Gott geweihet haben. Sie hielten sich also beständig bey Jerusalem auf, und leisteten den Wallfahrenden freywilligen Schutz. Anfangs war ihre Zahl klein; *) sie gelobten freywillige Armuth; sie hatten einen einzigen Meister, und ihre Wohnung war in den Hallen des Tempels, und von diesem ihrem Aufenthalte erhielten sie ihren Namen. Da sich nun in der Folge der Zeit mehrere zu einem so frommen Dienste hergaben, so erhielten sie vom Pabste Honorius eine Regel, und den weissen Mantel zum Kleid. Diesem weissen Mantel fügte sein Nachfolger, Pabst Eugenius, noch das rothe Kreuz, zum deutlichern Zeichen, wem sie eigentlich dienten, bey. So lange unter ihnen die Armuth, diese Stiefmutter der Begierden, herrschte, so lange machte auch die genaue Erfüllung ihres Dienstes, ihres Gelübdes und ihrer Regel, daß vorzügliche Heiligkeit unter ihnen herrschte. Aber als nach und nach die reichern Christen dieses fromme Institut von allen Seiten unterstützten; so schlich sich auch allmählig der Hang zur Sinnlichkeit und zu Vergnügungen in den Gemüthern der Ritter ein; und so wie sie Anfangs den vergänglichen Reichthum verlassen hatten, um sich diesem heiligen Dienste zu widmen;
eben

---

*) Nämlich 9, die Jahre beysammen blieben, ehe sich ihre Anzahl mehrte. S. Histoire des Croisades par Maimbourg. Tom. I. p. 379.

eben so unerträglich war ihnen nun Mangel, und sie
eilten zu ihren gesammelten Schätzen. *) Nun herrsch‍ten sie über Schlösser, über Städte und Völker; sie
liebten die Ruhe, überließen Knechten den Krieg, und
die Meisterwürde, die sonst ein so mühsames Geschäft
gewesen war, wurde nun in die ehrenvolleste und mäch‍tigste Würde verwandelt; und es leidet keinen Zweifel,
daß in dem Maaß, in welchem ihre Macht sich ver‍größerte, daß in eben dem Maaß ihre Heiligkeit sich
verminderte. **) Um diese Zeit, als sich die Ritter
immer

*) Dies alles ist noch Geschichte des menschlichen Her‍zens, und jeder Orden ging von seiner ursprünglichen Regel
ab, so bald sich die Zeiten änderten, ohne daß es dem Mo‍narchen eingefallen wäre, ihn zu unterdrücken. Ich will
die Tempelherren von vielen Vorwürfen, die man ihnen
machte, nicht frey sprechen; aber diese Vorwürfe betrafen
Dinge, von denen die damaligen höchstverderbten Zeitge‍nossen alle nicht frey waren, wenigstens der größte Haufe
nicht; und wären die Tempelherren eben so arm gewesen,
als andre eben so verderbte Orden; so würde sich niemand
die Mühe gegeben haben, ihre Verbrechen zu bemerken.
Ihre ihnen aufgebürdeten Laster waren mit einem Worte
nicht Esprit du corps, sondern du siecle.

**) Ihre ganze Heiligkeit war religiöse Donquixoterey,
und die Schwärmerey hält bey Gesellschaften, die Reich‍thümer und mit ihnen Mittel zum Besinnen und zur Auf‍klärung besitzen, niemals lange Stich. Die Bischöfe in
Rom sind auch nicht immer so fromm, frugal und bieder
geblieben, als es der heil. Petrus war; ja einige haben sich
tausendmal mehr an Gott, der Menschheit und besonders
den Fürsten versündigt, als die Tempelherren, aber Nie‍manden fiel es ein, sie deswegen zu vertilgen, wohl aber, sie
wieder in ihre Schranken zurück zu weisen. Es ist möglich,
und Herr Nicolai hat es sehr wahrscheinlich gemacht, daß
die Tempelherren durch den Verkehr mit den Saracenen
von der Einheit Gottes ganz andre Begriffe bekamen, als
sie in ihrer Kirche eingesogen hatten, und die Folge bey
einem

immer weiter von der Tugend entfernten, begab sich Jakob aus Burgund, aus dem Geschlechte der Melan, in den Orden. Er war ein junger Mann von großem Geist, und da alle Würden seines Vaters, den französischen Gesetzen gemäß, seinem ältern Bruder zugefallen, und er dadurch in Armuth versetzet war; so glaubte er in dem Orden der Tempelherren einen sichern Zufluchtsort, um sich dem Joche seines herrschenden Bruders zu entziehen, und eine Gelegenheit zu finden, sich dereinst zu höhern Würden empor zu schwingen. Er besaß lange Zeit eins der reichsten Priorate, und als endlich der Großmeister starb, so ward er, durch Vermittelung einiger Fürsten, von denen, welche das Wahlrecht hatten, zum Großmeister erhoben, und erhielt dadurch eine nicht wenig glänzende Würde. — Und in dieser glänzenden Würde beschloß das Glück, die Mißgunst mit dem Untergange so vieler zu sättigen. Es geschahe, daß er sich die Ungnade des Französischen Königs Philipp, dessen Prinzen er aus der Taufe gehoben hatte, zuzog, und man glaubte, daß Habsucht und Geiz den König verleitet hätten, nicht nur dem Großmeister Jakob, sondern dem ganzen Ritterorden den Untergang zu schwören. Kurz, die Sache gedieße endlich dahin, daß alle vornehme Tempelherren, auf Befehl des Königs Philipp,

D 2   und

einem denkenden Kopfe, der katholische Theologie und christliche Religion miteinander verwechselt, ist gewöhnlich Naturalismus und Deismus, wovon der ungeheure Schwarm von Freygeistern in den französischen Staaten Zeuge ist. Aber selbst die Moslemin sind keine so große Feinde Jesu und seines Creuzes, als die Tempelherren, ihre Schüler, es sollen gewesen seyn, und das Treten auf das Creuz ist, meiner Meynung nach, nicht Verachtung, sondern eher mysterischer Gebrauch gewesen, der sich ursprünglich noch immer auf Hochachtung desselben gründete.

und mit Genehmigung des Pabstes Clemens des 5ten, an einem Tage im ganzen Reiche gefangen genommen wurden. *) Ihre Städte wurden sogleich mit königlichen Truppen besetzt, ihre Schätze, ihre Kostbarkeiten und alles ihr Geräthe für den König eingezogen, und die Gefangenen nach Paris abgeführt. Hier waren sie lange im Gefängniß, man beschuldigte sie vieler und schändlicher Verbrechen; aber als sie alles leugneten, und alle Vorstellungen, die man ihnen, um ihrer eigenen Rettung willen, **) that, fruchtlos blieben, und sie betheuerten, daß sie das Gegentheil erweisen könnten, wenn man ihnen nur einen gerechten Richter geben wollte; so wurde der König zornig, und gab Befehl, das Geständniß mit Martern zu erzwingen, was man mit Glimpf ihnen nicht ablocken konnte. Aber als auch dieser Versuch vergeblich war; ***) so wurden alle Brüder, den Großmeister, und drey andere ausgenommen, zum Feuer ver=

*) Dieselbe Procedur, die man sich später in Spanien wider die Jesuiter erlaubte, und die größeren Feinde der Menschheit, die Dominikaner, beybehielt. Noch war's nur höchstens Präsumtion, die den König zu so gewaltthätigen Handlungen reizte; und wie konnten sich Männer in Fesseln vertheidigen, deren Vertheidigung man nicht wollte? Man drehe und wende es, wie man will, es bleibt Tyranney, der es eine Kleinigkeit ist, auch die Unschuld selbst, wenn sie nicht widerbellen darf, zu unterdrücken. Gewalt geht vor Recht.

**) Wer war ihnen Bürge, daß man ehrlicher mit ihnen verfahren würde, als man mit den Waldensern verfuhr, die, um ihr Leben zu retten, nur bekennen sollten, was man ihnen eingab, und doch ermordet wurden, als sie Unwahrheiten, ihr Leben zu retten, bekannt hatten?

***) Der doch selten, bey damaligen Ketzermeistereyen fehl schlug.

verdammt, wenn sie auf ihrem Vorsatz beharreten, und sogleich abgeführt. —

Sie waren alle von vornehmen Geblüte, alle in der Blüthe ihrer Jahre, und alle zeigten eine unerschütterliche Stärke der Seele. Denn obgleich jeder an einen Pfahl gebunden, und der Scheiterhaufen bereitet war, und obgleich schon das Feuer und der Henker vor ihren Augen stand; so ließ doch keiner, obgleich ein Herold jedem, der etwas gestehen würde, Leben und Freyheit versprach, weder durch die Bitten, noch durch die Thränen seiner Freunde und Verwandten, sich bereden, dem Zorne des Königs zu weichen, und vielmehr durch ein Geständniß sein Leben zu erhalten, als aus Hartnäckigkeit seinem Verderben entgegen zu gehen. Da sie nun alle einmüthig das nämliche betheuerten, so fingen die Henker an, jedem einzeln das Feuer näher zu bringen, indem sie es erst unter die Fußsohlen legten, und es so stufenweise über den ganzen Cörper ausbreiteten. Wie groß der Schmerz war, den diese Unglücklichen fühlten, gab den Umherstehenden ihr Geschrey und ihr Brüllen zu erkennen. Aber immer betheuerten sie, daß sie wahre Christen wären, und daß ihr Orden ein sehr heiliger Orden sey und gewesen sey. Auf die Art ließen sie das Feuer ihren ganzen Körper verzehren, bis sie endlich den Geist aufgaben, und keines einzigen Standhaftigkeit wurde durch diese Martern erschüttert. Ja, ich würde sagen, daß ihre hartnäckige Standhaftigkeit die Bosheit (perfidiam) des habsüchtigen Königs besiegt hätte, wenn sie ihn nicht durch ihren Tod dem Ziele näher gebracht hätten, das seine unersättliche Begierde zu erreichen wünschte. Doch, es sey. Dies darf ihren Ruhm nicht mindern, wenn sie sich anders mit Grunde entschlossen, lieber unter Martern zu sterben, als gegen die Wahrheit zu reden, oder ihren mit Recht erlangten Ruhm durch das Geständniß eines

Buben=

Bubenstücks zu beflecken. Dies waren die ersten
Pfeile, welche das Glück wider den gestürzten Jacob
abschoß. Endlich, da ihn der Schmerz über eine so
langwierige Gefangenschaft beynahe verzehret hatte,
so führte man ihn nach Lyon, und hier ließ er sich durch
zuredende Vorstellung verleiten, dem Pabst einiges
von dem zu gestehen, was man ihm Schuld gegeben
hatte. Hierauf ward er wieder nach Paris gebracht,
und als ihm hier, in Gegenwart zweyer päbstlicher Legaten und des Königs, seine Sentenz vorgelesen wurde, vermöge welcher er zwar in Freyheit gesetzt, der
Orden aber verdammt wurde; so bat er, nebst einem
der Ritter, welcher des Dauphin von Vienne Bruder
war, mit lauter Stimme um Stille. Als man ihm
diese vergönnte; so betheuerte er, daß er verdiene zu
sterben, nicht weil er die Verbrechen wirklich begangen,
die man vorgelesen hätte; sondern weil er sich durch das
Zureden des Pabstes und des Königs habe verleiten
lassen, dergleichen zu gestehen und dadurch zum Verrä-
ther seines Ordens zu werden. Hierauf erfolgte die
harte Sentenz, daß die Tempelherren vertilgt werden
sollten. Jacob und der Bruder des Ritters Dauphins
wurden hierauf zur Strafe abgeführt, die die andern
erduldet hatten; aber die zwey andern Brüder erhielten ihr schändliches Leben. Beyde erduldeten die
Strafe in Gegenwart des Königes mit standhafter
Unerschrockenheit, indem sie immer fortfuhren, so
lange ihr starker Geist es erlaubte, das zu betheuren,
was die andern betheuert hatten, welche vor ihnen gestorben waren. Und so nöthigte ein Mann, der noch
kurz vorher den Neid eines so großen Königs zu erregen im Stande war, jetzt, da ihn ein so grausamer
Streich des Schicksals in Asche verwandelte, selbst den
Unglücklichen Mitleid gegen sich ab, wie mein Vater
Boccacius, ein redlicher Mann, versicherte, der damals,

mals, seiner Handelsgeschäfte wegen, eben in Paris und ein Augenzeuge dieser Begebenheit war." *)

Meine

*) Der Verfasser dieser Uebersetzung hat eine sehr alte, seltene Ausgabe des Boccacius gebraucht, der jedoch Clement in seinem Dictionnaire critique gedenkt. Taile scheint diese Ausgabe ohne Anzeige des Jahrs und des Drucks nicht gekannt zu haben. Indessen existirt dies Buch wirklich, niemand macht es Boccacen streitig, er war Zeitgenosse dieser Tragödie, und ich halte ihn für einen wichtigen Zeugen, der wenigstens gehört zu werden verdient. Herr Nicolai scheint dies wichtige Document nicht gekannt zu haben, wenigstens macht er keinen Gebrauch davon, es müßte denn im 2ten Theile geschehen seyn, den ich noch nicht besitze. Ich habe dies Stück nur zum Theil mitgetheilt, und die letzten Abschnitte, als unwesentlich, weggelassen.

Ein Spanier beschreibt das unglückliche Schicksal der T. H. fast eben so. S. Les diverses Leçons de Pierre Messie, Gentilhomme de Seville, mises de Castillan en François par Ge. Gruget, Parisien. — à Lion 1592. Seconde Partie. Ch. IV.

„Diese Sentenz, sagt er unter andern, wurde in der „ganzen Christenheit bekannt gemacht, und ob sie gleich als „billig und gerecht gepriesen wurde von den Chronikenschrei„bern Frankreichs, von Platina im Leben des Pabsts Cle„mens 5, von Raphael Volateranus und Polydorus Vir„gilius; so behaupten demungeachtet manche andere, daß „diese Sentenz ungerecht und auf die Aussage falscher Zeu„gen gegründet sey. Sie geben vorzüglich dem König Phi„lipp die Schuld, indem sie sagen: daß er bloß aus Lust „nach ihren Gütern ihre Ausrottung gesucht habe; und sie „setzen hinzu, daß das gemeine Volk sie bey ihrer gerichtli„chen Hinrichtung für Heilige und Märtyrer gehalten, und „Stücke ihrer Kleider als Reliquien aufbewahrt habe.

„Dieser letzten Meynung sind der heil. Jacob von „Mainz, Nauclerus und Antonius Sabellicus in ihren Ge„schichtbüchern und Johann Boccacius u. s. w."

Ich habe dies alles aus einer merkwürdigen Schrift genommen: Versuch über die N. N. oder über die Unbekannten. Aus dem Französischen. Berlin bey Stahl-

baum

Meine Leser werden in der Folge noch oft an die unglücklichen Tempelherren zurückdenken, und mir Recht geben, wenn ich diesen Proceß mit dem Hexenprocesse in eine Classe setze; Zeit und Verfahrungsart berechtigen mich dazu, und ohne die Tempelherren ausdrücklich zu vertheidigen, wird die Geschichte dies Geschäfte bey Unpartheyischen selbst thun.

Auszug aus dem Hexenhammer
und nähere Nachricht von diesem verfluchten Buche.

Selbst die Bulle Innocenz des 8ten that die Wirkung noch nicht, die die Ketzermeister sich wünschten; es gab noch zu viel Männer, die bis auf den Grund sahen, und das Zauberwesen, wovon man noch kein vollständiges System hatte, wenigstens sehr unvollkommen glaubten. Die Ketzermeister trafen allenthalben Schwierigkeiten an, wo sie sich hinwandten, und ihrer Meynung nach lag die Schuld bloß daran, daß die Welt von dem Zauberwesen keine vollständige Begriffe habe; es waren nur noch zerstreute Baumaterialien in hundert Büchern vertheilt, die man sammeln müsse, um daraus ein Ganzes zu machen, und dies wollten sie nun thun. Das Buch also, daß die Ketzermeister Jacob Sprenger und sein Mitbüttel Henricus Justi-

baum 1780. Auf diese verweise ich meine Leser, und ich hoffe, daß sie mit dem Verfasser zufrieden seyn werden. Die übereinstimmenden Aussagen verschiedener Brüder beweisen weiter nichts, als daß man allenthalben, nach den Circularbriefen des Pabstes, über einerley Beschuldigungen inquirirt und einerley Geständnisse herauszubringen gesucht habe.

Institoris zusammenflickten und ausbrüteten, nannten sie Malleus Maleficarum, den Hexenhammer, und es ward, aller Muthmaßung nach, 1489 in Cölln in 4. zuerst gedruckt. *) Zur Geschichte desselben gehört kürzlich, daß die Verfasser die theologische Facultät in Cölln gewissermaßen zwangen, dies Buch zu approbiren; sie setzten demselben die Bulle des Pabsts Innocenz 8. und ihre eigene Apologie vor, erschlichen ein Diplom von dem damaligen Römischen Könige Maximilian, und nun konnte nichts mehr ihre Bosheit zurückhalten. **) Der ganze Titel ist:

Malleus Maleficarum in tres partes divisus, in quibus
   Concurrentia ad maleficia,
   Maleficiorum effectus,
   Remedia adversus maleficia,
Et modus denique procedendi ac puniendi Maleficos unde continetur, praecipue autem omnibus Inquisitoribus & divini verbi concionatoribus utilis ac necessarius.

Der erste Theil enthält, also alles dasjenige, S. 1 was sich bey der Zauberey zusammen trift, als
da

---

*) Die Recensionen der verschiedenen Ausgaben dieses verfluchten Buchs liest man beym Hauber, St. 1. S. 39 ff. St. 2. S. 90. St. 5. S. 311 ff. worauf ich mich, der Kürze wegen, berufe; denn es wird den meisten Lesern doch wichtiger seyn, den Inhalt dieses Werks selbst zu wissen, als die Geschichte der Ausgaben desselben. Es wird oft angeführt, aber übersetzt ist es nie; ich besinne mich auch auf keinen Auszug, durch den man es kennen lernen könnte, und es ist doch so wichtig in der Geschichte, daß ich nicht einmal um Vergebung bitte, wenn ich einen ausführlichen Auszug liefere.

**) Dies alles kann man in der Bibliotheca magica des D. Haubers, a.a.O. weitläuftiger nachlesen.

da sind der Teufel, der Zauberer und die göttli=
che Zulassung, in 18 Fragen, deren jedoch einige ge=
doppelt sind.

Die erste Frage ist: ob es Zauberey gebe? ob
diese Behauptung eben so orthodox sey, als die
Behauptung des Gegentheils Ketzerey?

Anfangs sollte man glauben, der Verfasser *)
neige sich auf die Seite der vernünftigsten Canonisten,
die sehr stark an diesen Possen gezweifelt haben; er
führt ihre Aussprüche mit scheinbarem Beyfalle an:
Hexerey geschehe ja nur durch Hülfe des Teufels, der
2 Teufel könne aber die Gesetze und den Lauf der Natur
nicht aufheben, könne kein Wesen verwandeln, und es
sey ketzerisch, zu behaupten, daß das Werk des Teu=
fels von größerer Macht zeuge als das Werk Gottes.
Das Werk des Teufels sey also Kunst, die Kunst kön=
ne aber keine wahre Gestalt hervorbringen. — A
3 doch sey die Gewalt und Macht des Teufels über die
natürlichen Kräfte körperlicher Dinge, wenn Gott es
erlaube, **) davon hätte man ja in der Bibel Stellen
und Beweise gnug. Menschen nun, die die Teufel
reitzten, dergleichen wunderbare Wirkungen hervorzu=
bringen,

*) Jacob Sprenger, der bey diesem Werke eigentlich
die Feder allein geführt hat. Er setzt gewöhnlich die Ein=
würfe zuerst, um sie sodann zu beantworten, und durch das
erstere wird man oft verleitet, ihn für vernünftiger, billiger
und gerechter zu halten, als er in der That ist.

**) Mit dieser Zulassung Gottes wird von den Ver=
theidigern der Existenz aller Zauberpossen, mächtig gespielt,
und alle mögliche Absurda sucht man dadurch zu beweisen.
Wir wissen wenig von der göttlichen Regierung, aber Leute,
die dergleichen Unsinn vertheidigen können, wissen gewiß
nichts davon, und verstellen Gott so sehr, daß er völlig un=
kenntlich wird, und einem höchst schwachen Fürsten ähn=
lich sieht.

bringen, nenne man Zauberer. Der Unglaube bey 4 einem getauften Christen sey Ketzerey, mit Recht werfe man also den Zauberern auch Ketzerey vor. Frenlich könnten viele Leute sich von ihrer Phantasie täuschen lassen, etwas für ein Factum zu halten, das keines sey, z. E. die Hexen, welche zur Nachtzeit mit der Diana oder Herodias einen Spatzierritt glaubten gethan zu haben; aber es sey ein Irrthum, wenn man deswegen schon alle übrige Wirkungen des Teufels leugnen wollte, und es schmecke sehr nach Ketzerey, wenn man vorgebe, alles Zaubern sey bloße Einbildung; das Gegentheil lasse sich ja durch göttliche, kirchliche und bürgerliche Gesetze beweisen. Denn das göttliche Gesetz 5 befehle ja nicht allein, daß man mit Zauberinnen kein Verkehr haben solle, sondern man solle sie ja auch tödten, und dergleichen Strafe würde Gott nicht darauf gesetzt haben, wenn die Zauberer nicht durch Beystand der Teufel wirklich solche Dinge verrichteten. 5 Mos. 18. wird ja ausdrücklich gnug befohlen, daß alles Zaubergesindel umgebracht werden solle; das stehe ja auch 3 Mos. 19. u. s. w. aber am besten könne man sich beym heil. Thomas Raths erholen, wie auch bey den Postillen- und Glossenmachern. Auch der heil. Augu- 6 stinus verdiene hier gehört zu werden, besonders de Civ. Dei c. 17. u. s. w. nebst vielen andern Doctoren, welchen zu widersprechen nicht allein absurd, sondern auch Ketzerey sey. Wer die Schrift anders erklärt als die Kirche, der ist ein Ketzer. Nun kommen eine Menge Autoritäten, wie zum Exempel der Teufel mit Zuziehung der Hexen, oder umgekehrt, Brautleute zur ehelichen Pflicht untüchtig machen könne, wovon Peter aus der Pfütze (Petrus de Palude) ein merkwürdiges 7 Beyspiel erzählt, "von einem Jünglinge nämlich, der "sich mit einem Gespenste versprochen, aber auch einem "jungen Mädchen die Ehe zugesagt hatte. Dieser
"konnte

"konnte er aber nachher nie die eheliche Pflicht erzeigen,
"weil sich der Teufel beständig in einem angenommenen
"Körper zwischen beyde legte." Die Kirchenscribenten
sind nicht völlig einig, ob diese Bezauberung durch
Gegenhexeren zu heben erlaubt sey; über die Strafen,
womit die Zauberer zu belegen sind, sind sie desto einiger, und Sprenger läßt sich keine Mühe verdrießen,
alles aufzutreiben, was in seinen Kram dient. Jeder

8 Zeuge oder Ankläger wird bey diesem Laster gut gethan,
wie beym Laster der beleidigten Majestät. Vormals
war die Strafe doppelt, die Zauberer wurden mit Nägeln an den Fingern zerfleischt und geköpft, heut zu
Tage verbrennt man sie um des weiblichen Geschlechts

9 willen. Aus diesem allen (wovon wir das wenigste
hier ausziehen) ergiebt sich also, daß es ganz orthodox
katholisch und wahr sey, wenn man behauptet: es gebe
Zauberer, die mit Hülfe des Teufels, vermöge des
mit ihm errichteten Bundes, und auf Zulassung Gottes, wirkliche Zauberhandlungen zu unternehmen und
zu verrichten im Stande sind, ohnerachtet der Verfasser
nicht in Abrede seyn will, daß es auch Zauberey gebe,
die, beym Lichte besehen, nur Gaukeley oder Einbil-

10 dung ist. Die Zauberinnen sind theils Wahrsagerinnen, die den Teufel im Leibe haben, der entweder durch
sie spricht oder wirkt; die übrigen gehören zu den eigentlichen Hexen. *) Es gilt auch nicht, zu sagen, die
Phantasie sey ja auch etwas reelles, denn als solche
könne sie ja auch, ohne wirkliche Dazwischenkunft des
Teufels, und ohne ein mit ihm errichtetes Pactum,
nichts ausrichten. Vermöge eines solchen Bündnisses
ergebe und verpflichte sich nun die Hexe dem Teufel
ganz, wahrhaftig, wirklich und nicht in der Einbildung
bloß,

*) Zu damaliger Zeit hieß in Deutschland ein Zaubrer
ein Hexe, und die Zauberinn eine Hexinn.

bloß, folglich muß sie durch des Teufels Hülfe wahrhaftig körperlich wirken. Zauberey wird getrieben, wenn die Hexen etwa ein Zauberinstrument unter die Thürschwelle verbergen. Nach fleißiger Durchlesung der Canonen findet ein Prediger viererley als sehr nothwendig seinen Zuhörern zu predigen: 1. Außer Gott giebt es kein andres göttliches Wesen mehr. 2. Wenn die Hexen glauben, mit der Diana oder Herodias auf der Fahrt zu seyn; so ist es eigentlich mit dem Teufel selbst, der sich betrügerischerweise für jene ausgiebt. 3. Dann geschieht diese Fahrt nur in der Einbildung, wenn der Teufel auf die ihm durch Unglauben ergebene Seele dergestalt wirkt, daß der Mensch zwar wirklich auf der Wallfahrt begriffen zu seyn glaubt, in der That aber alles nur Einbildung ist. 4. Werden sie gezwungen, einem solchen Herrn in allen Stücken zu gehorchen. Es giebt demnach wirkliche Verwandlungen, und so werden ja noch Hexen und Zauberer unserer Zeit in Wölfe und andre Bestien verwandelt. Von der Hexe Circe u. s. w. S. Aug. de civ. c. 17.

Ist es also eine Ketzerey, zu behaupten: es gebe Zauberer? (Dies ist der 2te Theil der ersten Frage.) Zu einem offenbar ertappten Ketzer werden drey Stücke erfordert; entweder ist seine Ketzerey handgreiflich, weil er sich ihrer öffentlich rühmt, oder sie wird ihm durch Zeugen rechtmäßig bewiesen, oder er bekennt sie endlich selbst. Leute nun, die sich ihres Unglaubens öffentlich rühmen, allem bishergesagten frech widersprechen, und behaupten, es gebe keine Hexen, wenigstens könnten sie den Menschen keineswegs schaden, werden billig als Ketzer bestraft, besonders wenn's Prediger sind. Doch will der Verfasser diese lieber von diesem Laster freysprechen, als sie deswegen anklagen; und sie nicht gleich, wenn der Argwohn auch ein wenig stark seyn sollte, verdammen.

In-

Inquiriren kann und muß man allerdings wider einen solchen, nicht aber ihn verdammen, es wäre denn der Verdacht wider ihn außerordentlich stark. Es giebt nämlich einen leichten, starken und sehr heftigen Verdacht; man untersuche also, was für eine Art des Verdachts der Uebelberüchtigte auf sich geladen habe. Ignoranz göttlicher Gesetze entschuldigt zwar einigermaßen, aber Prediger, die ketzerischerweise alle Zauberey leugnen, können sich mit der Unwissenheit nicht

15 entschuldigen, da sie es besser wissen konnten. Mit Fleiß eine gewisse Sache nicht wissen wollen, ist verdammlich, zu entschuldigen aber allenfalls, wenn jemand zwar weiß, er müsse was wissen, weiß aber nicht, was? Paulo sey ja deswegen Barmherzigkeit widerfahren, denn er hab es unwissend gethan, im Unglauben. 1 Tim. 1, 13. Bleibt jemand in Unwissenheit, weil er sich sonst zu viel zu thun macht, und studirt das Hexenwesen nicht; der kann nicht ganz entschuldigt wer-

16 den. Man muß sich demnach alle Mühe geben, die Unwissenheit zu besiegen. (Dazu wird nun der Hexenhammer das herrlichste Mittel, denn aus ihm läßt sich das Zaubern nach allen Abtheilungen und Unterabtheilungen, und eine unglaubliche Menge abergläubischer

17 Possen lernen.) Der Teufel kann, wenn's Gott erlaubt, Dinge von einem Orte zum andern bringen, und aus verbundenen Dingen einen Schmerz oder sonst was bewürken. Das Werk des Teufels kann den Werken Gottes nie gleich geachtet werden, denn alles, was der Teufel thut, thut er ja bloß auf Gottes Zulassung, folglich kann man nicht sagen, daß der Teufel mächtiger sey, als Gott.

18 Die andere Frage: Wirken die Teufel und Hexen mit vereinbarten Kräften?

Der Teufel kann freylich vieles ohne Zuziehung eines Zauberers thun. Alles, was sichtbarer Weise

geschieht, können auch die Unterkräfte der Luft be- 19
wirken. Alle körperliche Schaden sind nichts weniger als unsichtbar, sondern vielmehr sehr fühlbar,
folglich können auch die Teufel sie verursachen. Man
denke sich nur den Teufel, der dem Hiob so mitspielte,
und einen andern, der der Jungfer Sarah sieben Bräu-
tigams vorm Maule wegkaperte. Eine Unterkraft
kann Hagel und Seuchen, ohne eine höhere Kraft, hervorbringen, z. E. wenn man verfaulten Salben unter
gewissen Worten und Ceremonien, die ein gewisser Albertus lehrt, in einen Brunnen wirft, so gibts oben in
der Luft bewundernswürdige Gewitter. Uebrigens
sind die Hexen dem Teufel als Instrumente nothwendig. Jede Handlung geschieht nothwendig nicht an- 20
ders, als durch's Anrühren, oder durch Berührung.
Der Teufel ist aber keiner solchen cörperlichen Berührung fähig, da er mit Körpern nichts gemein hat; er
bedient sich also irgend eines Instruments, dem er die
Kraft mittheilt, durch Anrühren schaden zu können.
Bezauberungen sind auch ohne Zuthun des Teufels
möglich. O ihr unverständigen Galater, wer hat euch
bezaubert, daß ihr der Wahrheit nicht gehorchet?
Gal. 3, 1. Die Glosse sagt bey diesen Worten: viele
haben grünliche Augen, deren bloßer Anblick schon
verletzt, besonders kleine Kinder. Die Einbildungskraft kann allerdings in den Körper wirken. Liegt z. B.
ein Balke mitten im Wege; so kann man recht gut auf
ihm einhergehen, liegt er aber quer über ein tiefes
Wasser, so wird man's wohl bleiben lassen. Aus diesen Balken lassen sich die bezaubernde Augen erklären.

 Selbst ohne Mitwürkung der Seele kann ein 21
(menschlicher) Körper wirken; so fängt z. B. die
Wunde eines Ermordeten gleich an zu bluten, wenn
sich der Mörder dem Entleibten nähert. Natürliche
Dinge haben ja verborgene Kräfte, und können wunderbare

derbare Wirkungen hervorbringen, ohne daß jemand sagen kann, wie es zugeht. Der Magnet zieht das Eisen an sich, und so können auch die Weiber wohl in fremden Körpern Veränderungen hervorbringen, und zwar durch gewisse unbekannte Dinge, so daß wir andern es nicht begreifen können, ohne daß der Teufel mitwirke. Eben so bedienen sich ja auch die Zauberer gewisser Bilder und andrer Werkzeuge, die sie bisweilen unter die Thürschwelle des Hauses, oder an andern Orten, vergraben, wo Vieh oder auch Menschen darüber gehen müssen, die dadurch behext, ja oft selbst getödtet werden. Diese Wirkung können vielleicht jene Bilder hervorbringen, in so weit sie einige geheime Kräfte von den Himmelskörpern angenommen haben, die sie eben so gut annehmen können, als die natürlichen Körper. Können doch die Heiligen, wie Gregorius der Große sagt, Wunder thun, bald durch ihr Gebet, bald aus eigenem Vermögen. Folglich kann auch ein Mensch, durch die Kraft seiner Seele, die eine körperliche Materie in eine andere verwandeln, Gesunde krank und Kranke gesund machen. Isidorus versichert, Ethym. Lib. VIII. 9. daß die Zauberer (Malefici) wegen der ungeheuer vielen Bosheit so genannt würden; sie peitschen durch Hülfe der Teufel die Elemente tüchtig zusammen, um Hagel und Ungewitter hervorzubringen; sie verwirren das Gemüth der Menschen, und verursachen in demselben Raserey, Haß und wüthende Geilheit. Ohne Gift, bloß durch Zaubergesänge und deren Kraft tödten sie. Der heil. Augustinus ist derselben Meynung. Zauberer (Magi), sagt er, sind, die man auch Maleficos benamset, der Größe ihrer Missethaten wegen. Man kann viererley Wirkungen annehmen, dienstbare, von guten Engeln; schädliche, von den bösen; Zauberey von den Zauberern, und endlich natürliche. Durch die dienstbaren

Engel

Engel wurden die Aegyptier geplagt, David mit der Pest bestraft, als er das Volk gezählt hatte u. s. w. Hiob litt durch eine schädliche Wirkung des Teufels, aber Zauberey lief gar nicht mit unter. Wollte aber jemand so naseweise seyn, und fragen: warum sich denn der Teufel beym Hiob keiner Zauberer bedient habe? dem antworten wir: weil diese Art von Aberglauben damals noch nicht erfunden war, und doch wollte die göttliche Vorsehung, daß die Macht des Teufels der Welt bekannt wurde, damit sie sich, zur Ehre Gottes davor hüten könnte, da der Teufel, ohne Gottes Erlaubniß, nichts zu thun im Stande ist. Die Zauberey hat Zoroaster zuerst erfunden, der da gewesen seyn soll ein Sohn des Ham und ein Enkelsohn des Noah. Der heil. Augustin erzählt von ihm, er sey der einzige gewesen, der bey seiner Geburt gelacht hätte, und das könne ohne Zuthun des Teufels nicht zugegangen seyn. Die Gebräuche der Zauberer gehören mit in die Classe der Wahrsagerey, weil die Zauberer auch den Teufel anrufen. Daß zur Zeit Hiobs noch keine Zauberey existirt habe, ist gar kein Wunder; denn die Kenntniß der Heiligen sey gewachsen, sagt Gregorius der Große, und eben so haben die schädlichen Künste der Teufel auch zugenommen. Jetzt, da die Welt sich zu ihrem Untergange neigt, findet Sprenger die ganze Welt gestopft voll von Hexerey und Teufeley. Den Zoroaster erwischte der Teufel in sein Netz, weil er ein Sterngucker war. Der Zauberer muß mit dem Teufel gemeine Sache machen, wenn eine Bezauberung soll zu Stande kommen, diese Wahrheit ist orthodox katholisch. Freylich, wenn diese Leute in der Hand des Teufels leblose Instrumente wären; so könnte man ihnen keine Schuld imputiren, aber sie sind lebendige, beseelte Werkzeuge, die ihre volle Freyheit haben, ob diese schon durch den Bund mit dem Teufel ziemlich eingeschränkt ist.

27 Das Behexen geschieht auf eine dreyfache Art, die eine wird eine Verblendung der Sinne genannt, die andre kann Neid heißen; denn Paulus sagt: wer hat euch bezaubert, d.i. wer hat euch mit einem so großen Hasse verfolgt? Wenn nun drittens jemand den andern so sehr haßt, so kann er diesen mit einem giftigen Blicke behexen. Der heil. Thomas erklärt dies Augenbehexen hier noch weitläuftiger, aber abschreiben mag ich das elende Gewäsche nicht.

28 Den Einfluß der Himmelskörper kann man nicht ganz verwerfen, denn diese werden von geistigen Substanzen bewegt und regiert, wie dies alle Theologen und Philosophen annehmen. *) Nun müssen jene Seelen der Himmelskörper, nach Maßgabe, daß diese weit größer sind, als unsere Körper, auch weit größere Geister seyn, als es unsre Seelen sind; folglich können jene vereint auch in unsern Leib und Seele zugleich
29 wirken, und jede menschliche Handlung verursachen.
30 Auf diesen Beweis folgt auf den folgenden Blättern ein sophistisches, ähnliches Räsonnement über die Zau-
31 berkraft der Augen. Möglich ist es doch und auch wahrscheinlich, meynt der Verfasser; denn entzündete Augen z. E. entzünden auch die Luft, und diese entzünden wieder gesunde Augen, die sich in diesen Luftkreis gewagt haben, und besonders, wenn sie sich mit den Triefaugen in gerader Linie befinden, wozu die Einbildungskraft aber das Ihrige mit beyträgt. Wenn uns der Wolf eher sieht, als wir ihn sehen; so vergeht uns die Stimme; sieht uns ein Basiliske zuerst, so tödtet uns sein Anblick, sehen wir ihn aber zuerst, so muß er von unsern Blicke sterben. Man macht es nämlich so; wenn sich ein Mensch einem Basilisken nähern will;

so

*) Heut zu Tage lassen die Theologen und Philosophen das Ding schön bleiben.

so behängt er sich um und um mit Spiegeln, der Basilisk sieht sich sodann selbst im Spiegel, sein tödtlicher Blick wird in gerader Linie wieder auf ihn zurückgeworfen, und so tödtet er sich selbst. Eben so natürlich 32 geht es auch zu, daß die Wunde eines Erschlagenen bey der Annäherung des Mörders wieder zu bluten anfängt; denn in die Wunde hat sich eine Menge der Lebensgeister des Mörders vestgesetzt, durch die Einbildung: die Wunde zieht nämlich die inficirte Luft an sich, und nähert sich nun der Mörder; so wollen sich seine zurückgelassenen Lebensgeister wieder losmachen und zu ihm zurückkehren, und durch das dabey vorfallende Spektakel dieser unruhigen Gäste und ihres plötzlichen Aufbruchs fängt die Wunde wieder an zu bluten. Von hieran bis zu Ende dieses Abschnittes ist Recapitulation und überflüßiges Gewäsch.

Die dritte Frage. Werden auch dadurch, 37 wenn sich die Teufel als Männer mit unsern Weibern, oder als Weiber mit Männern vermischen, Kinder gezeugt?

Es scheint freylich anfangs nicht so, denn das Institut der Fortpflanzung schreibt sich noch vor dem Sündenfalle her, und kommt unmittelbar von Gott, 38 der es auch theils selbst noch nach dem Sündenfalle bestätigte, theils es auch noch im N. T. durch Christum bestätigen ließ. Auch ist die Fortpflanzung eine Handlung eines lebendigen Körpers, dergleichen der angenommene Körper des Teufels nicht ist. 39 Jede Handlung entsteht durch's Berühren, (nämlich jede physische Handlung,) dazu ist der Teufel nicht fähig, ergo &c. Semen virile immittere & movere localiter ist eine physische Handlung, ergo &c. Indessen weiß der heil. Augustinus schon ein wenig besser Be- 40
scheid:

scheid: Daemones colligunt semina, quae adhibent ad corporales effectus. Dies kann nun freylich ohne eine Bewegung de loco in locum nicht geschehen, ergo können die Teufel semina ab aliquibus recepta in alias transfundere. 1 Mos. 6. steht ja auch so was von den Söhnen Gottes, die sich in die Töchter der Menschen verliebten. Der Verfasser will das alles freylich nicht
41 selbst erfunden haben, noch auf seine Hörner nehmen, ja er stellt sich an, als habe er bessere Begriffe von einem Geiste, als der heil. Augustinus und Consorten. Allein die heiligen Kirchenväter sind ihm doch billigermaßen das Non plus ultra der menschlichen Kenntnisse, vor denen Sprenger gutwillig streicht, und was die gesagt haben, das muß vom Himmel herabgeredet seyn.
42 Nach dem heil. Dionysius sind die Hurenteufel, "un-"reine Geister von Natur, sie besitzen eine natürliche "Wuth, rasende Begierde und verdorbene Phantasie, "in Rücksicht nämlich auf Sünde, die sie nur als Gei-"ster begehen können, als da sind Stolz, Neid und "Zorn. Sie sind Feinde des menschlichen Geschlechts, "zwar an und für sich verständig, aber sie erhalten ihre "Begriffe ohne Sprache. Sie sind feine und schlaue "Bösewichter, immer begierig Schaden zu thun, im-"mer spielen sie neue Turen des Betruges. Sie ver-"ändern die Sinne, verschlimmern die Neigungen, be-"unruhigen die Wachenden, und ängstigen die Schla-"fenden durch Träume. Sie brüten tödliche Seuchen "aus, erregen Gewitter, verstellen sich in Engel des "Lichts, tragen beständig die Hölle mit sich herum, las-"sen sich von den Zauberern göttliche Ehre erzeigen, "verrichten durch sie Zaubereyen, möchten gern über "die Guten herrschen, begehen nach ihrem beßten Ver-"mögen allerley Feindseligkeiten, sind den Gläubigen "zur Uebung da, und stellen ihnen beständig nach."
Es läßt sich leicht erachten, daß solche pfiffige Kautze

die

die Schwäche der Menschen vollkommen kennen, und durch Schwelgereyen und Unzucht ist ihnen ja am beßten beyzukommen. Es ist also eine orthodore Meynung der Kirche, daß durch den Beyschlaf der Menschen mit den Teufeln Kinder erzeugt werden können, denn wenn man das Gegentheil behaupten wollte; so müßte man ja den Aussprüchen der Heiligen, ja selbst der Bibel, widersprechen. Der heil. Augustinus läßt es zwar dahin gestellt seyn, ob Venus sich aus dem Beyschlafe mit dem Anchises den Aeneas aufgelesen habe? Die Frage liegt ihm aber näher im Wurfe: ob die geilen Purschen von Engeln, 1 Mos. 6. nicht wirklich bey den Töchtern der Menschen gelegen, und eine mächtige Riesenrace mit ihnen erzeugt hätten? Der heil. Augustinus weiß es von Leuten, denen man kühnlich glauben darf, von Poeten nämlich und alten Weibern, daß es Hurenteufel männlichen Geschlechts (pro tempore) gebe, Silvanen und Faunen genannt, die Appetit zu liederlichen Vetteln bekommen, und ihre Brunst wirklich bey ihnen gelöscht hätten. Diese Feldteufel finde man ja Jesaias 34, 14. Das sind eben die häßlichen Böcke, (Pilosi) diese Hurenteufel, diese Incubi, ab incumbando, hoc est, stuprando, wie der sel. Isidorus sagt. Horaz selbst, dieser wichtige Zeuge, habe sie recht gut gekannt: Faune Nimpharum fugientium amator. 1 Cor. 11, 10. heiße es ja, das Weib solle eine Macht, nämlich eine Bedeckung, auf dem Haupte haben, um der Engel willen. Viele katholische Kirchenscribenten legen das so aus: um der Hurenteufel (Incubos) willen. Der heil. Thomas versichert demnach, daß es unverschämt sey, dergleichen leugnen zu wollen; denn was vielen so scheine, müsse, nach dem Aristoteles, auch wahr seyn. Nun gebe es ja eine Wolke von heydnischen sowohl als christlichen Schriftstellern, die das Daseyn der Incuben bezeugen. Ein Teufel spiele nun

die

die Rolle eines Männchens oder eines Weibchens; so denke man nur ja nicht, daß es aus Geilheit geschehe, denn ein Geist hat nicht Fleisch und Bein. Vom Behemoth heißt es ja, Hiob 40, 11. seine Kraft ist in seinen Lenden und sein Vermögen im Nabel seines Bauchs. Behemoth, d. i. der Teufel; Kraft in Lenden, d. i. Männer; Nabel — Weiber. Nun kann der Teufel ja Semen virile irgendwo bekommen und ad ovarium mulieris gebracht haben, wodurch diese wirklich empfängt; der Teufel ist aber nicht eigentlicher Vater, sondern derjenige, dem er das Semen entwandt hatte. Der heil. Thomas und der heil. Augustinus erklären das Ding so: der Teufel ist jetzt Weibchen und Receptaculum seminis injecti, augenblicklich wird er Männchen, vermischt sich mit einer Hexe, und bringt ihr den als Succubus empfangenen Saamen bey, und sie wird schwanger. (Kann wohl der Knoten leichter zerhauen werden?) Gott erlaubt dies zur Prüfung der Guten und zur Strafe für die Gottlosen. Auch kann's wohl geschehen, daß so ein Incubus sich unsichtbarer Weise zwischen zwey Umarmende schleicht, und unbemerkt Semen suum loco seminis viri injicirt — denn was können Geister und Engel nicht alles thun? Uns wenigstens bleibt ihr höheres Vermögen ein Geheimniß. Eine Seele, die freylich auch ein Geist, aber anderer Art, ist, kann zwar, außer dem von ihr beseelten Körper, keinen andern localiter bewegen; aber mit den Teufeln ist der Casus schon ganz anders, deren Kräfte die körperlichen Kräfte allerdings übersteigen. Die guten Engel können, nach ihrer größern Vollkommenheit, die Himmelskörper bewegen; folglich müssen die Teufel doch wenigstens kleine, geringere Körper, dergleichen das Semen virile ist, bewegen können. Es folgt also aus dieser Betrachtung, 1) daß die Teufel sich mit dergleichen Schmutzereyen nicht aus Wollust abgeben, sondern

sondern den Menschen Leib und Seele zu verderben; 2) es kann durch diese teufelische Handlung ein Weib wirklich concipiren, vorausgesetzt, daß der Dämon Incubus das Semen ad locum unde bringe; 3) die Handlung eines solchen Incubus ist keine Zeugung, und das erzeugte Kind gehört nicht ihm, sondern demjenigen Mann, cujus semen fuit.

Vierte Frage. Von was für Teufeln werden diese Dinge verrichtet?

Es frägt sich zuvörderst, ob man als ein guter Katholik behaupten dürfe, daß sich alle unreine Geister mit dergleichen Schweinereyen abgeben? und dies hätte der Hexenhammer große Lust zu bejahen, wenigstens vor der Hand. Sie müssen sich aber zur Strafe mit diesen Obscönitäten befassen, und je vollkommner sie vor ihrem Falle waren, um desto größere Strafe haben sie verdient, und um desto fleißiger müssen sie zur Frohne Hurerey treiben. Vom Leviathan wird Hiob 41, 6. gesagt: seine stolzen Schuppen sind wie veste Schilde, fest und enge in einander. Durch diese Schuppen werden die Glieder der teufelischen Hierarchie verstanden, und die Subordination unter denselben; (denn Behemoth und Leviathan, die bey vernünftigen Leuten den Elephanten und das Crocodil bedeuten, sind bey den Ketzermeistern Teufel.) Wenn also der oberste Teufel den Subalternen dergleichen Schweinereyen aufträgt; so steht ihnen sehr zu rathen, ihm gehorsam zu seyn, und eben so rathsam ist es auch für sie, den guten Engeln Gehorsam zu leisten, denen alle Teufel subordinirt sind. Indessen sind es doch nur Teufel der niedrigsten Classe, welche zu Frohndiensten der Hurerey verdammt werden, wovon die höhern Teufel, wegen der ursprünglichen Vortreflichkeit ihrer Natur, befreyt bleiben. Man hält also billig dafür, daß diese

55 Unzuchtsteufel nicht allein Teufel des niedrigsten Ranges, sondern auch selbst die untersten dieser Ordnung sind. Jedoch sind diese Teufel zu Sodomitereyen und andern stummen Sünden nicht zu bringen, (extra vas debitum,) denn sie haben noch Scham, und alles, was extra vas debitum peccirt wird, ist ihnen ein
56 Greuel. Der Teufel heißt auf Latein Diabolus, und dies Wort, das griechischen Ursprungs zugleich ist, kömmt her von dia, das ist duo zwey, und bolus, ein Bissen; weil er zwey tödtet, Leib und Seele. Auch kann der Name wohl von defluere herkommen. Defluere heißt abfallen, (wird eigentlich von dem Abfallen der Baumblätter gebraucht,) Diabolus est hinc, quasi defluens, quia defluxit. Er heißt auch Dämon, d. i. ein Weiser durch Blut, oder ein Blut-
57 hund; Belial, ohne Joch, oder ohne Herren, weil er sich dem widersetzt, dem er billig gehorchen sollte. Auch wird er Beelzebub genannt, d. i. ein Mann der Fliegen, nämlich der sündigenden Seelen, die Christum ihren Bräutigam verlassen haben, und Satan, und Behemoth, d. i. Bestie, weil er die Menschen zu Bestien macht, und Hurenteufel und ein Fürst der Unreinigkeit. Man nennt ihn auch Asmoddus, eine That zum Gericht, denn um solcher Sünde willen wurden Sodom und Gomorra durch ein schweres Gericht heimgesucht u. s. w.

59 **Fünfte Frage: Woher entsteht die Vermehrung der Zauberwerke?**

Kann man als ein guter, rechtgläubiger Katholik behaupten, daß der Ursprung und die Vermehrung der Zauberey sich eher von dem Einflusse der Himmelskörper, oder der überaus großen Bosheit der Menschen selbst, als von der Bosheit jener Hurenteufel herschreibe? Man sollte freylich glauben, daß die Bosheit

heit der Menschen die einzige Quelle sey, man könnte auch 60
sagen, daß die Sterne nicht so ganz unschuldig wären,
denn sonst würden die Sterndeuter aus ihnen nicht so
oft künftige Dinge vorher sagen. Auch können sie auf
die Teufel wirken, und sie zu gewissen Zauberhandlun=
gen veranlassen; denn die Mondsüchtigen werden zu
einer Zeit stärker vom Teufel geplagt, als zu einer an=
dern; die Nigromantiker beobachten gewisse Constella=
tionen, wenn sie die Teufel anrufen, und nach dem heil.
Augustin wirken ja auf die Teufel auch gewisse geringere
Körper, Kräuter, Steine, Thiere u. s. w. Da nun
die Himmelskörper weit über diese erhaben sind; so
muß es ihre Einwirkung auf die Teufel auch seyn.
Alles gut, aber so viel ist, nach dem Hexenbüttel
Sprenger, auch wahr: es kann keine Wirkung ohne 61
Ursache seyn, die Handlungen der Zauberer sind aber
der Art, daß sie sich nicht ohne Beyhülfe des Teufels
begeben können. Man denke nur an die Beschreibung 62
des Isidorus zurück. Die Ursache alles Guten ist
Gott; die Ursachen des Bösen aber, besonders bey
den Zauberern, ist der Teufel. Die Sterne dürften 63
demnach frey ausgehen, denn wenn ihre Einwirkung
so unwiderstehlich stark wäre; so könnte dem Menschen
nichts imputirt werden. Der Mensch hat ja seinen
freyen Willen, also kann er den Einwirkungen der 64
Himmelskörper, die freylich nicht gänzlich geleugnet
werden können, widerstehen. Die Cometen sind auch 65
nicht umsonst da, sondern haben ihren mächtigen Ein=
fluß und merkwürdige Vorbedeutungen, doch beschäfti= 66
gen sich beyde nicht leicht mit einzeln Menschen, son=
dern vielmehr mit ganzen Völkern und Reichen. Man 67
kann im Menschen dreyerley Handlungen annehmen,
Handlungen des Willens, des Verstandes und des Kör=
pers, die zuerst und unmittelbar von Gott, demnächst
von einem Engel und sodann von einem Gestirn regiert

E 5 werden.

68 werden. Dionysius behauptet auch, daß die Sterne Ursachen der Dinge sind, die hinieden geschehen, jedoch nicht schlechterdings und nothwendigerweise. Der Mensch ist dem Körper nach den Himmelskörpern, dem Verstande nach den Engeln, und dem Willen nach Gott untergeordnet. Nun kann es geschehen, daß ein Mensch die Eingebung Gottes zum Guten verachtet, der Erleuchtung des guten Engels widerstrebt und dem körperlichen Hange folgt, wohin auch die Himmelskörper seine Neigung lenken, folglich kann bey ihm Verstand und Wille mit in Bosheit und Irrthum verführt werden. Deswegen behauptet auch Wilhelmus in seinem Buche de universo, daß ein Olivenbaum, den eine Hure gepflanzt, niemals Früchte trage; hab' ihn aber eine keusche Hand gepflanzt, so werd' er sehr fruchtbar. *)

70   Die Sterne, Sonn' und Mond sind gleichfalls an der Hexerey und Zauberey unschuldig.

Die Erdkörper sind von uns verschiedene Körper, folglich können sie keine Zauberey wirken; denn, nach dem Avicenna, sind sie von höherer Gewalt und Vollkommenheit, als unsere Seelen. Es wirken aber doch
71 äußere Gegenstände auf unsere Einbildungskraft, z. E. die Höhe eines über ein Wasser gelegten Balkens macht, daß die Seele sich vor dem Fallen fürchtet; dies geschieht aber nicht, wenn der Balken auf ebener Erde liegt.

*) In einem gewissen Dorfe in Westphalen herrscht bis jetzt noch der abergläubische Gebrauch, einen Stachelbeerenstrauch auf das Grab zu pflanzen. Schlägt er Wurzel und bekleibt; so ist der darunter liegende Todte seelig; verdorrt er aber, so ist er an einen schlechten Ort gekommen. Ein Untervogt starb, der auf sein Grab gepflanzte Strauch verwelkte, und an seiner Statt wuchsen drey mächtige Disteln hervor, Beweises gnug für die Bauren, daß ihr Untervogt zum Teufel gefahren sey.

liegt. Bey geilen oder in Zorn gerathenen Menschen erhitzt die Einbildungskraft den Körper, die Furcht macht ihn aber kalt. So kann auch die Furcht vor einer Krankheit, einem Fieber oder dem Aussaße eine solche Veränderung im Körper wirken, und dies läßt sich auch auf die Bezauberungen anwenden; aber die Himmelskörper können den Zauberwirkungen directe keinen Vorschub thun, denn sie sind, sowohl nach ihrer Natur, als auch nach ihrem Willen, sehr gutherzige Dinger, wie man dies aus ihren Einwirkungen zum Wohl des ganzen Universi abnehmen kann. Ein Geschöpf aber, das dem Zauberwesen vorsprießlich ist, kann zwar seiner Natur, nicht aber seinem Willen nach, gut seyn. Nun bestehen aber die Zauberwirkungen 72 darinn, daß die Zauberer ihres Glauben verleugnen, 73 Unzucht treiben, zarte Kinder umbringen u. s. w. wozu die Seelen der Himmelskörper nichts beytragen können, weil sie von Natur so sehr gut sind.

Menschliche Bosheit kann auch die Quelle der Zauberey nicht seyn.

Augustinus behauptet: daß durch Zauberkünste 75 Wunder geschehen, schier den Wundern der Knechte Gottes gleich. Die Zauberer thun ihre Wunder vermöge eines besondern Bündnisses, gute Christen aber 76 durch die öffentliche Gerechtigkeit.

Und eben so wenig verursachen Worte oder die Macht der Sterne Zauberey.

Der Teufel disponirt den Menschen innerlich zur 78 Sünde der Zauberey durch Eingebung und äußerlich durch Treiben und Reißen; denen aber, die sich ihm ganz ergeben haben, befiehlt er schlechthin. (Das seyn sollende Philosophiren von den Einwirkungen der Gestirne auf das breyweiche Gehirn der Kinder, dem

Mit-

Mitwirken der Teufel mit den natürlichen Kräften der Sterne, Kräuter und Steine, ist so eckelhaft, daß ich mich bis auf S. 83 auf nichts einlassen kann.)

83 **Sechste Frage: Von den Hexen selbst, die sich dem Teufel ergeben haben.**

Diese Frage begreift viele Nebenfragen unter sich: als, von Seiten des Teufels: 1) aus was für Materie besteht sein angenommener Körper? 2) ob die fleischliche Vermischung immer die Infusionem seminis zum Erfolg habe? 3) ob diese Schandthaten zu gewissen Zeiten und an gewissen Oertern vorzüglich betrieben zu werden pflegen? 4) ob der Beyschlaf, den Umständen nach, sichtbar geschehe? Von Seiten der Hexen fragt sich: a) ob solch Frauenzimmer, das durch einen teuflischen Beyschlaf erzeugt worden, vorzüglich von den Teufeln gesucht werde? b) oder diejenigen, welche bey ihrer Geburt dem Teufel von den Hebammen sind übergeben und angelobt worden? c) ob bey solchen die fleischliche Wohllust größern Reitz besitze? Die Antworten auf diese Fragen dürfen wir hier noch nicht erwarten, wir werden sie weiter unten finden. Hier fallen nur noch zwey Hauptfragen zu beantworten vor, die das weibliche Geschlecht besonders angehen:

84 **A. Warum ist das weibliche Geschlecht diesem Aberglauben vorzüglich ergeben?**

Die frommen Kirchenlehrer sollen immer behauptet haben, daß drey Dinge im Guten und Bösen kein Maaß zu halten wüßten; nämlich die Zunge, ein Geistlicher und ein Weib. Von der Zunge ist dies offenbar, denn der heil. Geist theilte sich den Aposteln in Gestalt feuriger Zungen mit, bey weisen Predigern ist die Zunge gleich den Zungen der Hunde, die Lazari Wunden leckten; und deswegen ward auch der

der heil. Dominicus, ehe er gebohren ward, unter dem Vorbilde eines jungen, bellenden Hundes vorgestellt, der eine brennende Fackel im Munde trug. *) So giebt es gute, aber auch böse Zungen, (wovon a. a. O. mehr zu lesen steht, als ich abschreiben mag.) Von den Geistlichen haben Chrysostomus, Hieronymus, Bernhardus u. a. m. viel gesagt, es giebt sehr gute

*) Thomas Dillinger, ein Dominicanermönch, sagt in seiner Lebensbeschreibung des Dominici von ihm S. 2: „Ehe aber und bevor ihn seine Frau Mutter auf die Welt „gebohren, wurde sie durch ein himmlisches Gesicht von der „künftigen Geburt unterwiesen, denn es kam ihr in einem „Gesicht vor, als ob sie ein Hündlein in ihrem Leib trug, „so in seinem Mund eine brennende Fackel hielt, und wie „es aus Mutterleib kommen, mit selbiger die ganze Welt „entzündete, durch welches ihr angezeiget wurde, daß sie „einen Sohn sollte gebähren, welcher ein weitberühmter „Prediger des göttlichen Wortes seyn, und durch seinen „brennenden Eifer die erfrornen und erkalteten Herzen der „Menschen zu der Liebe Gottes und Haltung seiner Gebote „anhalten würde." Andere eben so gelehrte Traumdeuter, sagt Helvetius (de Miraculis p. 143.) bey dieser Gelegenheit, deuten diesen Traum der Mutter des Heiligen ganz anders, und berufen sich auf die Erfahrung, nach welcher diese Vision sagen wollte: daß Dominicus dereinst, gleich einem rasenden Hunde die Unschuldigsten anfallen, und durch sein Beissen und Bellen vielen zum Verderben gereichen, das ist, sich alle Mühe geben werde, unschuldige, geduldige Menschen den schrecklichsten Martern zu übergeben. So urtheilten Hospinianus und Limborchtius, und daß sie Recht hatten, beweist die Inquisition und Ketzermeisterey, die immer in den Händen der Dominicaner war. Kein Mönchsorden hat der Welt mehr geschadet, als dieser; alles, was schändlich und teuflisch genannt werden kann, der Hexenproceß, schreibt sich von ihnen her, sie waren von jeher die ersten Büttel der Unschuld, sie steckten den Scheiterhaufen an, bessere Menschen zu verbrennen — und man hat sie noch nicht ausgerottet?

gute und äusserst schlechte darunter. Nach dem heil.
86 Bernhard nostri praelati Pilati, nostri pastores facti
sunt tonsores. (Ich überlaß' es dem heil. Bernhard,
diese Wahrheit oder Injurie zu verantworten.) Ueber
die Weiber ist immer geschrieen worden, Salomo hat
desfalls verschiedenemal sein Glaubensbekenntniß abgelegt, und was der heil. Chrysostomus über Matth. 19.
davon sagt, klingt auch nicht fein. "Heurathen ist
"nicht gut, sagt der beredte Mann; denn was ist ein
"Weib anders, als eine Feindin der Freundschaft, eine
"unvermeidliche Strafe, ein nothwendiges Uebel, eine
"natürliche Versuchung, ein wünschenswürdiges Un-
"glück, eine häusliche Gefahr, ein reizendes Verder-
87 "ben, ein Uebel der Natur mit Firniß überzogen!
"Ist es also Sünde, sich von ihr zu scheiden; so ist
"es eine Qual, sie beyzubehalten; im ersten Falle be-
"gehen wir Ehebruch, im andern aber giebt es täglich
"Streit und Prügelen. — Seneca sagt in seinen Tra-
"gödien: ein Weib haßt oder liebt, es giebt kein
"Drittes. Wenn es weint, so lügt es. Zweyer-
"ley Thränen benetzen die Augen der Weiber, einige
"sind Zeugen ihres Schmerzes, andre aber ihrer
"Hinterlist, wenn ein Weib allein denkt, so denkt's nur
"an Unglück."

Aber von den guten Weibern ist dagegen auch
des Rühmens kein Ende, so daß auch Männer, ja
ganze Nationen und Länder durch sie errettet und
selig werden. Wenn man also Tadel der Weiber
niedergeschrieben findet; so wird billig darunter fleisch-
88 liche Begierde verstanden. Andere führen noch andere Gründe davon an, warum das weibliche Geschlecht dem Zauberwesen ergebener sey, als die
Männer, 1. weil die Weiber leichtgläubig sind, und
da der Teufel gern den Glauben zerstöhrt; so mache
er sich deshalb vorzüglich an sie; 2. wegen der Schlaff-
heit

heit ihrer Complexion, vermöge welcher sie empfänglicher für Offenbarungen sind — 3. weil sie eine schlüpferige Zunge haben, und ihre eigene Schande nicht verschweigen können, wenn sie mit ihres gleichen zu thun haben, und wenn es ihnen an Kräften gebricht, sich heimlich zu rächen; so nehmen sie zur Zauberey ihre Zuflucht. Deswegen sagt auch Salomo: es ist besser bey Löwen und Drachen wohnen, als bey einem bösen Weibe. Eva spielte den ersten Betrug, deswegen kann man von ihren Töchtern alles erwarten; indessen müssen die Prediger davon mit Behutsamkeit sprechen, weil im N. Testamente, wie Hieronymus sagt, der Name Eva in Ave ist verwandelt worden. 89 Eva wurde übrigens aus einer krummen Rippe erschaffen, die nahe beym Herzen saß, deswegen ist das Weib immer wider den Mann, als ein unvollkommenes Thier betrügt sie immerfort. Eva gab der Schlangen zur Antwort — damit wir nicht vielleicht sterben, ein Beweis, daß es ihr damals schon an Glauben fehlte. Auch aus der Abstammung des Namens Foemina, Weib, läßt sich das beweisen, von Fe 90 und minus; denn ein Weib hat und beweiset weniger Glauben. Von Natur taugt demnach das Weib nicht, es zweifelt geschwinder, es verleugnet auch den Glauben leichter. Nach einer andern Seelenkraft, nämlich dem Willen, taugt ein Weib eben so wenig. Wen es vorhin liebte, den haßt es nachher, und schäumt vor Wuth und Ungedult gleich dem stürmischen Meere. Selbst die heiligen Weiber sind von der Zanksucht, dieser Quelle der um sich reissenden Zauberey, nicht frey, wie aus den Beyspielen der Sarah, Rahel und anderer erhellt. Socrates wußte von bösen Weibern ein Liedchen zu 91 singen. Von einem andern Philosophen liest man, daß seine Frau ertrunken sey. Ihr todter Körper

schwamm

schwamm nicht allein oben, sondern auch wider den Strohm, worüber sich jedermann wunderte, und den Wittwer um die Ursache befragte. Dies Weib, sprach er, widersprach mir bey seinem Leben beständig und immer war sie meinen Befehlen zuwider, ich würde mich wundern, wenn sie es im Tode besser machte. Die Geschichte selbst hat uns von bösen Weibern Beyspiele gnug aufbehalten. Dies Schandcapitel beschließt der Verfasser mit dem stolzen Ausrufe: gebenedeyet sey der Höchste, der die männliche Gestalt bis dahin so gnädig vor diesem schrecklichen Laster bewahrt hat, in der er für uns Mensch werden und sterben wollte, wodurch er sie privilegirte!

Auf was für eine Art werden die Weiber dem Aberglauben und der Zauberey ergebener gefunden, als die Männer?

Aus dem vorhergehenden erhellt, daß die bösen Weiber der Untreue (Unglaube), dem Ehrgeitze und der Wohllust vorzüglich ergeben sind; besonders sind sie Sclaven des letztern Lasters. Nach der Bulle besteht ihre Hexerey vorzüglich in sieben bösen Künsten: indem sie 1) die Gemüther der Menschen zu einer ausschweifenden Liebe, oder zu einem alle Schranken überschreitenden Hasse anreitzen; 2) die Kraft zu zeugen verhindern; 3) die Zeugungsglieder wegheren; 4) die Menschen durch ihre Gaukelkünste in Thiergestalten verwandeln; 5) bey den Weibern die Kraft zu empfangen zerstöhren; 6) oder ihnen eine unzeitige Geburt verursachen, und 7) die Kinder dem Teufel darbringen; des vielen Schadens nicht einmal zu gedenken, den sie sonst noch den Thieren und Feldfrüchten zufügen. Durch das Vehiculum des Lasters der Unzucht zeigt sich das Laster der Zauberey am gewaltigsten, weil es der Teufel am meisten mit Weibern zu thun hat, und man sagen will, daß der erste Fall Evens unkeusche Lust gewesen sey.

Sie-

Siebente Frage: **Können die Zauberer die** 98. **Gemüther der Menschen zur Liebe oder zum Haß reizen?**

(Der Verfasser zeigt zuerst, wie dies immer seine Gewohnheit ist, daß der Teufel auf die Seele des Menschen nicht wirken könne, mit einem Worte, er weis und sagt beym Anfange jedes Abschnitts so ziemlich die Wahrheit, und dann widerlegt er sich oder die Männer, die der Wahrheit auf der Spur sind). Man sagt 99. vom Teufel, daß er die Menschen sichtbarer und unsichtbarer weise versuche. Dies könnte nicht wahr seyn, wenn er keine Gewalt hätte, auf die Seele selbst und ihre Kräfte zu wirken. Dies letzte behaupten aber viele Kirchenlehrer, Damascenus, Dionysius u. a. m. Das läßt sich aber auch natürlich erklären. Jemand 100. kann directe und indirecte die Ursache einer Wirkung seyn. Indirecte ist z. E. der Mann, der Hölzer zerschneidet und spaltet, die Ursache, daß diese Hölzer verbrannt werden. So auch der Teufel, denn er verführte den ersten Menschen zur Sünde, und ward dadurch die gelegentliche Ursache aller Sünden, die nachher begangen worden. Directe dürfte der Teufel, nach dem Dafürhalten des h. Origines, die Ursache der meisten Sünden nicht seyn, außer durch Ueberredung, 101. und dies thut er wieder theils sichtbarer, theils unsichtbarer weise. Sichtbarer weise erscheint er den Zauberern in menschlicher Gestalt, spricht vernehmlich mit ihnen, und reizt sie zur Sünde. Dies thut er aber weit öfterer unsichtbarer weise, entweder durch Persuasion, 102. oder durch Disponiren zum Sündigen. Seine Ueberredungen sind keine Erleuchtung, wohl aber Offenbahrung. Geister können Cörper in Bewegung setzen, dies beweisen unsre Seelen, und die Seelen der großen Weltkörper, und so sammlen sich die Teufel das Semen virile

virile, um es durch cörperliche Bewegung de loco in locum an seine Behörde, zu bringen. Dies gilt auch von dem Samen der Thiere, wie dies das Beispiel der ägyptischen Zauberer beweist, die durch diesen Weg wirkliche Thiere hervorbrachten. Auf ähnliche Art schaft der Teufel durch die Lenkung des Gebluts Träume und
103 Erscheinungen bey den Menschen, welches sich aus dem Aristoteles (de Somno et vigilia) beweisen läßt. Die Eindrücke von vergangenen sinnlichen Bewegungen werden in den Geistern, d. i. in den innern, sinnlichen Kräften aufbewahrt, die Phantasie und Einbildungskraft genannt werden, welches, nach den heil. Thomas, einerley ist. Die Phantasie oder Imagination ist aber ein Magazin aller Gestalten, die durch die Thüren der Sinne hereinspatzirt sind, und diese läßt der Teufel wie
105 Drathpuppen tanzen, wenn Gott es zuläßt, folglich kann er auch Liebe und Haß bewirken, und zwar das unvernünftigste Zeug von der Welt. Viele Ehebrecher verlassen die schönsten Weiber, und hängen sich an einen säuischen, widerlichen Nickel. Uns ist eine solche alte Vettel bekannt, die nach und nach drey Aebte eines gewissen Klosters so verliebt in sich machte, daß sie nicht von ihr ablassen konnten; sie gestand es selbst, daß sie es gethan habe, und zwar durch Hülfe ihrer
106 eignen Excremente, von welchen diese heilige Väter, wie sie an ihren Arm wies, ein so und so langes Stück gespeiset hätten.

Wie man von dieser durch Zauberey bewirkten Liebeswuth sich in Predigten gegen das Volk auszudrücken habe.

107   Aus vorhin benannten Gründen können die Prediger dem Volke beweisen, daß dergleichen Zauberwirkungen, in Rücksicht auf unordentliche Liebe und
                                                                Haß,

Haß, möglich sind, wenn Gott es zuläßt. Gott gab dem Teufel den Hiob, nach dem Leibe, in seine Gewalt, doch schone seiner Seele *). Hiob. 2, 6. Folglich gab Gott dem Teufel Gewalt über alle von dem Cörper abhängige, oder mit ihm wesentlich verbundene Kräfte, die fünf äusseren und vier inneren Sinne: welche leztere sind der sogenannte gemeine Sinn, (Sensus communis) der in Phantasie, der Einbildungs=Urtheils= und Erinnerungskraft besteht. Durch leztere finden z. E. die Schweine ihren Weg wieder zum Stalle und die Schafe können den Wolf von dem Hunde durch die Imagination unterscheiden. Der Teufel kann demnach die innere Phantasie verändern, folglich kann er auch den Verstand verfinstern, zwar nicht unmittelbar, sondern vermittelst phantastischer Visionen. Er bedient sich dazu der fleischlichen Begierden, Jac. 1. Durch diese caperte er den Sychem, als dieser die Dina nothzüchtigte, 1 Mos. 34. und den Amnon als er mit seiner Schwester Thamar Blutschande trieb. 2 Kön. 13. Der Satans Engel Pauli, 2 Cor. 12. und der Pfahl ins Fleisch, war nichts, als Brunst. Hier kann der Prediger allerhand Beispiele anbringen.

Nähere Zergliederung der Beweisgründe.

(Mit diesen elenden Wiederholungen der elendesten Sophismen verschone ich die Leser billig).

Achte Frage: Können die Zauberer das Zeugungsvermögen und den Beyschlaf, wie die Bulle besagt, verhindern?

Daß die Ehebrecherinnen und Huren vorzüglich Hexen sind, ergiebt sich aus dem Behexen, wodurch

F 2 das

---

*) Veruntamen *animam* ejus serva hat die Vulgata, da es doch *Vitam* heissen sollte.

das Ehestandsgeschäfte bey gewissen Personen verhindert wird. Der Ehestand ist freylich ein Werk Gottes, und die Zauberey ein Werk des Teufels, folglich könnte man sagen: Der Teufel sey mächtiger, als Gott, wenn er im Stande ist, Gottes Werk, den Beyschlaf u. s. w. im Ehestande zu verhindern. Kann er's nicht, so behalten diejenigen Recht, die da sagen: die Zauberey sey nichts, sey Posse und Thorheit. Die Bezauberten können mit gewissen Personen den Beyschlaf nicht vollbringen, wohl aber mit andern. Dies kann der Teufel allerdings verursachen, denn seine Macht ist doch wenigstens grösser, als die Macht der Menschen, und diese können ja durch unvermögend machende Kräuter u. s. w. die Mannheit benehmen. Gott
115 räumt dem Teufel wider das Zeugungsgeschäfte deswegen eine vorzüglich grosse Gewalt ein, weil in Betracht dessen das Verderben der Menschen vorzüglich
116 groß ist. Nicht bloß das eigentliche Zeugungsgeschäfte, sondern auch die Einbildungskraft sind in diesem Falle der Gegenstand, an den sich der Teufel macht. Peter aus der Pfütze (de Palud.) giebt hierüber fünferley Modificationen an, und beweist: daß der Teufel, da er Macht über die Cörper habe, auch das Berühren der Cörper verhindern könne, 1. indem er sich mit seinem angenommenen Cörper zwischen beyde lege, wie er's z. E. bey jenem Jünglinge machte, der sich mit einem Gespenste, aber auch mit einem ehrlichen Mädchen verlobt hatte. Diese konnte er nie berühren, weil sich das Gespenst, der Teufel, immer zwischen beyde einschob. 2. Kann der Teufel durch natürliche, dazu kräftige Mittel, die ihm vorzüglich bekannt sind, den Menschen zum Beyschlafe erhitzen, oder ihn kalt und dazu unvermögend machen. 3. Er kann, wie gesagt, auf die Einbildungskraft wirken. 4. Das Membrum virile schläffen, daß es keine Dienste thun kann; 5. Emissionem

nem et immissionem seminis auf mancherley Art ver=
hindern. Männer werden in dieser Absicht weit öfte= 117
rer bezaubert, als die Weiber, denn dort ist Obstru-
ctio vasis et Repressio rigoris meinbri weit leichter,
als bey dem weiblichen Geschlechte. Es ist dies auch
daher begreiflich, weil die Zahl der weiblichen Hexen
ungleich größer ist, als die Zahl der Hexenmeister.
Die Weiber sind sich selten einander gut, und da ein
bezauberter Mann wohl mit andern Weibern, nicht
aber mit seiner eigenen halten kann; so läßt sich die Ur=
sache leicht begreifen; Das Weib sucht sich dann auch
zu entschädigen, und so bekömmt der Teufel zwey Bra=
ten für einem. Auch erlaubt Gott dem Teufel dies
Kunstück weit eher wieder Sünder als Gerechte;
das erfuhren die geilen Pursche, die sich mit der Sara
versprochen hatten, ehe Tobias ihr Mann ward.

**Im Vorbeygehen werden noch andere
Zweifel gehoben.**

Wenn gefragt wird, warum ein Weib eher mit 118
diesen Hindernissen zu kämpfen und sich darüber zu be=
klagen habe, als ein anderes? so steckt, um mit Bo=
naventura zu antworten, ein besonderes Gericht Got=
tes darunter verborgen, wie man an der Frau To=
biä sehen kann. Der Teufel störht die Zeugungs=
kraft nicht innerlich und an sich selbst, sondern den
äußerlichen Gebrauch. Also verhindert er den Bey=
schlaf bey dieser, bey einer andern wieder nicht, bey
jener hält er den Trieb zurück, bey dieser flammt er ihn
an, und zwar durch geheime Naturmittel, Kräuter,
Steine u. a. m. Aber wie kann man wissen, ob die
Impotenz natürlich oder durch Zauberey bewirkt sey?
Wenn die männliche Ruthe entweder unsichtbar ist,
oder sich doch keiner Erection zu erfreuen hat; so ist
der

der Schabe natürlich; ist aber Bewegung und Erection da, ohne daß das Werck vollbracht werden kann, so ist der Leider bezaubert. Diese Bezauberung trift aber auch die Weiber, und dann können sie entweder nicht empfangen, oder sie abortiren. Eine Hexe aber, die das Empfangen verhindert, oder einen Abortum befördert, ist eine Todtschlägerin, sie thue es nun durch Hülfe des Teufels, oder durch natürliche Mittel, und in beyden Fällen muß sie wie eine Mörderin bestraft werden. Hexen aber, die dergleichen durch Zauberey bewirken, werden, nach den Gesetzen, am Leben gestraft. Eheleute kann dies Unglück eben so gut treffen, als ledige Personen, und wer dies leugnen will, irrt eben so sträflich, als andere, die alle Zauberey überhaupt leugnen, welcher Ketzerey der heil. Thomas von Aquin irgendwo tüchtig den Text liest. (Der Verfasser thut hier seinen Senf redlich hinzu, und schilt solchen naseweisen Purschen die Jocke voll). Die durch Zauberey verursachte Impotenz währt entweder eine Zeitlang, oder auf immer. Im ersten Falle kann den Preßhaften wenigstens in drey Jahren durch geistliche Mittel geholfen werden, wenn sie auch ihrer Seits es am fleißigen Versuchen nicht ermangeln lassen. Wird ihnen aber in 3 Jahren nicht geholfen, so wird die Impotenz für immerwährend gehalten, und einige Kirchenlehrer sehen in dem Falle die Ehe für ungültig und aufgehoben an.

Neunte Frage: ob die Hexen durch Gaukelkünste das Ansehen zuwege bringen können, als wären die Membra virilia rasibus weg?

Die eigentliche Frage ist demnach diese: Hexen die Unholden das membrum virile durch Hülfe des Teufels wirklich und wahrhaftig weg? oder ist es ein bloses Blend=

Blendwerck? Man muß das erste annehmen, denn die Teufel können Menschen tödten oder cörperlich und localiter holen, folglich können sie auch das membrum wirklich und rasibus wegnehmen. Wir haben ja oben schon gesehen, warum Gott den Teufel so viele Macht über dieses Glied des Menschen einräume, und dessen Gebrauch, folglich räumt er ihm auch die Macht ein, es ganz wegzunehmen, ein Wunder, das noch lange so groß nicht ist, als die Verwandlung der Dame Loths in eine Salzsäule. Ein böser Engel schlug die Leute zu Sodom mit Blindheit; kann er das, so kann er 124 auch mehr. Jeder der natürliche Gestalten und Dinge hervorbringen kann, kann sie ja auch wieder wegschaffen. Die ägyptischen Zaubrer brachten durch Hülfe des Teufels wirkliche Schlangen und Frösche hervor, ergo. Der heil. Augustinus hält dafür, daß der Teufel und seine Engel eben dasjenige unsichtbarerweise thun können, was Menschen sichtbarerweise thun, diese aber können durch ein Messer alles sichtbar wegoperiren, warum solten es die Teufel nicht unsichtbarer Weise thun können? Freylich ist der ganze Handel die meiste Zeit ein bloses Blendwerk, wo die Sinne der Menschen so bezaubert sind, daß sie sonst sichtbare Dinge nicht sehen, fühl= 125 bare nicht fühlen und Hörbare nicht hören können. So kann auch die Ruthe wirklich da seyn, und der Besitzer das Gegentheil glauben, so wie ein Wein süß seyn kann, ohnerachtet der Fieberpatiente ihn für bitter hält. Alle 126 diese Gaukeley, wodurch ein Ding etwas anders zu seyn scheint, als es in der That ist, schreibt sich vom Teufel her, und wer's nicht glauben will, kann beym heil. Augustinus in die Schule gehen, der's ihm schon sagen wird. Die Gaukeley geschieht auf dreyfache 127 Art. Die erste Art geschieht ohne Zuthun des Teufels, dergleichen die Taschenspieler darstellen. Die andre Art geschieht durch geheime Kräfte natürlicher Din=

F 4 ge,

ge, und auch dabey hat der Teufel nichts zu thun. Die dritte Art schreibt sich aber vom Teufel her, er und seine Gesellen haben, auf Gottes Zulassung, eine gewisse Macht über gewisse irdische Dinge, die sie so hand-

128 haben können, daß die Dinge anders scheinen, als sie sind. Hier giebt es wieder fünf Unterabtheilungen, (mit welchen ich meine Leser verschone), z. E. Der Teufel kann die Gestalt irgend eines Dinges anneh= men, und beym Lichte besehen, ist es doch das Ding nicht, sondern der bare Teufel. So erzählt (unter an= dern dummen Possen) Gregorius der Große im ersten Dialogo: ein gewisses Nönnchen habe geglaubt Sallat zu essen, und nachher gestand es der Teufel selbst, daß er's in Gestalt des Sallats gewesen sey.

Wie man Bezauberung von natürlicher Impotenz unterscheiden könne.

129 Peter hat sein Patrimonium verlohren, er weis aber nicht, ob durch Zauberey, oder ob es ihm der Teufel auf eine andere Art entwandt habe. Hat man Merkmale und Unterscheidungszeichen, hierin die Wahr= heit zu entdecken? Freylich: denn 1. sind es gemei= niglich Hurer und Ehebrecher, denen dergleichen zu begegnen pflegt. Wenn sie nun ihren Mätressen nicht so ergeben sind, als diese ihnen, oder sie gar verlassen und sich an eine andere hängen wollen; so benehmen ihnen diese Hexen aus Rache den Kitzel, der sie treu= los machte, 2. Rührt die Impotenz von Hexerey her, so dauert sie nur eine Zeitlang, und die Potenz kehrt endlich wieder, es wäre denn, daß die Hexe, die es ihm angethan hat und alleine wieder abnehmen kann, todt, oder ein ohnmächtiges Ding sey, die schaden, aber nicht wieder helfen kann. Auf den Fall kann man von Peters Bezauberung sagen, daß sie immerwährend sey,

sey, weil die Hexe, die ihn bezaubert hat, nicht wieder entzaubern kann. Die Hexen sind nämlich dreyerley Schlages, einige bezaubern, lösen aber auch die Bezauberung wieder auf; andere beschädigen, ohne wieder entzaubern zu können, und endlich scheinen einige bloß entzaubern zu können. Uns Inquisitoren begegnete einmal der Fall, daß sich zwey Hexen stritten. Die eine sagte: ich bin doch noch nicht so schlimm, wie du, denn ich kann doch denen wieder helfen, die ich behexe. Das beste Mittel wider die Zauberey ist das Sacrament der Buße. 130

Nähere Beweise

Ist es wahr, daß Gott die Zauberey auf das Zeugungsgeschäft, größerer Verborbenheit wegen, erlaubt; so erlaubt er auch, daß ein dazu wesentlich erforderliches Glied weggehext werden könne. u. s. w.

Zehnte Frage: Ist es Gauckeley, wenn die 131 Hexen die Menschen in Thiere verwandeln?

Eine wirckliche Verwandlung findet wohl nicht statt, denn zwey Wesen verschiedener Natur können nicht in einem und eben dem Subject und zugleich da seyn. Der heil. Augustinus will auch mit der Meinung 133 einer wesentlichen Verwandlung nichts zu thun haben. Der Teufel kann aber die Phantasie der Menschen dergestalt disponiren, daß der Mensch ein wahres Thier zu seyn scheint. Freylich findet hier auch eine 134 cörperliche Verwandlung, nämlich des Gesichts statt, vorzüglich aber betrift die Wirkung des Teufels die Phantasie. So war die Verwandlung, die die Ge- 135 neralhexe Circe mit den Gefährten des Ulysses vornahm, auch weiter nichts, als Verblendung der Augen, wie Augustinus sagt. Man liest in dem Leben der Väter,

daß

daß ein gewisses Mädchen, dem ein gewisser Jüngling Unzucht anmuthete, ihm nicht zu Willen seyn wollte. Der darüber aufgebrachte Bengel ging zu einem Juden, und ließ das Mädchen beheren, worauf das arme Ding in eine Stute verwandelt wurde. Diese Verwandelung war nicht wesentlich, sondern Gaukeley des Teufels, der die Phantasie und Augen des Mädchens sowohl als der Zuschauer so beherte, daß die gute Jungfer eine Stute zu seyn schien, ohnerachtet sie ein ächtes Frauenzimmer war und blieb. Man führte sie zu dem heil. Macharius, dem der Teufel die Augen um seiner Heiligkeit willen, nicht bezaubern konnte. Diesem schien sie ein Mädchen und keine Stute, er löste die Zauberey auf und sagte, Gott habe dies Unglück deswegen zugelassen, weil Mamselle nicht fleißig zur Kir-
136 che und zum Abendmal gegangen sey. Eine gleiche Beschaffenheit scheint es mit den Zaubereyen gehabt zu haben, die von Simon dem Zauberer erzählt (erdich-
140 tet werden. (Das übrige sophistische Gewäsche laß' ich weg). Es frägt sich: ist es auch Gauckeley, wenn bisweilen die Wölfe Menschen angreifen, und Kinder aus der Wiege nehmen und fressen?

Bisweilen geht das Ding natürlich zu, bisweilen ist es auch Hexenwerck und Gaukeley. Gott dräuet oft mit wilden Thieren; 3. Mos. 16. 5. Mos. 32.
141 und solche Wölfe sind ganz natürliche Wölfe, außer, daß sie vom Teufel besessen sind. Es giebt aber auch Menschen, deren Phantasie so verderbt ist, daß sie sich selbst für Thiere halten. Ein gewisser Mann glaubte zu gewissen Zeiten, daß er in einen Wolf verwandelt werde, und dann begab er sich in den Wald, lag in einer Höle, und träumte, daß er herumgehe und Kinder freße.

Eilfte

Eilfte Frage: Zauberische Hebammen zerstören die empfangene Frucht in Mutterleibe auf mancherley Art, oder befördern eine unzeitige Geburt, und wo sie das nicht thun, da geloben sie doch die neugebohrne Kinder dem Teufel.

Die Canonisten und Theologen sagen, die Bezauberung bestehe nicht allein darin, daß ein Mann den Beyschlaf nicht leisten, oder die Frau nicht empfangen könne, sondern auch das ist Zauberey, wenn sie ein zu frühzeitiges Wochenbett hält. Sie sagen auch, daß die Hexen die Frucht im Mutterleibe zerstören und neugebohrne Kinder dem Teufel verloben. Es giebt allerdings Hexen, welche Kinder fressen, wovon uns Beyspiele bekannt sind. Ja es haben uns wohl Hexen bekannt und gesagt, daß niemand dem catholischen Glauben schädlicher und gefährlicher sey, als eben die Hebammen *). Denn wo sie die Kinder nicht umbrin-

---

*) „Man findet von diesem verfluchten Aberglauben in „Culemanns Mindischer Geschichte, Fünfter Abtheilung „S. 264. 265. vom Jahre 1670 und 1671. eine schreckliche „Erzählung." „Die Hexenprocesse aber wurden alles Flei„ßes fortgesetzt, wobey auch Honoratiores nicht einmal ver„schonet blieben. Unter andern ward den 19 Jun. 1671. „eine Badenmutter, Namens Maria Monigs, ihres Alters „93 Jahr, nachdem sie vorhero mit glühenden Zangen ge„zwicket worden, lebendig verbrannt. Wie ihr Schuld „gegeben, hat sie die Zauberey in ihrer zarten Jugend von „ihrem Vater erlernet, der auch mit ihr Blutschande getrieben. „Sie soll mit dem Teufel dahin einen Contract gemacht ha„ben, daß sie jährlich 20 Kinder tödten und andern die „Zauberey lehren wolle. Sie hat bekannt, über 500 Kin„der getödtet zu haben, die sie jedoch nicht namhaft machen „können. Wenn sie den Kindern mit dem Zeigefinger die „Zunge gelöset, hat sie denenselben unterm Nagel Gift ge„stäub-

bringen, da gehen sie zur Stube hinaus, als wenn sie draußen was zu thun hätten, heben sie in die Luft und opfern dem Teufel die Kinder.

Zwölfte Frage: Ist bey der Zauberey die Zulassung Gottes?

1. Ist diese Zulassung Gottes nothwendig zur Zauberey? 2. Kann es mit der Gerechtigkeit Gottes bestehen, daß er an sich sündhaften Geschöpfen dergleichen Greuel erlaube? 3. Ist nicht die Zauberey unter allen Lästern, die Gott erlaubt, das größeste? 4. Wie muß ein Prediger von dieser Sache dem Volke predigen?

Wer es nicht besser versteht, könnte über diese Zulassung Gottes in allerhand Zweifel an seiner Allmacht und über alles waltenden Vorsehung verfallen; (Die hier S. 145. 146. namhaft gemacht werden), allein solche Zweifler sollen wissen, daß Gott kleine Uebel nur deswegen erlaubt, weil sie zur größern Vollkommenheit des Weltalls nothwendig sind, denn man kann nicht sagen: Gott will, das Böses geschehe, man kann auch nicht sagen: Gott will nicht, daß das Böse nicht geschehe, sondern er will nur erlauben, daß das Böse geschehe, und das ist gut wegen der Vollkommenheit des Weltalls. Erlaubte Gott den Fall der Engel und der ersten Menschen, unbeschadet seiner Gerech=

„ständlich beygebracht, einigen aber Nadeln in den Kopf ge-
„stochen". Das alles war noch keine Zauberey, sondern höchstens Giftmischen; aber auch dies konnte nicht wahr seyn. Eine einzige Hebamme solte 500 Kinder vergiftet oder umgebracht haben, ohne daß früher Verdacht wider sie entstanden sey, ist völlig unwahrscheinlich, sie konte sie ja auch nicht namhaft machen. Beweises genug: daß man ihr das Bekenntniß durch die Folter abzwang, und sich nachgehends weiter nicht darum bekümmerte, ob's auch wahr sey, oder wahr seyn könne.

Gerechtigkeit; so kann er auch unbeschadet derselben
die Zauberey erlauben. Die Vorsehung Gottes er= 148
streckt sich über alle und jede einzelne Theile der Schö=
pfung, (Dies wird noch leidlich erwiesen bis S. 150.)
als ein Allbeherrscher kann er also vieles Böse erlau=
ben, weil was Gutes daraus entsteht. So erlaubt
er z. E. die Verfolgung der Tyrannen, damit die
Geduld der Märtyrer — und die Zauberey, damit der
Glaube der Gerechten offenbar werde.

Gott konnte die Creatur nicht so vollkommen 151
erschaffen, daß sie nicht hätte sündigen können.

Daß Gott das Böse in der Welt, besonders jetzt,
da sie sich zu ihrem Untergange neigt, unbeschadet seiner
Gerechtigkeit, erlauben konnte, läßt sich aus zwey Wahr-
heiten darthun. 1. Gott konnte nicht machen, daß ein
Geschöpfe, dergleichen die Menschen und Engel sind, 153
von Natur unsündbar wäre; 2. Gott erlaubte mit 154
Recht, daß der Mensch sündigte oder versucht ward,
denn Gott läßt jede Creatur in den ihr von der Natur
angewiesenen Grenzen, folglich ist es unmöglich, daß
nicht Gott auch erlauben sollte, daß durch Hülfe der
Teufel Zauberey getrieben würde. Hätte Gott der
Creatur die Unsündbarkeit mittheilen können, so würde
er's gethan haben, da er ihr ja sonst alle mittheilbare
gute Eigenschaften wirklich mitgetheilt hat. An und
für sich unsündbar seyn, gilt nur von Gott und von
keiner Creatur.

Dreyzehnte Frage: Da Gott den Sünden-
fall der Teufel und ersten Menschen erlaubte,
konnt' er da nicht auch mit Recht die Zauberey
zulassen.

(Dies ist eigentlich keine Frage, sondern eine seyn
sollende Erklärung dieser Sätze, mit welcher ich meinen

nen Lesern nicht zur Last fallen will. Es ist eine Mönchs = Theodicee, Wahrheit und Dummheit durcheinander, und die Gerechtigkeit Gottes wird oft gotteslästerlich geschändet, wenn der Verfasser sie zu rechtfertigen glaubt.)

160 **Vierzehnte Frage: sie betrachtet den Gräuel der Hexen, und diese ganze Materie verdient geprediget zu werden.**

Uebertrift nicht das Laster der Zauberey alle nur mögliche übrigen Laster, die Gott zuläßt? ja, denn ein
161 Laster, das jemand leicht unterlassen konnte, und doch begeht, übersteigt ja unendlich ein ander Laster, das schwer zu unterlassen ist. Adam konnte die Sünde, um seiner anerschaffenen Vollkommenheit willen weit leichter lassen, als viele Hexen, die dergleichen Gaben
162 nicht empfangen haben, ergo. — Und doch übersteigt das Laster der Zauberey alle nur mögliche übrigen Laster, oder insbesondere mit allem Aberglauben, der aus einem mit dem Teufel errichtetem Bündniß entsteht, oder endlich auch mit dem Falle der Engel und der ersten Menschen. (Den Beweis, Die Hexen sind Ketzer, Abtrünnige ꝛc. übergehe ich mit Fleiß, er ist, wie das ganze Buch, sophistisch).

168 **Die Hexen verdienen vor allen Lasterhaften die größten und schwersten Strafen.**

Und zwar doppelte Strafe, einmal als Ketzer und dann als Abgefallene. (Apostatae.) Die Strafe der Ketzer ist der Kirchenbann, Confiscation ihrer Güter, und die Lebensstrafe. Die Ketzer sind, nebst ihren Gönnern, Vertheidigern, Hehlern und deren Söhnen von Seiten des Vaters bis ins zweyte Glied, von

Seiten

Seiten der Mutter, aber bis ins erste Glied aller kirchlichen Aemter, Würden und Wohlthaten gänzlich unfähig. 169 Haben sie auch rechtgläubige Kinder, so erben solche doch das väterliche Vermögen nicht, durch dessen Beraubung der Abscheu vor der Ketzerey angezeigt werden soll. Ist der Ketzer ein Laye, und weigert sich, den Irrthum zu widerrufen und abzuschwören, so wird er mit Feuer verbrannt. Denn wird ein Verfälscher der Münze am Leben gestraft, wie viel mehr ein Verfälscher des Glaubens. Ist der Ketzer aber ein Geistlicher; so wird er erst der geistlichen Würden entsetzt und dann der weltlichen Obrigkeit zur Todesstrafe übergeben. Kehrt er aber von der Ketzerey wieder zurück; so wirft man ihn auf Lebenslang in den Ketzerkercker. So gelinde kann aber mit Hexen nicht verfahren werden; denn sie sind nicht blos Ketzer; sondern auch Abgefallene, und wenn sie auch ihre Laster bereuen und abschwören; so kann man sie doch mit ewiger Gefängnißstrafe nicht begnadigen, sondern sie müssen abgethan werden.

Funfzehnte Frage: Unschuldige und sonst 170 unschädliche Leute werden bisweilen wegen der Sünden der Zauberer bezaubert, bisweilen auch um ihrer eignen Sünde willen.

So können Leute, die zwar nicht selbst des Lasters 171 schuldig sind, aber doch damit durch die Finger sahen, mit Recht bestraft werden, wovon folgendes Beyspiel zeugen kan. „Einer unserer Inquisitoren entdeckte eine „fast ausgestorbene Stadt, wo das Gerüchte gieng, „daß ein gewisses begrabenes Weib nach und nach das „leinene Sterbekleid, in dem es war begraben worden, „in sich freße, und die Pest könne nicht eher nachlassen, „bis das Sterbekleid vollends würde verzehrt seyn.
„Nach

"Nach gehaltener Berathschlagung, ließen der Stadt-
"schulze und der Burgemeister das Grab öfnen, und fan-
"den, daß die Alte meist die Hälfte durch das Maul und
"den Hals in den Bauch geschluckt und verzehrt habe.
"Der Schultze ergrimmete darüber, zog von Leder, hieb
"ihr den Kopf ab, und warf ihn aus der Gruft, wo-
"rauf die Pest gleich nachließ. Nach geschehener Un-
"tersuchung fand sich, daß dies Weib bey Lebzeiten
"eine Erzhere gewesen war". So rafte die Pest ja

172 auch eine Menge Volks weg, weil David es hatte
zählen lassen. Ein Mensch muß also für alle stehen,
und alle für einen leiden, zum Beweise, welch ein
Gräuel eine solche Sünde sey, — und weil sie das

173 Laster nicht verhinderten. Ein natürlicher Tod ist gar
nicht gnugthuend, außer nur für die Erbsünde, und in
dem Falle, wenn ihn der Leider mit Andacht ermor-
tet, dann ist er ein bischen gnugthuend. Aber ein
gewaltthätiger Tod, es habe ihn jemand verdient oder
nicht, ist immer gnugthuend, wenn er gedultig und
in Gnaden ertragen wird. Dem Volke soll man predigen, daß Gott niemand strafe ohne Verschulden,
wenn keine Ursache (causa) zum Grunde liegt. Im
Geistlichen straft Gott niemals ohne Verschulden,
(sine culpa) im Leiblichen thut ers aber bisweilen, aber,
nie ohne Ursache.

176 Sechszehnte Frage: Obige Wahrheit wird
näher erklärt, indem die Verbrechen der Zauberer mit andern Arten von Aberglauben ver-
glichen werden.

Diese Arten von Aberglauben sind alle mögliche
Mantien, Nigromantie, Geomantie, Jdromatie
(Hydromantie vielleicht) Aeromantie, Pyromantie und
alle andre Sorten von Wahrsagereyen, die theils durch

aus-

ausdrückliche Anrufung der Teufel, theils ohne sie getrieben werden. In Vergleichung mit der Zauberey [177] sind alle diese Dinge nichts und höchstens nur Gaukeley und Betrug der Sinne. Damit sind aber die Hexen nicht zufrieden, wenn sie sich an die Zeugungsglieder machen, sie nehmen sie weg, obgleich nur zum Scheine, in der That aber berauben sie die Männer der Zeugungskraft und die Weiber der Kraft zu empfangen u. s. w. Nigromantie komt von dem griechischen Nigros der Todt, und Mantia, Wahrsagung. Die Nigromantisten treiben ihr Werk mit dem Blute eines Menschen, oder irgend eines Thiers über gewisse Charactere, weil sie wissen, daß der Teufel das Blut d. i. Blutvergießen und die Sünde liebt. Sie glauben Todte citiren zu können, es erscheint ihnen aber der Teufel in der Gestalt derselben. Von diesem Gelichter war die Hexe zu Endor. Es war nicht die wahre Seele Samuels, die von ihrer Ruhe erweckt wurde, [178] sondern nur ein Gespenst, ein Betrug der Teufel, das die Schrift Samuel nennt, so wie man von Bildern auch wohl zu sagen pflegt: das ist der und der. Aller Aberglaube, der mit Wahrsagerey getrieben wird, ist, in Vergleichung mit den Thaten der Hexen wahre Kleinigkeit, die auch nicht einem Funken von Gottesfurcht beybehalten, nicht aufhören Blut zu vergießen, verborgene Dinge durch Eingebung des Teufels offenbaren, und weder der Lebenden noch der Verstorbenen schonen, die sie nach Leib und Seele ins Verderben stürzen.

Die Wahrsagerey durch Träume geschieht entweder durch Eingebung böser Geister, mit welchen der Wahrsager im Bündniß steht, und die er zu dem Ende anruft, oder man bekommt Traumoffenbahrungen von Gott, oder durch natürliche Wege — und in diesen [179] letztern Fällen ist die Sache ganz wohl erlaubt. —

Die

Die Natur repräsentirt, nach dem Meister Aristoteles, im Schlafe einige Gestaltheiten (Dispositioṇes) der Seele, die im Herzen sind, aus welchen nachher eine Krankheit oder sonst was entsteht. Träumt jemand von Feuerbeschädigungen, so ist das cholerische Temperament bey ihm herrschend, von Dingen in der Luft, z. E. dem Fluge der Vögel, so ist er sanguinisch; von flüßigen Dingen, so ist er ein Pflegmaticus, und von erdhaften Sachen, so ist er melancholischen Temperaments. Deswegen urtheilen die Aerzte auch oft richtig aus den Träumen von der Disposition des Córpers. Aber auch diese Trdumereyen sind, in Vergleichung der Träume mit den Hexen, abermals Kleinigkeiten. Denn wenn sie nicht cörperlich auf dem Teufelssabbathe erscheinen, sondern nur in der Einbildung sehen wollen, was ihre Spießgesellen daselbst treiben; so dürfen sie sich nur im Namen aller Teufel und des Obersten derselben auf die linke Seite legen, und dann sehen sie die ganze Assemblee im Geiste. Wollen sie Heimlichkeiten für sich oder andre Leute entdecken; so werden sie von den Teufeln vermöge ausdrücklich mit ihnen errichteter Bündnisse, davon belehrt. — Zu dem Ende opfern sie dem Teufeln auch Kinder, oder, bringen sie um.

Siebenzehnte Frage: Sie erklärt die vierzehnte Frage und vielleicht die Größe des Lasters mit den Handlungen der Teufel.

Das Laster der Zauberey ist so enorm, daß es auch selbst die Sünde und den Fall der bösen Engel übersteigt, und da dies in Rücksicht auf die Größe der Verschuldung wahr ist; so ist es auch, in Absicht der Strafe wahr. Die Sünde der Teufel kann niemals vergeben werden, und das nicht etwa wegen der Größe

sie des Lasters — denn die Teufel sind nicht im Stande der Gnaden, sondern der Natur erschaffen. Wer aus der Gnade fällt, sündigt weit schwerer, als der niemals in der Gnade gewesen ist. Die Hexen thun jenes aber, sie verleugnen den Glauben, den sie in der Taufe angenommen haben, folglich sündigen sie weit schwehrer, als die Teufel. Vor dem Falle des Teufels war noch keine Sünde geschehen, folglich konnte er nicht durch anschauende Furcht vor der Strafe, dergleichen er noch keine erfahren hatte, zurückgehalten werden. Die Hexen haben aber schon so viele Strafen, die an andern ihres Gelichters vollzogen worden, ja kirchliche Strafen an sich selbst vor sich, und die Strafe des Teufels, die ihm sein Fall zugezogen hat, und doch verachten sie das alles und sündigen, nicht daß sie kleinere Todtsünden aus Schwachheit oder Boßheit ohne Fertigkeit in der Boßheit begiengen, wie andere Sünder, sondern sie begehen ihre Laster, die schrecklichsten Laster aus der am tiefsten eingewurzelten Bosheit des Herzens. Der Teufel ist einmahl aus dem Stande der Unschuld gefallen, und niemals wieder in integrum restituirt worden, der gefallene Mensch ist aber bei der Taufe wieder in den vorigen Stand gesetzt worden, und aufs neue gefallen, und dadurch recht sehr erniedrigt worden, besonders die Hexen, wie dies ihre Laster zeigen. Der Teufel sündigte blos wider den Schöpfer, wir aber, und besonders die Hexen wider den Schöpfer und Erlöser.

185 Achtzehnte Frage: Auf welche Art wider die fünf Beweise der Läyen, wodurch man hin und wieder beweisen will, daß Gott dem Teufel und den Zauberern keine so große Gewalt gestatte, Menschen zu bezaubern, zu predigen sey.

186 Ein Prediger hat Ursache bey gewissen Beweisgründen der Läyen, wie auch einiger Sachverständigen behutsam zu seyn, welche in so weit die Zauberer und Hexen leugnen, daß sie zwar die Bosheit und Macht des Teufels zugeben, dergleichen Uebel anzurichten; nicht aber die Zulassung Gottes, es wirklich zu thun. Dieser Beweisgründe sind eigentlich fünf. 1. Gott kann den Menschen seiner Sünde wegen strafen, und straft ihn wirklich durch Schwerdt, Hunger und tödtliche Seuchen, und durch unzählbare andere Krankheiten. Er braucht also keine andere Strafen hinzuzufügen, folglich erlaubt er sie auch nicht. 2. Wär' es wahr, was vom Teufel gesagt wird, daß er nämlich die 187 Zeugungskraft verhindern könne, und zwar in dem Masse, daß eine Frau entweder nicht empfangen kann, oder eine unzeitige Geburt zur Welt bringt, oder die Hexen das zeitig gebohrne Kind dem Teufel aufopfern, so müßte ja die Welt untergehen, und die Werke des Teufels wären stärker, als das Werk Gottes, das Sacrament der Ehe. 3. Von Seiten des Menschen wird der Einwurf gemacht, daß, wenn es wirklich Zauberey gebe, einige Menschen vor allen andern behext werden müßten, und wenn man diesen Einwurf macht; so heißt es: das geschieht um ihrer Sünde willen. Dies ist aber falsch, also giebt es auch keine Zauberey. Wär' es wahr, so müßten die größten Sünder auch am meisten behext werden, das geschieht aber nicht,

son=

sondern gerade das Gegentheil, wie man an recht guten Leuten und kleinen unschuldigen Kindern sieht, die für behext ausgegeben werden. 4. Kann jemand (also auch Gott), etwas verhindern, und thut es nicht, so muß man annehmen, daß es mit seinem guten Willen geschehe. Gott ist im höchsten Grade gut, er kann also das Böse nicht wollen, folglich kann er auch nicht erlauben, daß es geschehe, weil er's selbst verhindern kann. Krankheiten, die man von Bezauberungen herleitet, sind von natürlichen Krankheiten in nichts unterschieden. Denn daß jemand lahm oder blind wird, seinen Verstand verliehrt, oder gar stirbt, kann ganz natürlich zugehen, folglich kann man es den Zauberern nicht zuverläßig zuschreiben. 5. Die **Prediger**, welche wider das Laster der Zauberey predigen, und die **Richter**, welche wider die Zauberer inquiriren und sie bestrafen, würden wegen des nothwendig wider sie entstandenen Haßes niemals vor den Zauberern und Hexen sicher seyn.*)

Die Antwort auf diese Einwürfe kann man aus der 188 ersten Frage dieses ersten Theils nehmen, und dem Volke zeigen: daß Gott das Böse zwar zulasse, aber nicht wolle, denn einzelne Uebel sind zur größern Vollkommenheit des Ganzen nothwendig. Der Teufel 189

---

*) Ich habe diese Einwürfe umständlich mitgetheilt, um zu zeigen, daß die Ketzermeister, trotz der damaligen Unwissenheit, an der gesunden Vernunft noch immer einen starcken Widersacher hatten, den man nur durch Feuer und Schwerdt zum schweigen bringen konnte. Der Verfasser hätte noch stärkere und mehrere Gründe wider seine Sache von seinen Zeitgenossen wissen und anführen können, er nahm aber weislich nichts mehr auf seine Hörner, als er tragen konnte. Seine Widerlegung werd' ich nur sehr auszugsweise mittheilen, um mich an dem guten Papiere und der Gedult meiner Leser nicht zu versündigen.

ist ja auch ein freyes Wesen, es geziemt Gott also, ihn machen zu laſſen; jedoch verhindern ihn die guten Engel, so viel Böses zu thun, als er wohl wollte. Eben so frey muß der Menſch bleiben, und da Gott ſelbſt durch die Zauberer am meiſten beleidigt wird; ſo läßt er die Hexe mit Fug und Recht thun, was ſie will, den Glauben verleugnen, ſich dem Teufel ergeben, und den Thieren und Früchten ſchaden. Aber der Teufel leidet bey dem allen doch am meiſten, wenn er ſehen muß, daß Gott alle ſeine Bubenſtücke ſo gebraucht, daß die größte Ehre für Gott, die Empfehlung des Glaubens, die Läuterung der Auserwählten und eine Menge von Verdienſten dadurch bewirkt werden. Daß 190 der Teufel und ſein Werck nicht ſtärcker ſey, als Gott und deſſen Werke, erhellt daraus, da Gott ihm ja alles erlauben muß, und ohne göttliche Zulaſſung vermag er gar nichts. Die Sünde der erſten Menſchen wäre nie weiter fortgepflanzt worden, wenn Adam und Eva ſich des Beyſchlafs enthalten hätten; kein Wunder alſo, daß Gott dem Teufel wider das Zeugungsgeſchäfte ſo viele Macht einräumt. Der Teufel ſetzt den guten Menſchen mit ſeinen Verſuchungen und ſeinem ewigen Schabernack mehr zu, als den Böſen, und zwar aus Zorn und Haß, aber wahr iſt es auch, daß der Erfolg bey den Gottloſen ſichtbarer iſt, als bey den Frommen, die ihm wiederſtehen. Die Böſen hat der Teufel ſchon, alſo braucht's da ſo vieler 191 Mühe nicht mehr; die Guten ſucht er erſt zu bekommen, man darf ſich alſo über ſeine Induſtrie gar nicht wundern. u. ſ. w.

Der zweyte Theil des Hexenhammers enthält 196 nur zwey Fragen: 1. wie man ſich vor der Macht der Zauberey zu verwahren habe, wobey

von

von der Wirckung der Zauberey selbst gehandelt wird, in 16 Capiteln, 2. wie man die Zauberey wieder aufheben und heilen solle, wenn man dadurch beschädigt worden in 8 Capiteln *).

Erste Frage.

Zuerst wird also von den Vorbauungsmitteln, durch welche man alles Behexen von sich abwehren kann, die Rede seyn, und zuletzt von den Mitteln, die Bezauberung wieder aufzuheben und diejenigen zu curiren, die behext worden sind.

Können gute Engel einen Menschen wider alle Bezauberung schützen? Nein, denn sonst träfe sie keine fromme und unschuldige Kinder, und Hiob wäre auf den Fall wohl auch frey geblieben. Es giebt dreyerley Arten von Menschen, denen die Hexen nichts anhaben können; 1. Die obrigkeitliche Personen, die wider sie das Recht pflegen. 2. Die Geistlichen, die sich durch den gehörigen Gebrauch der Kirchenmittel, als das Besprengen mit dem Weihwasser, das Nehmen des geweihten Salzes, und den Gebrauch der auf Mariä Reinigung geweihten Kerzen und der am Palmsonntage geweihten Pahnen, wider dies Geschmeiß verwahren, welcher Mittel sich die

197
198

G 4 Kirche

---

*) Von hier an werd' ich schon umständlichere Auszüge machen müssen, um meine Leser mit der Geschichte dieses Aberglaubens bekannt zu machen, denn Geschichte hab' ich versprochen, und ich kann nicht besser Wort halten, als wenn ich die Hauptzüge aus einem Buche liefere, das seit seiner Entstehung der Criminalcodex in Hexensachen war und geblieben ist, und aus dem selbst protestantische Criminalisten zu schöpfen sich nicht geschämt haben. Lange behielt es auch bey unsern Theologen sein unverdientes Ansehen, die darin enthaltene Grundsätze finden zum Theil noch ihre Freunde und Vertheidiger, ohnerachtet die meisten unsrer Theologen die schmutzige Quelle selbst nicht mehr kennen.

Kirche beym Exorcisiren bedient, um die Macht des Teufels zu vermindern. 3. Diejenigen, die des besondern Schutzes der heiligen Engel vorzüglich gewürdigt werden. Die Richter, (wenn sie nach der Hexeninquisitoren Pfeife tanzten), beschützt Gott vorzüglich. Nider (abergläubischen Andenckens) erzählt in seinem Formicairo von einer gewissen Hexe, sie habe dem Richter bekannt, daß Jemand sie ersucht habe, seinen Feind umzubringen, oder ihm am Leibe zu schaden, oder ihn

199 durch den Donner erschlagen zu lassen. Der zu dem Behufe angerufene Teufel habe ihr aber zur Antwort gegeben: er könne keins von dem allen thun, denn der Mann habe einen guten Glauben, und bezeichne sich fleißig mit dem Zeichen des heil. Creuzes; an seinem Cörper habe er also keine Macht, sondern nur an dem eilften Theile seiner Feldfrüchte. — Die Hexen haben oft bekannt, daß ihre Zauberkraft augenblicklich von ihnen weiche, wenn sie durch die Diener der Gerechtigkeit zur Haft gebracht werden. Ein gewisser Richter,

200 Namens Peter, wolte einen Zaubrer, Namens Stadlin durch seine Gerichtsdiener greifen lassen, der ihnen aber ein solch Zittern in den Händen und einen so abscheulichen Gestanck verursachte, daß sie anfiengen zu zweifeln, ob sie seiner habhaft werden würden. Der Richter rief ihnen aber zu, sie solten nur herzhaft zugreifen, die Zauberkraft würde augenblicklich nachlassen, so bald er die Justiz fühlen würde. Dies geschah auch, Stadlin *) ward ergriffen und

*) Stadlin und Hoppo waren, nach Bodins Versicherung (L. II. C. VI. p 234.) eines gewissen Ertzhexenmeisters Stasi Schüler. Hic (sc. Stasus) duos reliquit discipulos, Hopponem et Stadlinum, summos Germaniae magos, qui eo loco (sc. in libro Quaesitorum quinque adversus magos) dicuntur tempestates, fulmina et procellas maximas excitasse.

und verbrannt. Wir Inquisitoren könnten dergleichen Wunder viele aus eigner Erfahrung erzählen, wenn wir nicht zu bescheiden wären, uns selbst zu rühmen. In der Stadt Revensburck **) wurden einige zum Scheiterhaufen verdammte Hexen von dem Rath befragt, warum sie uns Ketzermeister nicht eben so wohl behexten, als andere Leute? Sie gaben zur Antwort, daß sie es gnug versucht hätten, aber es habe niemals gehen wollen. Von der Kraft geweihter Dinge wider die Anläufe des Teufels und Consorten giebt es eine Menge Beyspiele, (wir) geben eins zum besten. Der Herr Schulze zu Wiesenthal nahm fleißig geweihtes Salz ꝛc. Eines Tages aber, als er zur Hochzeit gieng, hatte ers versäumt, und da ward er über und über so behext, daß er sich vor Schmerzen nicht zu lassen wußte. Jemand in Revensburg ward vom Teufel in Gestalt eines Frauenzimmers zum Beyschlafe gereitzt, der arme Schelm, der sich sonst nicht retten konte, nahm geschwind ein wenig geweihten Salzes, worauf der Teufel ein schiefes Maul machte und sich strich. So gingen auch drey Gesellen mit einander über Feld, zwey wurden vom Donner erschlagen, und der Dritte, dem nicht wohl dabey zu Muthe war, hörte eine Stimme in der Luft: laßt uns den auch erschlagen. Eine andre Stimme gab aber zur Antwort, das geht nicht, denn heute ist das Wort Fleisch worden, d. i. der gute Junge hatte des Morgens Messe gehört, und nun konnt' ihm der Teufel nichts anhaben. Wenn man Jesus von

talle. Stasus war ein so geschickter Zauberer, daß ihn kein Kercker und keine Bande halten konnten, man ermordete ihn also schlafend.

**) Ist unbekannt, Regensburg kanns nicht wohl seyn, weil Oppidum davor steht, muthmaßlich soll es Ravensburg heißen.

Nazareth, König der Juden irgend hinschreibt, in Gestalt eines Creuzes und den Namen Mariä
204 u. s. w. da muß der Teufel seine Nase wohl weglassen.
206 Die heiligen Engel können ihren Pflegbefohlnen das Zeugungsvermögen wohl bewahren, so wie sie auch die Gabe der Enthaltsamkeit mittheilen können. Der Abt Serenus hatte mit seinem Fleische ewigen Krieg und bat Gott, ihn doch durch und durch keusch zu machen. Des Nachts kam's ihm in einem Gesichte vor, als kom‐
207 me ein Engel Gottes zu ihm, eröfne ihm den Bauch und nehme ein Ding heraus, wie ein feuriger Kropf. Siehe, sprach der Engel, da habe ich dir den Kützel wegge‐ nommen, und von heute an wirst du weniger Anfech‐ tung haben, als ein Junge an der Mutter Brust. Eben so castrirte auch ein Engel den heil. Abt Equitius, daß ihm auch kein Gedancke der Art übrig blieb. Der heil. Pater Helias hatte sich ein Nonnenkloster von 300 Nönnchen gesamlet. Der Teufel, den seine Heiligkeit verdroß, grif ihn bey seiner Schwäche an, daß sich der arme Schelm nicht anders als mit der Flucht in eine Einöde, zu helfen wußte. Tödte mich, lieber Gott, bat er, oder befreye mich von der Ver‐ suchung. Drey Engel gaben ihm hier ihre Visite, und verlangten von ihm zu wissen, ob er wieder in
208 sein Nonnenkloster zurück kehren wollte, wenn der letzte Theil seines Gebets erhört würde? Recht gern, sprach er. Der eine grif ihn bey den Armen, der zwente bey den Beinen an, und der dritte nahm ein Schermesser, und schien ihm die Hoben wegzu‐ schneiden. Es schien nur so, denn er behielt alles, außer der Lust und lebte hernach noch 40 Jahr mit seinen Mönnchen, ohne vom alten Adam gepurrt zu werden. Eben so glücklich ward der sel. Thomas, Dominicanerordens, durch einem Keuschheitsgürtel cu‐ rirt, den ihm zwey Engel anlegten u. s. w.

Erstes

Erstes Capitel.

Von den verschiedenen Arten, wie die Teufel die Unschuldigen durch die Hexen in ihr Garn zu ziehen suchen, zur Vermehrung des Unglaubens.

Auf dreyerley Art pflegen die Teufel durch die Hexen den Unschuldigen zu schaden, 1. durch den Verdruß wegen ihres zeitlichen Verlustes: Der Teufel quält durch seine Hexen oft die Unschuldigen so lange, bis sie sich entschließen, bey den Hexen Rath zu suchen, und zuletzt gar selbst das Zauberhandwerck lernen. Uns ist ein Wirth bekannt, dem innerhalb eines Jahres 44 Pferde nach und nach behext wurden. Seine Frau wandte sich aus Verdruß an gewisse Hexen, die ihr einen Rath gaben, freylich nicht den besten, und nun crepirte ihrem Manne, der zugleich ein Fuhrmann war, kein einziges Pferd mehr. Wir haben dergleichen betrogene Weiber bey unsern Untersuchungen oft befragt, was sie denn hätten leisten müssen, wenn sie bey solchem Gesindel Rath wider die Bezauberung an Kühen oder der Milch gesucht hätten? Es war, wie sie sagten, nur eine Kleinigkeit — denn dieser Künstler fängt mit den geringfügigsten Dingen an. Zur Zeit der Elevation des Venerabilis müssen seine Clienten ausspeyen, die Augen verschließen, und wenn der Priester die Worte ausspricht: Dominus vobiscum; so sprechen sie: Lehr mir die Zunge im A .. um. Heiligen und frommen Jungfern stellt der Teufel vorzüglich nach. Von zwey in Ravensburg verbrannten Hexen bekannte die eine, die eine Baderin war, unter andern, daß sie vom Teufel vieles Ungemach hätte auszustehen gehabt, weil

sie

sie ein gewisses, andächtiges Mädchen, die Tochter eines sehr reichen Mannes, hätte verführen sollen. Sie hätte sie an einem Festage zu sich gebeten gehabt, wo der Teufel auch in Gestalt eines jungen Herren sich mit ihr besprochen hätte. Die Jungfer hatte sich aber immer, auf Anreizung ihres guten Engels mit dem Zeichen des heil. Creuzes gesegnet und so konnte ihr niemand ankommen. Ein gleiches begegnete einer andern Jungfer in Elsaß, die eine alte Here irgend hin=
216 führte, wo sie das Aussuchen unter einen Haufen recht wackerer Junggesellen haben sollte, sie mögte nur die Treppe hinan steigen, im zweyten Stocke wären sie, nur dürfte sie kein Creuz machen. Das Mädchen war folgsam, außer daß es, als es mit der Here vor der Thüre des Zimmers war, in welchem sich die vermeyntlichen Junggesellen (eigentlich waren's Teufel) aufhielten, sich mit dem Zeichen des heiligen Creuzes segnete. Darauf kehrte sich die alte Here mit einem schrecklichen Gesichte zu ihr, geh, sprach sie, ins Teufels Namen, weil du mir nicht hast gehorchen wollen. Diese alte Baderin war einst fast auf gleiche Weise verführt worden. Sie wollte ihren Geliebten des Nachts be= suchen, um bey ihm zu liegen, sie kam aber an den Teufel selbst in menschlicher Gestalt, und nachdem er sie beschlafen hätte, fragte er sie, ob sie ihn auch wohl kenne? Nein, gab sie zur Antwort. Ich bin der Teufel, sprach er, und wenn du willst, so werd' ich dir immer zu gefallen leben und dich in keiner Noth verlassen. Sie ging den Vertrag auf 18 Jahre ein, und lebte seitdem immer mit ihm in teuflischer Unzucht.
217 Solcher Lockspeise bedient sich der Teufel besonders bey armen, verführten und von ihren Liebhabern verlassenen Mädchen, die sich dem Teufel nur gar zu willig über= lassen und hexen lernen, um sich an ihren untreuen
218 Liebhabern oder ihren Nebenbuhlerinnen zu rächen.

Ein

Ein gewisser Graf verheirathete sich mit einer jungen Gräfin, die er aber bis ins dritte Jahr nicht ehelich erkennen konnte, einer Bezauberung wegen, wie sich's hernach zeigte. Auf einer Reise nach Mets begegnete ihm ein Weib, die vorher seine Mätresse gewesen war. Sie redte ihn freundlich an, erkundigte sich nach seinem Befinden. Sie wunderte sich, den Grafen so wohl zu sehen, und schwieg. Der Graf merkte ihre Verlegenheit, redete sie freundlich an, und bat sie zum Abendessen. Sie erkundigte sich weiter, ob er auch Kinder habe? ja, drey tüchtige Jungen, jedes Jahr einen. Sie wünschte ihm Glück, verfluchte aber die alte Hexe, die ihr versprochen hatte, daß er das Ding wohl sollte bleiben lassen. Zu dem Ende befindet sich in Ihrem Brunnen auf dem Hofe, fuhr sie fort, ein Topf mit allerhand Sachen angefüllt, und so lange der da bleiben würde, ward mir versprochen, sollte ihr Unvermögen dauren, aber nun seh ich wohl, daß ich betrogen bin. Der Graf eilte auf die Nachricht wieder nach Hause, ließ den Brunnen ausschöpfen, der Topf fand sich, ward mit allem Eingeweide verbrannt und nun ging's.

Zweytes Capitel.

Von der Art und Weise selbst, wie das Zauberhandwerck getrieben wird.

Wir haben oben schon gesehen, daß es drey Hauptarten von Hexen gebe, Beschädigende, die nicht wieder helfen können, Helfende, die keinen Schaden thun, und dann Beschädigende, die auch wieder helfen können. Unter der ersten Classe giebt es eine, die vorzüglich

schäd=

schädlich ist, dies sind die Kinderfresser, die unglaublichen Schaden anrichten. Sie schaffen Hagel, Sturmwinde und Gewitter, machen Menschen und Thiere unvermögend, und die Kinder, die sie nicht selbst fressen, opfern sie dem Teufel, oder bringen sie auf eine andere Art um. Dies sind aber nur ungetaufte Kinder, die sie aber fressen, sind getaufte Kinder, wenn Gott es zuläßt. Sie pflegen auch beym Wasser sich aufhaltende Kinder, ungesehen und im Beysenn der Aeltern hinein zu stürzen, die Pferde den Reutern unter dem Leibe toll zu machen, von einem Orte zum andern durch die Luft zu fahren, entweder cörperlich oder in der Einbildung, die Gemüther der Richter und anderer sich geneigt zu zaubern, sich und andere auf

221 der Folterbanck unempfindlich zu machen, den Häschern in Händen und Herz Zittern und Beben zu verursachen und andere durch Offenbahrung der Teufel, verborgene Dinge zu offenbahren, wie auch künftige Dinge vorher zu sagen. Abwesende Dinge sehen sie eben so gut, als gegenwärtige, sie können unbändige Liebe und Haß hervorbringen, durch den Donner Menschen und Vieh zerschmettern, die Zeugungskraft und das Vermögen, einander die eheliche Pflicht zu leisten, wegnehmen, eine unzeitige Geburth bewirken, die Kinder im Mutterleibe durch blosses Berühren des Bauchs der Schwangern zerstöhren, durch blosses Ansehen, ohne Berühren, oft Menschen und Vieh bezaubern und tödten, ihre eigene Kinder den Teufeln aufopfern, und mit einem Worte alles Böse allein ausüben, das andre Hexen einzeln, die eine dies, die andre das begehen, wenn Gott es ihnen zuläßt. Alle aber treiben sie mit den Teufeln Unzucht.

222 Die Art, sich mit dem Teufel in ein Bündniß einzulassen, ist zweyerley, die eine feyerlich, die andere gewissermassen nur ein Privatcontract, der zu jeder
Stun=

Stunde verrichtet werden kann. Die feyerliche Art, sich dem Teufel zu ergeben, geschieht folgender Gestalt. Die Hexen versamlen sich an einem bestimmten Tage, wo sie den Teufel in angenommener Menschengestalt sehen, der sie zur Treue gegen ihn ermahnt und ihnen Glück und langes Leben verspricht, worauf ihm die Hexen den Candidaten empfehlen. Findet nun der Teufel den Candidaten willig, den christlichen Glauben zu verleugnen, dem dicken Weibe (der Maria) und den heiligen Sacramenten zu entsagen, so geben sie sich beyderseits die Hand und geloben sich Treue. Dann verlangt der Teufel noch die Huldigung, die darin besteht, daß der neu Aufgenommene ihm verspricht, ihm in Ewigkeit mit Leib und Seele anzugehören, und daß er sich bemühen wolle, ihm so viel Recruten zu verschaffen als er könne. Zuletzt erinnert der Teufel sie noch, gewisse Salben aus den Knochen und Gliedern neugebohrner, und wo möglich schon getaufter Kinder zu bereiten, durch welche sie, mit seiner Hülfe, alles würden ausrichten können, was sie nur verlangten.

Diese Verfahrungsart haben wir in Brisach erfahren, und zwar von einem jungen Mädchen, das von seiner Mutter Schwester das Hexen gelernt, aber sich wieder bekehrt hatte, ihre Verführerin war aber im Bischofthum Straßburg verbrannt worden. Sie erzählte die Art, wie ihre Tante sie zuerst zu verführen getrachtet hatte. Sie ließ sie nämlich mit sich die Treppe hinauf in ein Zimmer steigen, wo sie 15 Junggesellen in grünen Kleidern antraf, wie die Reuter (*Ruberi* — ad modum epistolarum obscurorum virorum) zu gehen pflegen. Darauf sagte ihr ihre Tante: wähle dir hier einen aus, der soll dein Bräutigam seyn. Weil sie aber nicht wollte, so prügelte sie ihre Tante so lange, bis sie sich drein gab. Sie

sagte

sagte auch, daß sie oft zusammen große Luftreisen gemacht hätten, wohl von Straßburg bis Cöln.

224 Die Kinderfresser machen es so, wie der Richter Peter im Berner Gebiethe es aus einer Hexe herausgekriegt hat: "Wir stellen, sprach sie, vorzüglich un="getauften Kindern nach, auch wohl Getauften, beson="bers wenn sie nicht durch Gebet und das Zeichen des "Creutzes wider uns sind in Sicherheit gesetzt worden". Der geneigte Leser beliebe sich also vorzustellen, daß der Teufel deswegen durch die Hexen ungetauften Kindern nachstelle, damit sie nicht getauft werden mögen. "Wenn die Kinder in der Wiegen "oder bey den Aeltern im Bette liegen, und todtge="funden werden; so glauben diese, sie hätten sie er="drückt, oder sie wären auf eine andre Art um's Leben "gekommen, fuhr die Hexe fort zu erzählen, wir aber "haben sie durch uns eigene Ceremonien umgebracht. "Sodann stehlen wir sie heimlich aus dem Grabe, und "kochen sie mit Kalck, bis sich alles Fleisch von den "Knochen löset und gar geworden ist. Aus den vestern "Theilen machen wir nach unserer Art eine Salbe, mit "dem Flüßigen füllen wir aber eine Flasche an, und "wer, nebst einigen wenigen Ceremonien, davon trinckt, 225 "der wird dadurch einer von unserer Secte". Ohngefähr dasselbe bekannte ein mit seiner Frau, Zauberey wegen, eingezogner junger Mann, im Berner Gebiethe. "Die Ordnung, sprach er, durch die ich auch ver="führt worden, ist diese: an einem Sontage muß sich "derjenige, der das Hexen lernen will, mit seinem "Anführer in eine Kirche begeben, ehe noch das Weih="wasser ist geweiht worden, und daselbst Christum, "den Glauben an ihn, die Taufe und die ganze christ="liche Kirche abschwören, darauf dem kleinen Magister "(wie sie den Teufel zu nennen pflegen) huldigen". Bisweilen ist der Teufel selbst in hoher Person zugegen,

und

und läßt sich huldigen, bisweilen auch nicht, wenn er sieht, daß seine Gegenwart den Novizen abschrecken würde. Darauf trinckt der Lehrling aus oben gemeldeter Flasche, und fühlt sich gleich fähig, ihre Geheimnisse zu begreifen und die Gebräuche im Gedächtniß zu behalten.

Der junge Mann, der dies Bekenntniß ablegte, 226 sagte voraus, daß seine Frau sich lieber würde verbrennen lassen, als bekennen, und das geschah auch. Weder auf der Folterbanck noch beym brennenden Holtzstoße gestand sie das geringste, und ward so verbrannt, er aber schien sehr bußfertig zu sterben.

Einige nähere Nachrichten von der zu leistenden Huldigung

Die Ursachen auf Seiten des Teufels sind, die Majestät Gottes zu kräncken, dem er seine Unterthanen raubt, und der künftigen Verdammung solcher Menschen gewiß zu seyn. Bisweilen erstreckt sich diese Huldigung nur auf gewisse Jahre, und das dabey zu 227 leistende Versprechen ist entweder eine allgemeine Abschwörung der ganzen Religion, oder einzelner Theile des Gottesdienstes. Im letzten Falle verspricht der Ueberläufer z. E. des Sontags zu fasten, am Freytage und Sonnabende aber Fleisch zu essen, oder gewisse Verbrechen in der Beichte zu verschweigen u. s. w. Die Huldigung selbst besteht in der Uebergebung des Leibes und der Seele an den Teufel.

Das innerste des Herzens erkennt nur Gott und nicht der Teufel, dieser sucht es also durch Beobachtungen auszuforschen. Findet er die neuaquirirte Hexe schwürig; so giebt er gute Worte, fordert erst wenig und nach und nach mehr. Um zu wissen, ob sie ihm mit Mund und Herzen zugleich anhange, bestimmt er eine

H gewisse

gewisse Zeit, um sie auszuforschen. Merckt er nun, 228 daß ihm, durch Vermittelung des Schutzengels die göttliche Barmherzigkeit künftig einmal zuwider seyn dürfte; so fängt er an, die Hexe mit so vielen Unglücksfällen zu plagen, daß sie sich ihm aus Verzweiflung ganz und auf immer überläßt. Einige Hexen bekennen auch unter der größesten Marter keine Sylbe von der Wahrheit, dagegen andere ganz leicht zum Geständniß zu bringen sind. Aus den Geständnissen aller derjenigen, die wir haben verbrennen lassen, haben wir gesehen, daß die wenigsten freywillig durch Bezauberungen Schaden gestiftet hatten, der Teufel hatte sie dazu gezwungen, und so bald sie bekannt hatten, suchten sie sich gemeiniglich auch zu entleiben. Dies gab ihnen der böse Feind ein, damit sie nicht durch 229 Buße und Beichte noch bey Gott Gnade erhalten mögten. Wollte ihm diese List nicht glücken; so verhinderte er sie auf andre Art an Erlangung der Gnade, durch Verwirrung ihrer Sinne, oder einen schrecklichen Tod. Das hartnäckige Stillschweigen während der Tortur verursacht der Teufel entweder unmittelbar, oder die Hexen haben dazu auch geheime Mittel, z. E. sie braten zu dem Ende ein erstgebohrnes Kind männlichen Geschlechts in einem Ofen.

Die Teufel können künftige und verborgene Dinge 230 wissen, denn sie sind 1 von Natur scharfsinnig, und können ohne Rede die Gedancken andrer entdecken. 2. Aus langer Erfahrung und Offenbarung höherer Geister wissen sie vieles. 3. Können sie außerordentlich geschwinde fliegen, und in den Abendländern dasjenige kund machen, was erst vor einem Augenblicke in den Morgenländern geschehen ist. 4. Wenn Gott es zuläßt, so können sie Krankheiten verursachen, die Luft vergiften und Hungersnoth bewirken folglich können sie diese Plagen auch vorhersagen. 5. Durch gewisse Zeichen können sie den bevorstehen=

stehenden Tod eines Kranken zuverſichtlicher vorherſagen, als ein Arzt, der den Urin beſieht und den Puls befühlt. 6. Aus äußerlichen Merkmalen und Zeichen können ſie die Gemüthsbeſchaffenheit eines Menſchen beſſer kennen lernen, als der geſchliffenſte Menſch, daher wiſſen ſie auch, welcher ſich am beſten für ihre Gemeinſchaft ſchicken werde. 7. Sie verſtehen die Schriften der Propheten beſſer, als wir Menſchen, folglich wiſſen ſie auch, wann ihre Prophezeyungen in Erfüllung gehen werden. Alſo können ſie auch das Lebensende des Menſchen wiſſen, am ſicherſten aber, wenn er verbrannt wird, welches Schickſals ihm der Teufel deswegen zubereitet, um recht geweiſſagt zu haben.

Ein gewiſſer Landprediger zu Oberweiler, Baſelſchen Gebieths, ſchwebte auch in dem Irthum, es gebe keine Hexeren, als nur in der Einbildung der Menſchen. Gott fügte es aber ſo, daß ihm theils der Glaube in die Hand gethan, theils aber auch ſeine Strafgerechtigkeit offenbar würde. Er gieng des Morgens früh über eine Brücke, wo ihm bei Aufgange auf derſelben, ein altes Weib begegnete, das er von ohngefähr ein wenig mit Koth beſpritzte, da ſie ihm nicht ausweichen wollte. Du Pfaffe! ſchrie ſie, das ſoll dir nicht unvergolten bleiben. Des Nachts darauf, als er einmal aus dem Bette ſteigen wollte, fühlte er ſich unterhalb des Gürtels ſo bezaubert, daß er von Menſchen 3 Jahre lang mußte getragen oder unterſtützt werden, wenn er in die Kirche wollte. Nach Verlauf dieſer Zeit ward das alte Weib krank, das er immer ſeines Zufalls wegen im Verdacht gehabt hatte, und ließ ihn rufen, es Beichte zu hören. Der Teufel mag ſie Beichte hören, ich nicht, ſprach der Prieſter anfangs, ſeine Mutter beredte ihn aber doch noch, daß er ſich auf ein paar Leute geſtützt nach ihrem Hauſe begab, und ſich

sich bey dem Kopfende ihres Bettes niederließ. Die beiden Bauren, die ihn hingeschleppt hatten, lauschten draussen vor dem Fenster, um zu erfahren, ob die alte Hexe es auch gestehen würde, daß sie den Geistlichen bezaubert habe. Erst nach abgelegter Beichte fragte sie ihren Beichtvater: wißt ihr auch Pfaffe, wer euch behext hat? Er antwortete ganz freundlich, nein! Ihr habt mich im Verdachte, fuhr sie fort, und zwar mit Recht, ich muß bald sterben, und hab' es so eingerichtet, daß ihr bald drauf wieder besser werden sollt. 30 Tage nach ihrem Tode befand sich der Geistliche in der Nacht mit einem male wieder ganz hergestellt. Ein Weib im Baselschen hatte 7 Jahr lang mit dem Teufel zu thun gehabt, der dreymal in der Woche an der Seite ihres Mannes Unzucht mit ihr trieb. Ihr Contract war, daß sie ihm nach 7 Jahren mit Leib und Seele angehören wolle. Gott riß dem Teufel aber doch den Braten noch aus den Zähnen, denn sie ward gefangen und verbrannt, und beichtete ihre Sünde so bußfertig, daß sie aller Muthmaßung nach, noch Gnade erhalten hat.

Drittes Capitel.

Von der Art, wie die Hexen ihre Fahrten von einem Orte zum andern halten,

233
234
Viele haben behaupten wollen, mit diesen Fahrten sey es eitel Phantasey und Einbildung. Diese Meynung ist aber wider Gottes Wort und die Wohlfahrt der Kirche, und hat schon viele Jahre her den weltlichen Arm zurück gehalten, diese Leute zu bestrafen: Daher ist die Menge dieses Zaubergesindels so sehr angewachsen,

sen, daß es jetzt nicht mehr möglich ist, es ganz auszurotten. Wären die Hexenfahrten nicht möglich; so müste es Gott entweder nicht zugeben wollen, oder der Teufel die Hexen nicht transportiren können, beides steht aber nicht zu erwarten. Der Teufel kann so gar Menschen wider ihren Willen von einem Orte zum andern transportiren *). Sind ja sogar Kielkröpfe

*) Von diesem dummen und abgeschmackten Aberglauben haben wir jetzt in Westphalen ein frappantes Beispiel. Zu Margarethen Lengerich in der Gräffschaft Tecklenburg ist ein 26 jähriges Mädchen, die an Würmern und besonders am Bandwurme krank liegt, und allerhand hysterische Zufälle hat. Sie kann nicht gehen, sagt man, und doch wird sie oft zur Nachtzeit, bei verschlossenen Thüren, weit weggeführt und des andern Morgens wiedergefunden, ohne daß es jemand will begreifen können, wie es zugeht. Die Posse hatte schon 3 Jahre gedauret, und der älteste reformirte Prediger des Orts, Herr Smend bestärkte das Weibesstück in seiner Thorheit. Zuletzt erfuhr ich das Possenspiel, und reißte hin, die Person selbst zu sehen und die Sache an Ort und Stelle zu untersuchen. Ich fand meine Meinung bestärkt, daß alles Betrug sey, die Patientin verschwindet nur, wenn die Wächter schlafen, und erwachen diese; so ist die Lampe jedesmal ausgelöscht, und Jungfer Brune über alle Berge. Weil der größte Theil des Publicums glaubte, daß sie von bösen Geistern weggeführt werde, und der Pastor Smend diesen Aberglauben beförderte, wenigstens nicht widerlegte, und eine geheimnißvolle Miene annahm; so sagte ich den Leuten im Mindenschen Intelligenzblatte 1782 St. 31. 32. 33. meine Meynung darüber ganz treuherzig, und gab den Rath, die Person an einen dritten Ort zu bringen, wo sie besser unter Aufsicht seyn und curirt werden könnte. Der Herr P. Smend nahm das Ding sehr übel, beantwortete meinen Aufsatz nicht sehr höflich, und wollte von keinem dritten Orte wissen. Ich erboth mich zum Ueberfluß, die Person in Bielefeld bey dem Herrn Doctor Tiemann unterzubringen, der ihr unentgeltlich eine Stube einräumen und unentgeltlich ihr Arzt seyn wollte, und die übrigen Kosten versprach ich durch Subscription aufzubringen. Aber der Herr

kröpfe möglich, Kinder die beständig heulen, und wenn auch vier bis fünf Ammen sie säugen: so bleiben sie doch immer mager, und sind entsetzlich schwer. Gott erlaubt dies um der Sünde der Aeltern willen, da oft die Männer zu ihren geschwängerten Weibern sagen: ich wolte, daß du den Teufel trügest und dergleichen. Ungedultige Weiber können sich auch durch dergleichen Worte versündigen. Unschuldige Leute werden auch bisweilen weggeführt, wovon einem von uns beiden, die wir dies Buch schreiben, aus der Erfahrung Beispiele bekannt geworden sind. Vielleicht lebt noch ein gewisser Mann im Bißthume Freysingen, den der Teufel als Schüler einst weit wegführte. Sein Stubenpursche sah diese Fahrt mit seinen eigenen Augen. Es hatten sich nähmlich verschiedene Schüler zu einer Bierzeche versammlet und ausgemacht, daß derjenige, der das Bier herbeyhohlen würde, umsonst mittrinken sollte. Derjenige, der sich diese Bedingung gefallen ließ, entdeckte vor der Thür einen dicken Nebel, ihn graute, und er wollte nicht fort. Ein anderer, (eben derjenige, der die Fahrt hielt), sagte; und wenn auch der Teufel da wäre; so will ich doch Bier hohlen, kaum war er aber vor der Thür, als er in die Luft geführt wurde, und seine Cameraden hatten

Herr P. Smend vereitelte alles, und die Posse geht ihren alten Gang Sie macht uns in Westphalen wenig Ehre, sie ist so abgeschmackt, daß ich sie nicht ganz erzählen mag, man würde mirs nicht glauben, und tritt die Obrigkeit nicht ins Mittel, so wird sie zur Schande der gesunden Vernunft, noch lange fortdauren. Wenigstens sind meine Bemühungen bei den spielenden Personen dieser Comödie bis jetzt fruchtlos, und der Herr P. Smend ist nicht der einzige protestantische Geistliche, der es mehr mit der Lüge hält, als mit mir. Für den Verfasser des Hexenhammers und seine Zeiten hätte sich diese läppische Sache so ernsthaft zu glauben, und zu behandeln, besser geschickt, als für einen reformirten Prediger gegen das Ende des 18ten Jahrhunderts.

ten das Nachsehen. Auch schlafend können Leute durch die Luft weggeführt werden. Dies sieht man an denen, die des Nachts auf die Dächer steigen, (Nachtwandlern) ohne Schaden zu nehmen, herum gehen und wieder herabsteigen, wenn sie von den Zuschauern nicht bei ihren Namen gerufen werden. Man glaubt, und zwar mit Recht: daß der Teufel hier die Finger mit im Spiele habe.

Die Teufel sind bekanntlich verschiedenen Calibers, 237 einige aus der niedrigsten Ordnung der Engel — die niemand was zu Leide thun können, sondern bloße Spaßmacher sind. Sie stehen an den Wegen und necken die Vorüberreisenden, lachen, und erschrecken sie. Andere sind Hurenteufel, und vermischen sich mit den Menschen; wieder andere sind so wüthend, daß sie auch wohl Menschen umbringen, besitzen die Leute, und plagen sie entsetzlich. Math. 8. Also kann man nicht sagen, daß die Teufel die Hexen nicht durch die Luft führen können. Hat Satan doch Christum durch die Luft geführt. Der Teufel ist ja ungleich stärker als irgend eine cörperliche Kraft, ja die guten Engel stehen ihm an Stärke nach. 238

Die eigentliche Art der Hexenfahrten ist diese: 240 sie bereiten nach der Anweisung des Teufels aus den Gliedern kleiner Kinder, vorzüglich ohne Taufe verstorbener, eine Salbe, damit beschmieren sie ein gewisses Gesäß oder etwas Leinewand, und werden gleich darauf in die Luft gehoben und weggeführt. Dies kann bei Tage so gut als bey Nacht geschehen, sichtbarer oder unsichtbarer Weise, wie sie es nur verlangen.

Zu Walshut am Rheine, im Constanzer Gebiethe wohnte eine alte Hexe, die allen Nachbaren zuwieder war, und dies war auch die Ursache, weswegen sie nicht mit zu einer gewissen Hochzeit geladen wurde, auf welcher meist alle Einwohner des Orts waren.

Das verdroß sie sehr, sie beschloß sich zu rächen und rief dem Teufel, dem sie die Ursache ihrer Traurigkeit entdeckte, und ihn bat, ihr ein Gewitter helfen zu machen, damit alle Hochzeitsgäste auseinander gestöbert würden. Nachdem der Teufel ihr das Gesuch gewähret hatte, hob er sie in die Luft, und führte sie auf einen nahgelegenen Berg, so daß es einige Hirten in der Gegend sehen konnten. Nachher hat sie bekannt, daß es ihr hier an Wasser gefehlt habe, um es in eine zu ihrer Absicht gemachte Grube zu gießen, wie dies der Gebrauch bey solcher Gelegenheit ist, sie habe also ihr eigen Wasser hineingelassen, und es in Gegenwart des Teufels mit dem Finger umgerührt. Drauf habe der Teufel die Brühe genommen und sie plötzlich in die Luft geworfen, worauf ein so heftiges Gewitter mit Schloßen entstanden sey, die alle auf den Ort und besonders auf die Tanzenden niedergefallen wären. Nach dem Gewitter kam sie wieder nach Hause, man schöpfte Verdacht wider sie, und als die Hirten erst erzählten, was sie gesehen hatten, ward der Verdacht so stark, daß man sie in Haft brachte — und verbrannte. Das mag genug zur Widerlegung deren seyn, die diese Fahrten für bloße Einbildung und Hirngespinste ausgeben, zur Vermehrung der Hexen und zum Schaden des Glaubens und sich, sogar erfrechen, alle Zauberey unter die Undinge zu rechnen. Diese Leute verursachen es, daß so viele Hexen, Gott zum Trotz und zur Schmach, ungestraft bleiben, und sich zu ihrem eigenen Verderben, so unglaublich vermehren. In der Einbildung können die Hexen allerdings auch auf dem Teufelssabbathe seyn, und alles erfahren, was da vorgeht, sie dürfen sich nur zu dem Ende ins Bette und im Namen aller Teufel auf die linke Seite legen und einschlafen.

Vier=

Viertes Capitel.

Von der Art, wie die Hexen mit den Teufeln in angenommener Männergestalt (incubis) Unzucht treiben.

Hier verdient sechserley bemerkt zu werden; 1. von dem Körper, den der Teufel annimmt und aus was für einem Elemente er sey? 2. In Absicht der Handlung selbst, und ob sie immer cum infusione Seminis *) begleitet sey? 3. Ob sie zu einer Zeit und an einem Orte gebräuchlicher sey, als an einem andern Orte und zu einer andern Zeit? 4 Ob's von Seiten des Frauenzimmers sichtbar geschehe, und ob die Teufel am liebsten mit

---

*) Ich muß mir bei keuschen Lesern die Erlaubniß erbitten, solche schmutzige Scenen, an welchen nur ein geiler Mönch Wohlgefallen finden konnte, so sorgfältig vor ihren Augen und Ohren zu verstecken, als mirs möglich ist, da ich sie unbeschadet des Ganzen nicht völlig übergehen darf. Wie recht hatte der sel. Hauber von dem Verfasser zu urtheilen: (Biblioth. mag. St. 1 S. 49.) „Zu diesem kommt die Unreinigkeit und Garstigkeit des „Autors. Er führt nicht nur allerhand ohnanständige „Scherze und Mönchspossen an, schreibet und redet als „ein Pückelhering, dahin das oben gemeldete ganze Capi„tel von den Fehlern und Bosheiten der Frauenspersonen „gehört, welches nicht anders lautet, als wenn man ei„nige ungezogene Leute in einer Saufgesellschaft reden und „ohnverständig scherzen hörete, sondern er schreibt auch „in andern Stücken auf eine so unreine Weise, und von den „Dingen, die einem Mönche unbekannt seyn sollten, so bekannt „und familiär, als wenn er kein Geistlicher sondern eine „Bademutter (Hebamme) gewesen wäre, oder ein Kerl, der „etliche Bordelle ausgehuret hat." Ganz kann ich indessen alle Obscönitäten unmöglich verstecken, ohne Lücken zu lassen.

mit solchem Frauenzimmer zu schaffen haben, das aus einem so unreinen Beyschlafe erzeuget worden? 5. Oder zieht er diejenigen vor, die ihm die Hebammen bei ihrer Geburth verlobten? 6. Ob die Empfindung dabey angenehmer sey, als sonst, oder nicht?

Zuerst also von dem von Teufel, angenommenen Cörper. Er besteht aus Luft. Da sich aber die blosse Luft nicht formen läßt oder sichtbar wird: so wird 245 sie zusammen gedrängt, oder dicke Luft dazu genommen, 246 (inspissatus soll doch wohl so viel heissen) und mit Erdtheilen vermischt. Wenn aber die Engel (gute oder böse) durch wirkliche natürliche Cörper natürliche Handlungen verrichten, z. E. durch Bileams Eselin, durch welche ein Engel sprach, oder die Teufel durch die Besessene wirken; so nennt man solche Cörper nicht angenommene, sondern weggenommene, eingenommene Cörper.

Die Teufel reden, hören, essen und huren mit den Hexen in angenommner Gestalt (Dies wird bis S. 249 bewiesen, si displacet.)

249 Welcher Gestalt die Hexen neuerer Zeit mit den Teufeln Hurerey treiben, und das Laster der Zauberey dadurch verbreitet werde **)

Die Wahrheit dieser Unzucht haben wir, unsrer Meynung nach, oben so bewiesen, daß keinem ein Zweifel übrig bleiben kann, es mögte denn jemand fragen, ob die Hexen unserer Zeit denn wirklich solchen Unflätherenen so ergeben wären? Und ob sich der Ursprung

---

**) Ich vermuthe, daß diese eingeschobene Frage so übersetzt werden müsse. Im Originale heißt sie: Quomodo modernis temporibus Maleficæ actus carnales cum incubis Daemonibus excercent, et qualiter ex his multiplicatur. Muthmaßlich hat der Verfasser haeresis Maleficarum im Sinne behalten.

sprung des Zauberwesens daher schreibe? Ob die Hexen vor dem 14 Säculo dergleichen Schweinereyen gleichfalls ergeben gewesen, können wir, aus Mangel an historischen Nachrichten, nicht sagen. Aber daß es immer Zauberer gegeben habe, ist bekannt, und daß auch in vorigen Zeiten die Hurenteufel dem Frauenzimmer nachgestellt haben *), wenn dies auch keine Lust bezeigte, beweisen Niderus in seinem Formicario, und in Libro de universali bono, und Thomas Brabantinus (herrliche Zeugen! lippis et tonsoribus minores!) Daß aber die Hexen unserer Zeit sich solchen Unfläthereyen lange Zeit her ergeben, haben noch alle bekannt, und zwar freywillig, die wir Ketzermeister dem weltlichen Arme zum Einäschern **) übergeben haben, deren innerhalb 5 Jahren 48 sind, und eben das bekannten auch die Hexen, die unser Mitbruder und Mitinquisitor Cumann in der Cur gehabt hat, der im Jahre 1485 †) allein 41 Stück verbrennen ließ ††). Allerdings sind auch alle abergläubische Künste, und namentlich die Zauberey aus der Gemeinschaft der Menschen mit den Teufeln entsprungen, wie uns Augustinus bezeugen kann. Eben derselbe wirft auch die Frage auf: ob die aus solchem unreinen Beyschlafe erzeugte Menschen von größerer Stärke sind, als andere Menschen? und bejahet sie aus 1 Mos. 6. Auch wissen die Teufel, wessen Semen die Eigenschaft hat, daß
cor-

---

*) Waren Paviane, weiter nichts, Dinger, aus denen die Poeten der alten Silvane, Faunen und Satyren, und der neuere Aberglaube Daemones incubos machen und die in der Bibel Feld- und Waldteufel heißen aber nur in der Uebersetzung.

**) Incinerari ist des Verf. Lieblingswort; alle Hexenscribenten seines Gelichters bedienten sich desselben am liebsten.

†) Ist vielleicht ein Druckfehler.

††) Inquisitor Cumanus war der geistliche Büttel zu Como.

cörperlich starke Menschen daraus erzeugt werden können, und wählte dazu gerade eine solche Frauensperson, die solchem Entzwecke am besten entspricht. Zudem Ende ist jetzt ein Teufel Succuba und Receptaculum Seminis und den Augenblick drauf Incubus, und damit riesenhafte Menschen erzeuget werden, bedienen sie sich noch oben drein einer günstigen Constellation, die sie vortrefflich kennen und zu wählen wissen.

253. **Ist der Erfolg allemal** Decisio Seminis?

Da der Teufel tausend Arten und Künste hat, die Menschen zu betrügen und ihnen zu schaden, so läßt sich auf diese Frage keine bestimmte Antwort geben. Es kommt nur darauf an: ob die Hexe alt und unfruchtbar sey, oder nicht? tritt der erste Fall ein; so ist Concubitus allerdings absque seminis Decisione, denn auch die Teufel halten sparsam haus, und meiden allen Ueberfluß. Eben diese Sparsamkeit beobachtet er auch bei jungen Hexen, wenn Concubitus blos Delectationis causa celebrirt wird. Ist sie aber ad impraegnationem disposita; so sieht der Teufel zu, wie er Rath schaft. Semen per nocturnas pollutiones emissum nimmt er niemals dazu; ohnerachtet es viele haben behaupten wollen, denn die vis generativa ist im selbigen nicht so zuverläßig als in demjenigen quod per actum carnalem emittitur.

254. Wenn aber auch eine verheurathete Hexe von ihrem Manne schwanger ist; so kann doch ihre Frucht per commixionem seminis, wenn sie mit einem solchen Daemone incubo zu schaffen hat, inficirt werden.

Wird diese Handlung zu einer Zeit mehr, als zu einer andern, und an diesem Orte lieber, als an jenem begangen?

Was die Zeit betrift, so wählt der Teufel dazu vorzüglich hohe Festtage, Weinachten, Ostern, Pfingsten,

ſten, und andere hohe Feſte; erſtlich; damit die Sünde und folglich auch die Verdammung auf Seiten der Zauberer deſto größer werde, zweitens vergönnt Gott den Teufeln um der Sünde der Menſchen willen eine deſto größere Macht zu wüthen u. ſ. w. Drittens, damit er deſto beſſere Gelegenheit erhalte, die Leute in ſein Netz zu ziehen, denn an den Feſttagen ergeben ſich die Mädchen vorzüglich dem Müßiggange und den Vorwitze, und ſo erleichtern ſie es den Hexen ſelbſt, ſie zu verführen. Den Ort betreffend, wiſſen wir aus den Bekenntniſſen der Hexen, daß ſie dergleichen Unfläthereyen an heiligen Oertern nicht begehen können, theils um der heiligen Engel und der Ehrwürdigkeit des Ortes willen, theils weil ſie auch nirgend mehr Ruhe vor den Teufel haben als eben in der Kirche, deswegen ſie auch zuerſt hinein und zuletzt wieder heraus gehen.

Wird ſie ſichtbar begangen?

Der Hexe iſt der Dämon Incubus freylich ſichtbar, nicht aber andern Menſchen, wenigſtens nicht immer, deswegen hat man wohl Weiber in Feldern und Wäldern gefunden, denudatae ſuper umbilicum etc. nur erſt in fine actus ſahen die Zuſchauer einen ſchwarzen Dampf in Mannes Größe ſich von ihnen in die Luft erheben. Bey Eheweibern nehmen die Teufel aber wohl dieſes oder jenes Nachbars Geſtalt an, und laſſen ſich ertappen. Wenn die Männer aber Hand an ſie legen wollen, ſind ſie verſchwunden, und die Weiber lachen ihre betrogene Männer aus.

Nicht blos Hexen, die aus ſolcher Schmutzerey ihr Daſeyn haben, oder ſolche Frauensperſonen, die bei ihrer Geburth dem Teufel von den Hebammen verlobt wurden, wählt ſich der Teu-

Teufel dazu aus, sondern allerley Frauenzim=
mer ohne Unterschied.

Vorzüglich aber fromme, Gott ergebene Jungfern,
welche ihre alte Hexen des Orts ankuppeln müssen, wo=
von uns Beyspiele bekannt sind. Nach dem Laufe der
Natur sollte man freylich denken, daß die Delectatio
venerea mit einem Daemone Incubo nicht so groß sey,
als mit einem Manne; allein der Teufel ist ein Tau=
sendkünstler u. s. w.

Fünftes Capitel.

Von der Art und Weise überhaupt, wie sich die Hexen der kirchlichen Sacramente zu ihrer Zauberey bedienen u. s. w.

Es verdienen verschiedene Dinge über die Art,
wie die Hexen Menschen, Vieh und Früchte verder=
ben, näher erörtert zu werden. In Rücksicht auf
den Menschen ist zu bemercken: 1. Wie die Hexen
das Zeugungsgeschäft vereiteln, 2. Wie dies Geschäfte
einem Manne bey dem einen Frauenzimmer verhindert
werde, nicht aber bey einem andern. 3. Wie das
Membrum virile weggezaubert werde. 4. Wie man
wissen könne, ob der Teufel dergleichen ohne Zuzie=
hung einer Hexe verrichtet habe? 5. Wie die Hexen
Leute beyderley Geschlechts durch ihre Gauckeleyen
in Thiere verwandeln. 6. Wie die zauberische Weh=
mütter auf verschiedene Art die Frucht im Mutterleibe
zerstöhren, oder die Kinder dem Teufel verloben. Von
dem allen ist im ersten Theile hinlänglich gehandelt
worden. — Sie können ein Glied kranck machen,
den

ben Menschen umbringen, ihn seiner Vernunft berauben und alle Creaturen beschädigen, und zwar durch natürliche Mittel, bloß die Himmelscörper ausgenommen. (Dies wird bewiesen, wer's glauben will.) Zu ihren Zaubereyen mißbrauchen sie die Sacramente oder sacramentliche Dinge der Kirche und andre Gott geweihte Sachen, z. E. wenn sie ein wächsern Bild auf eine Zeitlang unter die Altardecke verstecken, oder durch das heil. Chrisma einen Faden ziehen. So pflegen sie auch die heiligsten Zeiten des Jahrs, z. E. den Advent zu ihren Zaubereyen vorzüglich anzuwenden. Wir haben noch vor kurzem eine Hexe in der Arbeit gehabt, die die gesegnete Hostie heimlich wieder aus dem Munde genommen und in einen Topf geworfen hatte, in welchem eine Kröte war, den sie in einem Stalle ohnweit ihrer Scheune in die Erde vergrub nebst vielen andern Zaubersachen. Des andern Tages kam ein Arbeiter an die Stelle, hörte ein Winseln, als eines Kindes, glaubte, daß wo eine Kindermörderin ihr Kind in der Gegend versucht habe umzubringen, und zeigte es der Obrigkeit an. Diese ließ gleich nachgraben, wies alle Zuschauer weg, und erwartete, ob nicht die Hexe kommen und sich selbst verrathen würde. Sie kam, nahm den Topf heimlich weg und unter ihren Mantel, und wollte sich fortschleichen; allein man nahm sie bey den Ohren, brachte sie auf die Folter, und sie bekannte.

Sechstes Capitel.

Wie die Hexen die Zeugungskraft zerstöhren.

Dies geschieht theils innerlich, theils äußerlich. Innerlich, theils dadurch, daß sie rigorem membri beneh-

benehmen, und dies darf keinen befremden, denn sie
können ja bekanntlich auch andern Gliedern die Bewegung nehmen; theils verschliesen sie vias seminis, ne
ad vasa generationis descendat, vel ne excidatur vel
emittatur. Aeußerlich thun sie es durch Bilder, das
Essen gewisser Kräuter, bisweilen auch durch Hahnentesti-
ckeln. Diese äussere Dinge besitzen aber diese Kraft
wohl schwerlich, sondern der Teufel theilt sie ihnen mit.

265 Nider erzählt von einem gewissen Zauberer, der die
Frau und das Vieh in einem Hause so bezaubert hatte, daß erstere siebenmal abortirte, und kein Vieh
brachte ein lebendiges und zeitiges Junges zur Welt.
Er hatte eine Schlange unter die Thürschwelle vergraben, und als man die Erde weggrub: (denn sie war
schon verweset) hatte die Bezauberung ein Ende. Vor
4 Jahren ward in Richshofen eine berüchtigte Hexe
verbrannt, die durch bloßes Berühren und zu ieder
Stunde durch ihre Zauberkünste einen Abortum zuwege bringen konnte. Zu ihrem Unglück war eine vornehme Dame schwanger, der die Hebamme den Rath

266 gab, ja nicht aus dem Schloße heraus zu gehen, besonders mögte sie sich vor aller Gemeinschaft mit eben-
gedachter Hexe hüten. Einige Wochen hernach hatte
die Dame diese Vermahnung vergessen, und gieng
aus, um Besuch zu geben. Die alte Hexe kam auch
darzu, strich ihr mit beiden Händen über den Bauch,
und die Folgen zeigten sich zur Stunde. Das meist
zeitige Kind ward Stückweise gebohren. Gott ließ
dies um der Sünden des Vaters willen zu, der solche
Hexen hätte bestrafen und die Ehre des Schöpfers
retten sollen.*).

*) Ein Köder, um damit die Grossen, Guts- und Gerichts-
herren anzukörnen, die nicht Scholastik gnüg inne hatten,
um ihren Verstand verlohren zu haben.

Sieben-

Siebentes Capitel.

Wie sie die Männer des *Membri* berauben.

Dies geschieht freylich nur durch Verblendung der Sinne, für den aber, dem das Unglück begegnet, ist es eben so gut, als wenn er rasibus Eunuchus geworden wäre. Ein gewisser junger Mensch in Ravens= 267 burg verließ seine Geliebte, und ihn verließ dafür, wie er glaubte, etwas anders, mit Stumpf und Stiel, als wär's niemals da gewesen. Auf den Rath eines andern Weibes laurte er der Hexe auf, bat sie erst mit guten Worten, ihn in integrum zu restituiren, und als sie von nichts wissen wollte, ergriff er sie bey der Gurgel, drohte ihr den Tod, worauf sie gute Worte gab, und ihn durch einen einzigen Griff wieder herstellte. Eine ähnliche Geschichte erzählt uns ein ehrwürdiger Mönch in Speier. Als ich eines Tages Beichte saß, sagt er, beklagte sich ein junger Mensch ganz trostloß bey mir 268 über den gänzlichen Verlust eines Theils seiner selbst. Ich wollte ihm nicht glauben, allein der Augenschein überzeugte mich. Ich forschte nach, ob er nicht irgend eine Person im Verdacht habe? Ja, sprach er, aber sie wohnt weit von hier, in Worms. Ich rieth ihm also, sie aufzusuchen, und sie durch gute Worte zu bewegen, ihm das Verlohrne wieder zu geben. Er that es, und befand sich bey der Befolgung meines Raths wohl. Die Unglücklichen dieser Art haben sich ihr Schicksal durch irgend eine Todtsünde zugezogen. Einige Hexen hexen sich 273 dergleichen Membrorum eine Menge, oft zwanzig bis dreißig zusammen, thun sie in irgend ein Vogelnest oder einen kleinen Kasten, und da haben es viele Leute gesehen, daß solche Dinger Haber oder ander Futter fres=

fressen, wie die jungen Vögel*). Dies ist freylich nur teuflische Augenverblendung. Es wird erzählt, daß ein gewisser Quidam auch das Schicksal gehabt habe, um einen Theil seines Patrimonii zu kommen. Eine alte Hexe, die er in seiner Angelegenheit um Beystand bat, gab ihm den Rath, auf einen gewissen Baum zu steigen, da würde er in einem Vogelneste das Auslesen finden. Er wollte drauf einen Dito der größten Sorte nehmen, woran sie ihn aber ver- 274 verhinderte, mit dem Zufügen, dieser Dito gehöre dem und dem Bauren. Es fragt sich, ob ein Unterschied darunter sey, wenn der Teufel die Operation selbst, ohne Zuziehung irgend einer Hexe verrichtet? Allerdings, denn in diesem Falle ist es nicht mehr Gaukelen, sondern wahre Amputation, die nicht ohne Schmerzen geschieht und auch wieder wahre Restitution, wenn er dahin gebracht werden kann.

Achtes Capitel.

275 **Wie die Hexen die Leute in Thiergestalten verwandeln.**

Jener Canon des Bischofs sagt zwar, daß derjenige, der da glaubt, daß eine Creatur wesentlich und zu ihrem Nachtheile verwandelt werden könne, ärger sey, als ein Heyde; Daher wollen viele an keine Zauberey glauben, zum größten Nachtheile des Glaubens. 276 Aber so gehts, wenn die Leute mehr an der Schale als am Kern nagen. (Der Canon heißt von Wort zu Wort: quisquis credit posse fieri aliquam creaturam aut in melius aut in deterius transmutari, aut transformari in aliam speciem, vel in aliam similitudinem nisi

ab

---

*) Risum tenatis amici!

ab ipso Creatore, qui omnia fecit, procul dubio infidelis est. Hier giebts Sophisteren, und damit macht der Verf. den ganzen Canon zu nichte.) Er redet, nach dem Verfasser, nur von vollkommenen Creaturen, dem Menschen, Esel u. s. w. Die unvollkommenen, die ja selbst aus der Fäulniß erzeugt werden können, als Schlangen, Frösche, Mäuse u. s. w. kann der Teufel auch machen, und von solchen Creaturen spricht der Canon nicht. Wenn Creaturen der ersten Ordnung verwandelt werden, so ist alles nur Schein, und so verhält es sich auch mit den Begebenheiten, die uns 277 Augustin erzählet, mit den Gefährten des Ulysses, die die alte Hexe Circe in Thiere verwandelte, den Gefährten des Diomedes, die in Vögel verwandelt lange Zeit um seinen Tempel herum flogen, und mit den Gästen, welche von gewissen Huren in Lastthiere verwandelt wurden. So erzählt er auch von Praestantius, der sichs, noch recht gut zu erinnern wußte, daß er ein Pferd gewesen, und Getreide in die Mühle getragen hatte. Solche schienen nicht blos andern, sondern auch sich selbst verwandelt zu seyn, z. E. Nebucadnezar, der wirck- 278
lich Heu fraß, wie ein Ochse.

Neuntes Capitel.

Die Teufel stecken den Leuten, jedoch ohne sie zu beschädigen, im Leibe und in den Köpfen, 280 wenn sie dergleichen gaukelhafte Verwandlungen vornehmen.

Die Täuschung betrift bald die äusseren Sinne allein, bald aber auch die innern Sinne, und zwar dergestalt, daß sich ihre Wirckung auch bis auf die äußern Sinne erstreckt. Nun muß man doch nothwendig an-
neh=

281 nehmen, daß die bösen Geister, da, wo sie wircken, auch gegenwärtig seyn müssen, wenn sie also die Phantasie und innwendigen Kräfte des Menschen beunruhigen: so müssen sie daselbst auch gegenwärtig seyn. Derjenige kann sich zwar allein in die menschliche Seele begeben, der sie gemacht hat; aber die Teufel können sich auch, wenn Gott es zuläßt, in menschliche Cörper einschleichen, und dann können sie auch in den inwendigen Kräften, die mit den cörperlichen Organen in der genauesten Verbindung stehen, Eindrücke ver=

282 ursachen. So können sie z. E. die Gestalt eines Pferdes aus der Gedächtnißkraft, die ihren Sitz im Hinterkopfe hat, bis mitten in den Kopf bewegen, wo die Einbildungskraft ihre Zelle hat, und so weiter nach dem Vorkopfe hin, wo der sensus communis residirt, und das geschieht durch eine so unglaubliche Geschwindigkeit, daß der Mensch schwören sollte, er habe ein leibhaftes Pferd mit seinen eigenen Augen gesehen. Durch dies Manöver des Teufels werden gar keine Kopfschmerzen verursacht, und die Seele kann auch nichts dabey zu erinnern haben, daß der Teufel sich mit ihr an einem und eben demselben Orte befindet, und sich ihrer Werkzeuge bedient. Denn entweder sitzt die Seele im Mittelpuncte des Herzens, wie die Spinne im Centro ihres Gespinstes, und bekömmt, wie diese, augenblickliche Eindrücke, wenn man nur den äußersten Faden ihres Wercks be=

283 rührt, oder sie, die Seele, ist im ganzen Cörper, oder auch ganz in jedem Theile des Cörpers, wie sanct Augustinus behauptet; so kann der Teufel doch immer recht gut neben ihr seine Werkstatt aufschlagen, da seine Wirkungen ganz anderer Art sind, als die Wirkungen der Seele. Dergleichen auffallende Wirkungen der Teufel und Zauberer kann man allerdings Wunderwercke nennen, in so weit sie, nach unsern Einsichten, auf eine übernatürliche Art bewirckt und hervorgebracht

gebracht werden, im Grunde sind sie freylich keine solche wahre Wunder, dergleichen die Wunder Gottes 286
und der Heiligen sind. Hier wird ein Histörchen
schmecken. Ein Holtzhacker in einer gewissen Stadt im
Elsaß, die wir aus Liebe nicht nennen, spaltete einst
Holz. Es kam eine große Katze zu ihm, die ihn nicht
wenig näkte, und als er sie wegjagen wolte, kam die
zweyte und zuletzt gar die dritte, alle von ungemei-
ner Größe. Diese griffen ihn tapfer an, sprungen ihm
nach dem Gesichte, bissen und kratzten ihm in die Beine, so daß er vor Angst sich seinem Leibe keinen Rath
wußte. Endlich segnete er sich mit dem heil. Creutze
und ergrif einen Scheit Holtz, mit dem er die Katzen
weidlich durchgerbte; die eine bekam einen Puff an
den Kopf, die andre auf den Rücken, und die dritte
an die Beine. Nach Verlauf einer Stunde hohlten
die Stadtknechte diesen Mann von seiner Arbeit weg,
brachten ihn vor dem Richter, der ihn aber nicht einmal anhören wollte, sondern befahl, man solle ihn in
den tiefsten Kerker werfen, in den man solche zu werfen
pflegte, die das Leben verwürckt hatten. Hier schrie der 287
arme Schelm jämmerlich drey ganzer Tage lang, und
hauptsächlich darüber, daß man ihm das Verhör ver-
sagte, da er sich doch keines Verbrechens bewußt sey.
Die Wächter sowohl, als auch andre Leute brachten
den wüthenden Richter zuletzt doch noch so weit, daß er
dem Inculpaten ein Verhör bewilligte — und da sollte
sein Verbrechen seyn, daß er an dem und dem Tage
drey der vornehmsten Damen der Stadt dergestalt
zugerichtet hätte, daß sie jetzt nicht vom Bette auf-
stehen könnten. In meinem Leben, sprach er, hab' ich
keine Frau geschlagen, an dem benannten Tage hab' ich
Holtz gespalten, dies kann ich beweisen, und die Gerichtsdiener haben mich von der Arbeit weggeholt. Als
sich der Richter gar nicht wollte besänftigen lassen, erzählte

zählte Beklagter, nach kurzem Nachsinnen: ich besinne mich in angeführter Stunde zwar gewisse Creaturen geprügelt zu haben, das waren aber keine Frauen. Alle Anwesende erstaunten über seine Rede, noch mehr aber, als er den ganzen Vorfall umständlich berichtete, man entfesselte den armen Kerl, und schickte ihn nach Hause, denn nunmehr sah es ein jeder wohl ein, daß hier Teufeley mit unterlaufe, und man verboth ihm, die Sache jemand zu entdecken.

288

Zehntes Capitel.

290

Wie die Teufel bisweilen die Leute durch Zuthun der Zauberer leibhaftig besitzen.

291 Dies geschieht bald mit, bald ohne Zuthun der Hexen, auf verschiedene Art; bald besitzt der Teufel die Seele, bald den Cörper des Menschen, jedoch ist die Einwohnung der ersten Art eigentlich keine Sache des Teufels, sondern des heil. Geistes. 1 Cor. 3. Den Leib des Menschen besitzt aber der Teufel entweder, weil sich der Mensch dies Unglück durch eine Todtsünde zugezogen hat, — oder er ist noch im Stande 292 der Gnaden. Beides kann auf Betrieb der Hexen geschehen. Denn bisweilen wird der Mensch besessen, weil er's nur gar zu sehr verdient hat, bisweilen um ei-293 nes kleinen Versehens eines andern willen; bisweilen für selbstbegangene kleinere Sünden, zu einer andern Zeit aber wieder um großer Verbrechen willen, die er entweder selbst oder andre begangen haben. Gewiß gnug erlaubt dies Gott manchmal auf Betrieb der Hexen durch die Teufel, und dies kann selbst aus der Bibel erwiesen werden, noch häufiger aber aus neuerer Erfahrung. In dem Dialogus Severi, eines Schülers

lers des sel. Martini wird erzählt: daß ein recht frommer Pater, der auch die Gabe besaß, Teufel auszutreiben, nicht blos durch Worte, sondern selbst durch Briefe und sein härnes Kleid, dieserhalb einen starcken Ansatz von Stoltz besessen habe. Er widerstand zwar dieser Leidenschaft männlich; da es aber nicht helfen wollte, bat er Gott, ihn, zu seiner Demüthigung, 5 Monate lang vom Teufel besessen werden zu lassen. Dies geschah, und nach Verlauf dieser Zeit verließ ihn der Teufel und mit ihm sein Stoltz *). (Auf wie vielerley Art und aus wie mancherley Ursachen der Teufel die Leute besitze, will ich mit dem Werf. nicht weiter erzählen, es ist nur gar zu abgeschmacktes Zeug.)

Eilftes Capitel.

Wie die Hexen überhaupt allerhand schwere Kranckheiten und Gebrechen verursachen können.

Es giebt gar keine cörperliche Kranckheit, die nicht auch von Bezauberung sollte herrühren können, selbst den Aussatz und die fallende Sucht *) nicht ausgenom-

*) Die Jungfer Cadiere, diese fromme Hure ihres Beichtvaters Joh. Bapt. Girards eines Jesuiten, ließ sich eine Besitzung von einem ganzen Jahre gefallen, blos um ein armes unbekanntes Seelchen aus dem Fegfeuer zu erlösen, und eben so gefällig waren andre hübsche Mädchen, Beichtkinder dieses geilen Buben. S. Factum pour Marie Catherine Cadiere contre le Pere — Girard, Iesuite &c. à la Haye. 1731. pag. 8. seqq.

*) Eben diese Kranckheit gab in alten Zeiten Gelegenheit zu dem Glauben an dämonische Besitzungen; dämonische waren entweder ganz Rasende oder Epileptische. Man schrieb

genommen. Den Hiob plagte der Teufel mit allerhand Geschwüren, welche der Aussatz gewesen seyn sollen. Der Teufel beraubt die Menschen ihres Verstandes, dies beweisen die Besessene im Evangelio; ja er nimt ihnen oft das Leben, dies sieht man an den 7 jungen Ehemännern der Jungfer Sarah. Tob 6. Fragt man nun: ob der Teufel das alles unmittelbahr thue, oder die Hexe, so muß man antworten; beyde, z. E. eine Hexe benetzt einen Besen mit ihrem Wasser, damit es regne, und schlänckert das Wasser aus dem Besen in die Luft; so kann man zwar nicht sagen, daß sie den Regen gemacht habe, sondern der Teufel that es; sie ist aber deswegen eben so schuldig, denn sie hatte doch mit jenem ein Bündniß errichtet. So sticht eine Hexe oder ein Hexenmeister ein wächsern oder bleyern Bild mit Nadeln u. s. w. und derjenige, den das Bild vorstellt, leidet darüber all die Angst und Schmerzen, als würd' er unmittelbar gepeinigt. Die Hexe zersticht das Bild und der Teufel den Menschen selbst, das ist der ganze Knote.

Der Verfasser wirft die Frage auf: ob der Teufel auch wohl ehrliche Weiber nach ihrer Person so vorstellen könne, daß sie dadurch in den Ruf der Hexerey gerathen könnten? glaubt es aber nicht: er könne sie zwar wohl in das Gerücht anderer Laster bringen; nicht aber solcher, die ohne sein unmittelbares Mitwirken nicht begangen werden können. Alle Krankheiten, wie gesagt, können auch durch Zauberey entstehen,

schrieb diese Zufälle gewissen Dämonen zu, die sich in solchen Unglücklichen befinden sollten; Dämonen waren aber Seelen verstorbener Menschen, besonders solcher, die gewaltsam um's Leben gekommen waren; die spätern Uebersetzer machten Teufel daraus. Becker, Semler, Hugo Järmer und a. m. haben diese Sache genau geprüft und keinen Zweifel mehr übrig gelassen, wenn man nicht mit Gewalt zweifeln will.

stehen, ob man gleich in Absicht des Aussatzes und der Epilepsie manches einwenden könnte. Diese Einwürfe hebt aber folgende Geschichte. Im Baselschen hatte ein ehrbahrer Tagelöhner einige harte Worte wider eine zänkische Frau ausgestoßen, worüber sie dergestalt aufgebracht ward, daß sie sich in kurzen zu rächen drohete. Er achtete wenig darauf, aber in der nächsten Nacht fühlte er eine Beule am Halse, und als er dran griff; schwoll ihm sein ganzes Gesicht auf, und in kurzem war sein ganzer Cörper mit Aussatz bedeckt. Er eilte zu seinen Freunden und der Obrigkeit, entdeckte ihr die ganze Sache, und schwur, daß er darauf sterben wolle, daß das Weib es ihm angethan habe. Man nahm die Hexe bei den Ohren, folterte sie und sie bekannte: daß sie aufgebracht über die Schimpfwörter des Tagelöhners nach Hause gekommen sey und dem bösen Feinde aufgetragen habe, sie zu rächen. Sie habe nur verlangt, daß der Mensch ein aufgeschwollenes Gesichte bekommen, und auf immer behalten mögte, der Böse aber habe mehr gethan, als sie verlangt hätte. — Man verbrannte sie. Als der Henker eine Hexe im Constanzer Gebiethe auf den Scheiterhaufen brachte, um sie zu verbrennen, blies diese ihm ins Gesicht und sprach: ich will dir deinen Lohn geben. Der Kerl bekam den Aussatz und überlebte sie nur um einige wenige Tage.

Zwölftes Capitel.

Wie die Hexen die Leute mit allerhand andern Krankheiten plagen.

Wir wollen nur einiger Beispiele gedenken, die uns selbst durch die Erfahrung bekannt geworden sind.

Als zu *Jßbruck* wider die Hexen inquirirt ward, erzählte ein gewisses Frauenzimmer folgenden ihm begegneten Vorfall: Ich besuchte meine Freundin, die 312 unerträgliche Kopfschmerzen und deswegen eine alte Frau bei sich hatte, die sie durch allerhand Hocuspocus curiren wollte. Abergläubische Possen, sprach ich zu der Alten; sonst thut ihr nichts, und euch ist es nur um's Geld zu thun. Nach 3 Tagen, gab sie zur Antwort, sollen Sie erfahren, ob's weiter nichts sey, als abergläubische Possen. Nach 3 Tagen überfiel mich über den ganzen Cörper mit einemmale der schrecklichste Schmerz, erst inwendig und dann auswendig, so daß kein Fleckchen an mir war, wohin man mit einer Nadel hätte stechen können, wo mich's nicht geschmerzt, und keine Beule voll weissen Eiters gesessen hätte. Eines Tages entdeckte ich über der Stallthür ein Päckchen in weissem Tuche, auf den Rath des Hausherrn nahm ich's herunter, eröfnete es und warf alle Siebensachen, die darin enthalten waren, Schlangenknochen Kräuter u. s. w. in's Feuer, und ward 313 stehendes Fußes wieder besser. Eben daselbst zankte eine Nachbarin mit der andern, diese aber brummte mächtig in den Barth, und die Zänkerin ward sehr krank! Man 314 bethete über sie, ja! die Krankheit war Bezauberung, man sah unter der Thürschwelle zu: und da fand sich ein mit Nadeln zerstochenes Wachspüpchen und andere sieben Sachen, die man sammt und sonders in's Feuer warf, und die Bezauberung war gehoben. Ueberhaupt ist dies Städtchen gestopft voll von Hexen, wovon viel zu erzählen wäre.

Dreyzehntes Capitel.

Von dem Gräuel, den die Hebammen begehen, indem sie entweder die Kinder umbringen, oder dem Teufel verloben.

In Zabern wollte eine Wirthin, die der heil. Jungfrau Maria mit vieler Devotion ergeben war, in die Wochen, sie trauete aber der ordentlichen Hebamme nicht viel gutes zu, und nahm lieber eine andere. Die verachtete Hebamme gab ihr einen Wochenbesuch griff ihr an den Bauch und sagte ihr, über 6. Monathe sollte sie es schon fühlen, was es heiße, sie verachten. Dictum, factum, die Schmerzen in den Eingeweiden waren schrecklich, und das Ding wäre schief gegangen, wenn die heil. Jungfrau Maria sich ihrer nicht angenommen hätte. Die Bezauberte gab durch den Stuhlgang Dornen, Knöchen, Holz, u. s. w. von sich — und war hergestellt. Im Baselschen bekannte eine solche Hexe, daß sie über 40 Kinder umgebracht habe, eine andere in Elsaß hatte so viele ermordet, daß sie die Anzahl nicht mehr anzugeben wußte. Dies sind gemeiniglich ungetaufte Kinder, und der Teufel vermag die Hexen deswegen dazu, weil er weiß, daß solche Kinder, da ihnen durch die Taufe die Erbsünde noch nicht benommen ist, nicht in den Himmel kommen können. Nun hat Gott eine gewisse Anzahl seliger Menschen vestgesetzt, und so bald diese complet ist, kommt das jüngste Gericht und das Ende der Welt. Je länger der Teufel diesen Termin aber hinaus verschieben kann, je lieber ist es ihm.

Was nun die Aufopferung der Kinder an den Teufel betrifft; so schleicht sich eine solche Hexe mit dem neugebohrnen Kinde aus dem Zimmer in die Küche,

hebt's

hebt's in die Höhe und gelobt's dem Lucifer und allen Teufeln, wobey allerhand Ceremonien vorgenommen werden; dahin gehört unter andern, daß der Teufel das Kind durch die Oefnung des Anhanges steckt, mit welchem man den Kesselhaken verlängert. (Das Folgende ist zu sehr Heu und Stroh, als daß ich meine Finger zum Uebersetzen hergeben könnte) Solche dem Teufel verlobte Kinder lernen excellent hexen. In Schwaben seufzte ein Bauer in Gegenwart seiner 8 jährigen Tochter über die anhaltende Dürre und sprach: ach! wann werden wir Regen haben?

Das Mädchen. Vater, wenn ihr Regen verlangt; so will ich schon welchen anschaffen.

Vater. Kannst du Regen machen?

M. Ja, nicht allein Regen, sondern auch Hagel und Ungewitter.

V. Wer hat dich das gelehrt.

M. Die Mutter, aber ich soll's nicht nachsagen u. s. w. — die Mutter ward verbrannt und das Mädchen gerettet.

Vierzehntes Capitel.
Wie die Hexen dem Vieh Schaden zufügen.

Der Teufel brachte den Hiob um all sein Vieh, und es giebt kein so kleines Dorf, wo nicht die Weiber die Kühe behexten, sie von der Milch, und bisweilen gar umbrächten. Mit dem Melken hat es folgende Bewandniß. Die Hexen stoßen ein Messer in die Wand, oder in einen Ständer, nehmen einen Milcheimer zwischen die Knie, und rufen dann ihren Teufel, der ihnen immer zu Befehl steht, er mögte ihnen doch aus dem und dem Hause und von der und der Kuh die Milch

Milch verschaffen. Nun melckt der Teufel in der größten Geschwindigkeit die verlangte Kuh, und bringt der Hexe die Milch, wo es nicht anders läßt, als wenn sie sie aus dem Messer u. s. w. zöge. Eine Gesellschaft Reisender hatte sich auf einer Wiese an einem Flusse gelagert, und einige wünschten sich gute Maybutter zu haben. Die will ich wohl anschaffen, gab einer aus der Gesellschaft zur Antwort, entkleidete sich darauf und ging in den Fluß, setzte sich nieder, mit dem Rücken wider den Fluß, und bewegte mit den Händen das Wasser rückwärts. Bald darauf brachte er eine ganze Menge der herlichsten Maybutter, so wie sie die Bauern zu Marckte zu bringen pflegen, zum Vorscheine, die jedem, der sie kostete, sehr gut schmeckte. Ob nun dieser Zauberer mit dem Teufel einen ausdrücklichen oder stillschweigenden Bund gemacht hatte, oder bey seiner Geburth dem Teufel verlobt war, steht dahin. Einige, wenn sie Wein verlangen, nehmen eine leere Flasche, oder sonst ein Gefäß, gehen damit durch's Dorf, wo sie es selbst mit Wein anfüllen, eigentlich thuts aber der Teufel, der natürlichen Wein aus irgend einem Faße nimt, und die Hexen damit beschenckt.

Das Vieh bazaubern die Hexen eben so, als sie Menschen bezaubern, entweder durch Berühren, oder auch durch bloßes Ansehen, oder sie vergraben Zaubergeräthe unter die Schwelle der Stallthüre, oder sonst wohin. Bisweilen gräbt auch die Hexe blos die Grube in's Teufels Nahmen, dieser aber thut die Zaubersachen hinein, wie eine der in Ravensburg verbranten Hexen gestanden hat. Auf den Alpen werden auf diese Art oft ganze Heerden behext und in kurzer Zeit umgebracht.

Fünf-

Funfzehntes Capitel.

Wie die Hexen Hagel und Ungewitter erwecken und auf Menschen und Vieh herab zu donnern und zu blitzen pflegen.

Daß der Teufel und seine Jünger dergleichen Hagel, Blitz und Gewitter schaffen können, kann man aus Hiob 1. und 2. sehen. Das Cörperliche muß den Geistern gehorchen, so wie mein Arm meinem Willen gehorcht, und dahin gehört jede cörperliche Bewegung von einem Orte zum andern, wenn Gott es nicht verhindert. Wind und Regen und andre dergleichen Revolutionen entstehen durch die bloße Bewegung aufgelöster Dünste, die aus der Erde und dem Wasser in die Höhe steigen; die natürliche Kraft des Teufels ist demnach hinreichend, dergleichen hervor zu bringen. Dies kann man von dem Thomas von Aquin lernen, wie auch, daß, wenn Gott die Welt mit Hungersnoth straft, er sich dazu gleichfals der bösen Geister bediene, die eigentliche Vorsteher solcher bösen Strafen sind. Ps. 105, 16. heist es: er ließ eine Teurung (Hungersnoth) in das Land kommen, Vocauit famen super terram, er rief den Hunger, d. i. den Engel, der Patron des Hungers ist. (So glossirt Thomas der Exeget). Nider erzählt in seinem Ameisenhaufen von einem Zauberer, der auf Befragen, ob sie mit leichter Mühe Wetter machen könten? aussagte: daß dies nicht schwer halte, aber verletzen könten sie nicht jeden nach eigenen Willkühr, wegen des Schutzes der guten Engel. Diejenigen können wir beschädigen, fuhr er fort, die von Gott verlassen sind, die sich aber mit dem Zeichen des heil. Creuzes segnen, sind vor uns sicher. Die Mehode ist folgende: zuerst rufen wir auf öffentlichen

lichen Felde den Obersten der Teufel an, daß er jemand der seinigen sende, der das ausrichte, was wir wünschen; dann opfern wir diesem Teufel auf einem Creutzwege ein schwarzes Füllen *), werfen das Opfer in die Höhe und nimt ers an; so setzt er gleich darauf die Luft in Bewegung, doch treffen nicht jedesmal die Blitze und Schloßen gerade diejenigen Gegenden, die wir verlangen, weil dies Gott nicht immer erlaubt. Von Ravensburg bis Saltzburg verwüstete ein schreckliches Gewitter einen Strich Landes von 28 deutschen Meilen dergestalt, daß sich der Weinstock das dritte Jahr noch kaum wieder erholen konte. Das Volk schrie mächtig über die Hexen, denn jeder hielt es für Zauberey. Man nahm also ein paar alte berüchtigte Weiber bey den Ohren, folterte sie, und da fands sichs, daß man eben die rechten getroffen hatte. Sie hatten das Grübchen auf des Teufels Geheiß gegraben, Wasser hineingegossen, die Jauche mit dem Finger unter Hersagung gewöhnlicher Formeln umgerührt, das übrige hatte der Teufel besorgt. — Man verbrante sie. †)

---

*) Pullus niger kann freylich so übersetzt werden; allein theils würde der Aufwand zu groß für eine arme Hexe seyn, dergleichen sie gewöhnlich sind, theils würd' es auch schon Mühe kosten, mit einem geschlachteten Füllen Ball zu spielen. Es ist also wahrscheinlich, daß es ein junger schwarzer Hund oder eine junge schwarze Katze war, wovon der Teufel ein passionirter Liebhaber seyn soll.

†) Wohl euch, gute Mütterchen! daß Thomasius und die überhand genommene Vernunft euch die Häute gesichert haben! Wie wollt' es euch ohne sie in diesem 1783 Jahre, das so viele Verwüstungen durch Gewitter und Erdbeben sah, gegangen seyn?

Sechzehntes Capitel.

Ueber dreyerley Arten von Zauberey, denen die Mannspersonen vorzüglich ergeben sind.

Die erste Classe dieser Buben sind die zauberische Bogenschützen. Diese nehmen am Charfreytage das Bild unsers gecreuzigten Heilandes, gerade zu der Zeit, wenn das hohe Amt gehalten wird, und schiesen mit Pfeilen darnach, als nach einer Scheibe. Drey bis vier Pfeile ist die gewöhnliche Anzahl, und eben so viel Menschen kann nachher ein solcher Bogenschütze täglich erschießen. Ein Unglücklicher, dem ein solcher Zauberer den Tod zugedacht hat, mag sich verbergen, wie er will, und wenn ihn auch der Schütze nicht sieht; so lenkt der Teufel doch den Pfeil so, daß er ihn trift. Diese Leute sind ihrer Kunst so gewiß, daß sie jemand einen Heller mit dem Pfeile vom Kopfe herunter schießen können, ohne ihn selbst im geringsten zu beschädigen, und dies können sie eben so gewiß mit einer Canonkugel. Zu dieser Kunst wird ein besonderes Bündniß mit dem Teufel erfordert.

Ein gewisser Fürst belagerte das Raubschloß Lendenbrunnen, um das Raubgesündel zu zerstöhren, und hatte einen gewissen Puncker bey sich, der diese teuflische Schießkunst verstand. Er erlegte täglich drey von den Belagerten, bis er sie alle hatte, einen einzigen ausgenommen, der das Schloß übergab. Man machten Versuch, Puncker mußte seinem eigenen Kinde einen Heller von der Mütze herunter schießen, und er that es, ohne die Mütze und das Kind zu beschädigen. In einem Nonnenkloster im Costnitzer Gebiethe, bey dem Schloße Hohenzorn findet sich noch ein solches mit Pfeilen zerschoßenes Crucifix, wo man bis jetzt sehen kann, wie

wie das Blut aus den Wunden hervorgebrungen. Ein Unglücklicher hatte sich dies Bild auch zur Erlernung dieser Kunst gewählt, er hatte aber nicht so bald hineingeschossen, als schon das Blut hervorquoll, und er unbeweglich auf der Stelle stehen bleiben mußte, bis er von der Obrigkeit ergriffen und hingerichtet ward. Dies Laster ist schrecklich, aber noch schrecklicher ist es, daß vornehme Herren dergleichen Leute bey sich und in Ehren haben, zur Verachtung der Religion, Schändung der göttlichen Majestät und Schmach unsers Erlösers. Dergleichen Beschützer, Hehler und Vertheidiger solcher Bösewichter sind nicht bloß als Ketzer, sondern selbst als Abtrünnige zu betrachten und zu bestrafen. (Dies wird beyläufig bewiesen; ex ungue leonem). Excommunicirt ist ein solcher Zaubererpatron schon für sich selbst, und hat er innerhalb eines Jahrs nicht hinlängliche Buße gethan; so wird er sobann ohne weitere Umstände infam, aller öffentlichen Aemter und Ehrenstellen unfähig, kann nicht mehr Zeuge seyn, kein Testament machen, bleibt nicht weiter Erbschaftsfähig und ihm können keine Geschäfte weiter übertragen werden. Ist er Richter, so gilt sein Urtheil nichts, ist er Anwald, so kann er als solcher nicht zugelassen werden, und ist er ein Notarius; so gelten seine Instrumente nichts, sie werden verworfen, wie der Verfasser verworfen ist. Ist er aber gar ein Geistlicher, so wird er aller Ehre und Würde entsetzt. *)

Ausser

---

*) Meine Leser werden oft von der Passauer Kunst gehört haben, aber wohl wenige werden sie kennen. Herr Friedrich Nicolai beschreibt sie uns im 2ten Bande seiner Beschreibung einer Reise durch Deutschland und die Schweiz, S 473. 474. wie folgt. „Im vorigen Jahrhunderte war ein Stückchen Passauer Industrie sehr berühmt. Als der Erzherzog und nachmalige Kaiser Matthias 1611 in dieser Gegend ein Heer versammelte, um seinem

Ausser diesen Bogenschützen giebt es noch zwey Classen abscheulicher Zauberer, und diese sind überhaupt Leute, die durch Zauberey und Segensprechen die Waffen

„seinem schwachen Bruder, dem Kaiser Rudolph II. Böh„men abzuzwingen; fiel der Henker zu Passau auf den Ge„danken, hiervon Vortheil zu ziehen. Er druckte mit einem „Stempel allerhand fremde Figuren auf Stückchen Papier „ab, und verkaufte diese Zettelchen den Soldaten, welche „wenig Herz hatten, gegen baare Bezahlung; in„dem er ihnen einbildete, wenn sie diese Zettel ver„schlungen hätten; so würde ihnen weder Schuß, Hieb „noch Stich schaden, sondern sie würden fest seyn. Da „die schlecht bezahlten und unzufriedenen Soldaten Kaiser „Rudolph II. fast gar keinen Widerstand thaten, so gieng „es natürlich zu, daß die Memmen, welche die Zettel ver„schlungen hatten, ohne Verwundung wegkamen. Indes„sen ward dies, wie es bey geheimen Künsten gewöhnlich „geschieht, nicht der natürlichen Ursache, sondern der gehei„men Kraft der Passauer Kunst zugeschrieben. Diese ward „daher in dem gleich darauf folgenden dreißigjährigen „Kriege sehr berühmt, so daß der Erfinder und seine Nach„kommen an der Henkerschaft zu Passau kaum so viel „Zettel drucken konnten, als die Soldaten verschlingen „wollten. Daher war zu Passau viele Jahre lang die „ergiebigste Nahrung Wer in den Krieg gieng, wollte „auch fest werden, und das konnte man nur vom Henker „in Passau erlangen. Es ward allenthalben auf eine ähn„liche Art mit dem Festmachen gegaukelt, aber, wie es zu „gehen pflegt, die Passauer Zettel, (die selbst Mönche nach„machten und absetzten) hatten vor allen übrigen Mitteln „lange Zeit den Vorzug. Bekker erzählt aus dem Sennert „verschiedenes von dieser Kunst. S. bezauberte Welt, B. 4. „C. 18. Nro. 12. ff. S. 471 meiner Uebersetzung. Selbst „die Geistlichen zweifelten nicht, daß die Passauer Kunst „wirklich fest mache, sondern sie glaubten nur, daß der Teu„fel mit dem Henker in Passau gesellschaftlich diese Wirkung „hervorbringe, und es ward wider die Passauer Kunst als „eine Teufelskunst gepredigt und geschrieben Der Teufel „herrschte freylich im vorigen Jahrhunderte uneingeschränkter,

als

fen beschwöhren, daß sie nicht beschädigen können. Diese Leute theilen sich wieder in zwey Classen. Einige haben mit jenen Zauberschützen die Aehnlichkeit, daß sie ihre Kunst auch bey einem Bilde des Gecreuzigten erlernen, und ihm gleiche Schmach anthun. Wenn z. E. jemand seinen Kopf schuß-hieb-und stichfrey machen will; so schlägt er dem Bilde den Kopf ab, und so macht ers mit jedem Gliede. Deswegen findet man auch selten Bilder des Gecreuzigten an Scheidewegen, die nicht zerstümmelt wären. Die zweyte Classe beschwöhren die Waffen durch Zauberlieder und Segensprechen, so daß sie mit bloßen Füßen auf denselben herumgehen können, ohne sich zu beschädigen.

Des zweyten Theils zweyte Frage.
Wie die Bezauberung zu heben und zu heilen sey.

Zauberey durch Zauberey zu vertreiben, ist allerdings unerlaubt. Durch Menschenkraft, die geringer ist, als die Kraft höherer Geister, kann keine Zauberey oder Bezauberung aufgelöst werden, und Gott hilft, wann er will, nicht wenn wirs verlangen, also bliebe nur der Teufel übrig, sich selbst zu schwächen. Denn die Bezauberten und Behexten suchen und finden gemeiniglich Hülfe bey den alten Hexen, nicht aber bey Priestern und Exorcisten. Wird demnach die Zauberey durch Zauberey, das ist, durch den Teufel selbst gehoben; so darf man keine Hülfe wider sie suchen, sondern muß sie gedultig ertragen. Die Exorcismen der Kirche helfen nicht wider alles, sondern nur dazu, wozu sie

K 2 ein-

„als jetzt; doch ward es ihm mit der Passauer Kunst auch
„leicht gemacht; denn es trugen die Soldaten im dreißig-
„jährigen Kriege noch Pickelhauben und Panzerhemden, wel-
„ches dieser Kunst nicht wenig zu statten kam u. s. w."

eingesetzt sind, nämlich wider Besitzungen und bey zu taufenden Kindern *).

357 Indessen sind die Werke des Teufels doch nicht mächtiger, als die Werke Gottes, folglich wird Gott den Gläubigen zweifelsohne auch Mittel wider die Zauberey gegeben haben, und diese sind Vorbauungs= oder Verwahrungsmittel, wovon bereits geredet worden, und Hülfs= und Heilmittel. (Die Herren Scotus, Hostiensis, Goffredus und alle Canonisten werden's dem Verfasser verzeihen, daß er nicht ihrer Meynung ist, jedoch hilft er ihnen durch seine kleine Accomodation wieder zu Ehren, so daß sie und alle, die ihrer Meynung nicht zu seyn schienen, nebst dem Verfasser selbst, noch zuletzt die besten Freunde werden.) Uner= 360 laubt ist es: 1. Wenn die Bezauberung durch einen andern Zauberer oder durch neue Zauberey, d. i. durch Macht des Teufels gehoben wird. 2. Ist es auch ein ehrlicher Mensch, und er befreyet den einen von seiner Bezauberung durch abergläubische Mittel dergestalt, daß das Unglück auf einen andern fortgewälzt wird; so ist es unerlaubt. 3. Wird's aber nicht auf einen andern gebracht, man bedient sich aber dabey einer Anrufung oder Aufforderung des Teufels; so bleibt es noch immer 361 unerlaubt. Wollen die Exorcismen helfen, oder der erbetene Beystand der Heiligen und wahre Buße; so hat der Verfasser hierbey nichts zu erinnern.

Ein deutscher Bischof hatte bey dem Pabst Nicolaus etwas zu suchen, verliebte sich in Rom in ein hübsches Mädchen, und beschloß, es mit heim zu nehmen. Weil er zwey Bediente und viele Kleinodien bey sich hatte; so ließ sich das Mädchen durch Geiz verführen, die Reise mit zu machen, seine Absicht war aber, den

Herren

---

*) Gaßner handelte also gerade wider die Theorie seiner Kirche, da er alle durch Zauberey entstandene Krankheiten wegexorcisiren wollte.

Herrn Bischof unterweges durch Zauberey zu expediren und sich seiner Schätze zu bemächtigen. Die nächste Nacht ward der Herr Bischof abscheulich krank, und des dritten Tages, da alle Hofnung zum Leben verschwunden war, verlangte eine alte Frau vor ihn gelassen zu werden. Sie versprach, ihm wieder zur Gesundheit zu verhelfen, wenn er sie nur wollte machen lassen. Die Krankheit komme von Hexerey her, könne folglich auch nur durch Zauberey wieder vertrieben werden, die Hexe, die es ihm angethan habe, müsse sterben. Dem Herrn Bischofe standen die Haare dabey ein wenig zu Berge, und da er die Sache nicht auf seine eigenen Hörner nehmen mochte; so trug er sie dem Pabste vor. Seine Heiligkeit liebten den Bischof sehr, und da sie einsahen, daß sein Leben nicht wohlfeiler zu retten stehe, fiel das Gutachten dahin aus, daß man aus zwey Uebeln das kleinste wählen müsse. Dies Bescheid ward dem alten Weibe unverhalten; das dem heiligen Manne die künftige Nacht Besserung versprach. Um Mitternacht befand sich der Bischof wieder so gesund, wie ein Fisch, und da er einen Bedienten hinschickte, sich nach dem Befinden des Mädchens zu erkundigen, befand sichs, daß sie eben an der Seite ihrer Mutter, plötzlich und heftig krank geworden sey. Da war also eine Hexe wider die andere, und ein Teufel wider den andern. Der gute Bischof wollte die Patientin aus frommen Mitleiden besuchen, ward aber mit den schrecklichsten Verwünschungen empfangen, und so gab die Unglückliche ihren Geist von sich. Man hüte sich aber, die Dispensation des heil. Vaters zu misbrauchen, sie galt nur für einen und nicht für alle. Die Contrahexen giessen Bley in eine Schüssel mit Wasser, findet sich sodann die verlangte menschenähnliche Figur, so nimt die kluge Frau oder der kluge Mann ein Messer, und sticht oder schneidet das Bild in derjenigen Gegend, wo es die anthuende

K 3 Hexe

Hexe haben soll, und diese hat gleich darauf an demjenigen Gliede, worauf es gezielt war, so heftige Schmerzen, daß sie nicht mehr verborgen und unbekannt bleiben kann. (Der Verfasser erzählt hievon Beyspiele.) Es giebt siebenerley Metalle, (erklärt uns hier ein kluger Mann oder Entzauberer) und eben so viel Planeten, Saturn steht dem Bley vor, seine Eigenschaft ist, daß, wenn Bley über einen durch Bezauberung entstandenen Schaden gegossen wird, er durch seinen Einfluß die Zauberey anzeige. Diese Methode ist keine eigentliche Zauberey, sondern Aberglaube, und (nach des Verfassers Dafürhalten) untadelhaft, wenn, wie hier, die Entzauberung durch Gottes Hülfe und den Einfluß der Planeten geschieht. Aehnliche Mittel haben viele Weiber, die Hexe zu entdecken, die mit dem Teufel nichts zu thun haben, wenn sie z. E. eine behexte Kuh auf die Weide lassen, und die Hexe auskundschaften wollen; so hängen sie des Mannes Beinkleider oder sonst was schmutziges der Kuh auf die Hörner oder auf den Rücken, besonders an Sonn- und Festtagen, und treiben sodann die Kuh mit einem Stocke fort Diese geht nun gerades weges nach dem Hause der Zauberin, stößt mit den Hörnern unaufhörlich an die Thür und blöcket dabey beständig weg. So ganz erlaubt sind indessen dergleichen Mittelchen eben nicht, weil der Teufel sein Spiel mit unter haben könnte. Sicherer sind die Mittel der Kirche, Weihwasser, geweihetes Salz u. dgl. Wenn andern ein Stück Vieh crepirt ist, und sie zu wissen wünschen, ob es an einer natürlichen Krankheit, oder durch Zauberey geschehen sey, und im letzten Falle den Thäter herausbaben wollen; so gehen sie auf den Schindanger, schleppen das Eingeweide des abgedeckten Thiers hinter sich her bis ins Haus, jedoch nicht über die Thürschwelle, sondern unter derselben her, legen's dann auf einen Rost und bratens, und so wie diese Calbaunen anfangen zu braten,

braten; so fangen der Hexe die Gedärme im Leibe an zu schmerzen. Man muß während der Zeit das Haus wohl verschlossen halten, damit die Hexe nicht hinein kann, denn sonst kommt sie unter dem Vorwande, ein wenig Feuer zu hohlen, und wenn sie eine einzige Kohle erwischt, so hört ihr Elend auf. Uns sind Beyspiele bekannt, wo sie nicht in's Haus konnten, und da machten sie ein so gräuliches Spektakul ums Haus herum, als wenn's hätte einstürzen wollen, so daß die Leute aus Angst die Thür öfnen mußten.

⁕⁕⁕⁕⁕⁕⁕⁕⁕⁕⁕⁕⁕⁕⁕⁕⁕⁕⁕⁕⁕⁕⁕⁕⁕

Erstes Capitel.

Geistliches Mittel wider die Teufel in menschlicher, weiblicher oder männlicher Gestalt, die mit den Menschen Hurerey treiben.

So wie die Hexen auch unschuldigen Personen Krankheiten an den Hals hexen können, eben so können sie auch ehrbaren Jungfern Hurenteufel zuweisen. Exempla illustrant rem. Ein armer Mann zu N. war dergestalt bezaubert, daß er im Beyseyn seiner Frau dreymal Coitum prästirte, ohnerachtet diese keine Nebenbuhlerin sahe. Der Mann trieb dies so stark, daß er ganz von Kräften kam, und da man ihn fragte, wie das zugehe? ob er denn keine Buhle sehe? gab er zur Antwort: er sehe zwar nichts, aber es sey ihm so angethan, daß er's nicht lassen könne. Man hatte ein gewisses Weib in Verdacht, daß es ihm diese Possen gespielt habe, das ihm, da er ihr eine Gefälligkeit abgeschlagen, gedrohet hätte, es solle bald mit ihm aus seyn. Aber da waren keine Gesetze und keine Richter, die auf dergleichen starken Verdacht geachtet hätten, man wollte eigenes Geständniß oder wenigstens drey

Zeugen haben, das Weib zu überführen. Wie schwer es sey, das andere Geschlecht von den Hurenteufeln zu befreyen, zeigt uns Thomas der Brabander am Ende seines Buchs de apibus. Ich habe, spricht er, ein junges Nönnchen gekannt und selbst Veichte gehört. Diese Unglückliche sagte mir, daß sie niemals in den Beyschlaf gewilligt habe, dies setzte voraus, daß sie keine reine Jungfer mehr sey. Ich drang sehr in sie, so lieb ihr ihre Seligkeit sey, rein heraus zu beichten, wie es in diesem Punkte um sie stehe? Sie gestand mir endlich, daß sie einen Hurenteufel habe, mit dem sie 375 Unzucht treibe, und so hertzlich sie sich auch bekehrte, und darnach rang, seiner los zu werden, so ließ er doch nicht von ihr, selbst das Zeichen des heil. Creuzes, das Weihwasser und das Abendmal blieben hier fruchtlos, bis sie, erst nach vielen Jahren, durch Gebet und Fasten der heil. Lucardis von ihm befreyet ward. Meiner unmaßgeblichen Meynung nach gereichte ihr der Beyschlaf des Teufels nach ihrer Bekehrung eher zur Strafe, als zur Sünde. Eine andere, aber recht fromme Nonne, Christina, hat mir nachher erzählt, dies arme Schaf habe sie um Pfingsten besucht, und ihr geklagt, daß sie um der beständigen Verfolgung des Teufels willen nicht zum Abendmal gehen könne. Geh, sprach Christine, schlaf deswegen ruhig und nim Morgen das heil. Abendmal, ich nehme deine Strafe über mich. Sie thats mit Freuden, schlief ruhig und gieng des andern Tages zum Abendmal. Als sich Christina aber des Abends niederlegen wollte; hörte sie ein Getöse, wie ein schrecklicher Sturmwind. Noch dachte sie nicht an den Teufel, wollte die Sache untersuchen, legte sich wieder nieder, stand zum zweyten male erschreckt und blaß auf. Endlich roch sie den Braten, der Teufel hatte ihr Bettstroh um und um gewühlt, sie blieb also auf und wachend,

wollte

wollte beten, aber der Teufel ließ es ihr nicht zu, und nie, sagte sie mir, hätte sie dergleichen gefühlt. Sie nahm des andern Morgens ihr Wort zurück, und ließ ihrer Freundin den verliebten Teufel. Die Beichte, 376 das Zeichen des heil. Creuzes, der englische Gruß, den Gebrauch des Exorcismi, die Veränderung des Orts, und dergleichen mehr, sind zwar Mittel, die bisweilen, aber nicht allzeit helfen. Oft haben sich die Buhlteufel durch ein Vaterunser, Weihwasser oder auch durch den englischen Gruß verjagen lassen, aber immer sind sie nicht bey so gefälliger Laune. Man 377 sagt auch, daß die Buh'teufel solchen Mädchen und Weibern, die schöne Haare haben, am meisten nach= stellen, muthmaßlich weil sie eitel sind und durch ihre Haare die Mannspersonen anzulocken suchen. In Aquitanien ward eine Frau von einem solchen Unzuchts= teufel sechs Jahr lang auf das schändlichste gemiß= braucht. Der heil. Bernhardus wollte dies Haus be= suchen, der Teufel bedrohete aber seine Buhle, diesem Heiligen bey Leibe nicht zu nahe zu kommen, falls sie es aber thun würde, wollte er den bisherigen Liebhaber in ihren ärgsten Verfolger verwandeln. Sie thats aber doch, und bat den Heiligen um Hülfe. Nim meinen Stock, sprach Bernhard, leg ihn in dein Bett, und laß dann den Teufel machen, was er will. Kaum 37 hatte sie es gethan, als der Teufel nicht mehr in ihr Schlafgemach kommen konnte, aber draussen vor der Thür polterte er mächtiglich, und drohete Rache, wenn Bernhardus erst weg seyn würde. Der Heilige versammelte darauf eine Menge Volks mit geweihten und brennenden Kerzen in der Hand, excommunicirte den Teufel, und verboth ihm, diese und jene andere Frauensperson je wieder zu berühren, und damit hatte seine Macht ein Ende. Die Macht der Schlüßel des Himmelreichs ist groß und da man durch Excommuni= 379
cation

cation wohl eher ganze Heere von Heuschrecken vertrieben hat, warum nicht auch die Teufel? Wollen also alle obbenannte Mittel nicht helfen; so nehme man seine Zuflucht zu den Exorcismen, und bleiben diese auch fruchtlos; so ertrage man das Uebel mit Gedult. Viele Weiber bilden sich den Beyschlaf mit dem Teufel nur ein. Man findet auch nie, daß sie von solchem Beyschlafe schwanger werden, sagt Wilhelm von Paris, und wenn sie auch hohen Leibes werden, so gebähren sie zuletzt doch nur Wind. *)

Zweytes Capitel.

Mittel für diejenigen, die in Rücksicht auf ihr Zeugungsvermögen behext sind.

Ohnerachtet weit mehr Weiber dem Laster der Zauberey ergeben sind, als Männer, so werden doch weit mehr Männer bezaubert, als Weiber, besonders in puncto vis generativae, und das hat seine guten Ursachen. Man denke nur zurück, daß der Fall der ersten Aeltern Geilheit war, und eben deswegen läßt Gott dem Teufel so viele Macht zu, sich an die partes genitales zu machen, besonders beym männlichen Geschlechte. (Die Art, wie es geschieht, ist schon da gewesen.) Es giebt fünferley Arten solcher Bezauberung, und wenn jemand merkt, daß es in puncto puncti nicht richtig ist; so muß er Acht geben, unter welche Classe er zu rangiren sey.

Erste Classe. Wenn es an beyden Seiten nicht an gutem Willen mangelt, und es will doch

---

* Aber doch auch Elben, Würmer, Kröten, Frösche, Mäuse u. s. w. Sprenger vergißt sich bisweilen, — doch das hat nichts zu sagen.

doch nicht; so ist cörperliche Dazwischenkunft des Teufels da.

Zweyte Classe. Wenn jemand gegen andre, nicht aber gegen seine eigene Frau potent ist. Kann er seine Frau gut ausstehen, und bleibt doch in Absicht ihrer impotent, so bleibt er in dieser Classe; kann er sie aber nicht leiden, und ist in Rücksicht auf sie impotent; so ran-

Dritte Classe. girt er in die zweite und dritte Classe.

Vierte Classe. Wenn er seine Frau liebt, wollt' auch gern, aber es fehlt Vigor (erectio) membri.

Fünfte Classe. Ist Vigor auch da, und es fehlt Decisio seminis, so ist das die fünfte Classe.

Hier ist hauptsächlich von Eheleuten die Rede, und wird eins davon auf diese Art bezaubert, so ist es ein Zeichen, daß sie entweder beyde oder doch eins von beyden ausser der Gnade leben. Solche Unglücklichen muß man ermahnen, daß sie mit zerknirschten Herzen und Demuth Gott und ihrem Beichtvater ihre Sünden haarklein bekennen, tüchtig heulen; reichlich Almosen austheilen, und sich mit Gott wieder durch häufiges Beten versöhnen. Für diese fünffältige Bezauberung giebt es auch fünferley geistliche Mittel, 1) Wahlfahrten, und ist man an den Ort der Bestimmung gekommen, bußfertige Beichte. 2) Das Zeichen des heil. Creuzes. 3) Das Gebet. 4) Erlaubter Bannspruch, und 5) vorsichtiges Bestreben, der Zauberey los zu werden, wies jener Graf machte.

Drittes Capitel.

Mittel für solche, die durch Bezauberung ausserordentliche Liebe für, oder einen ausserordentlichen Haß wider eine Person gefaßt haben.

Eine unordentliche Liebe, wo ein Mensch seiner Vernunft nicht mehr Herr bleibt, entsteht aus einer dreyfachen Quelle; theils wenn man nicht über seine Augen wacht, theils aus einer Versuchung des Teufels, und endlich aus Zauberey, welche Nigromantisten, Hexen und Teufel zugleich zu Urhebern hat. Jac. 1, 13=15. (Daß diese Stelle gerade das Gegentheil beweist, ist meine Schuld nicht.) Als Sichem die Dina, da sie herausgieng, die Töchter des Landes zu sehen, sah, nahm er sie, beschlief und schwächte sie; sein Herz hieng an ihr, und er hatte die Dirne lieb. 1 Mos. 34, 1. 2. Die Glosse sagt, daß seine Seele krank gewesen sey. Eben so gieng es dem Amnon, der sich in seine Schwester Thamar verliebte. Ohne die Versuchung des Teufels wär' er wol nie so tief gefallen. Die Biographien der heil. Väter besagen, daß sie in ihren Einsiedeleyen unglaublich vom Teufel zur Liebe zum schönen Geschlecht wären gereizt worden. Der Pfahl, den Paulus in seinem Fleische fühlte, war eben dieselbe Leidenschaft, von des Satans Engel angefacht, diese Lust ist aber an sich keine Sünde, sondern nur eine Gelegenheit, seine Tugend zu üben; Sünde wird sie nur erst dann, wenn man sie zu befriedigen sucht. Daß eine solche unbezwingbare Liebe vom Teufel herrühre, und wahre Bezauberung sey, ist im ersten Theile bewiesen. Die Großen dieser Welt, die vornehmsten Geistlichen und andere reiche Leute sind diesem Unglück am meisten ausgesetzt

setzt *). Was hilft es, Mittel wider dies Uebel bekannt zu machen, da niemand sie brauchen will? Wider die natürliche Buhlsucht (philocaptio) die nicht aus Zauberey entsteht, giebt Avicenna 7 Mittel an, z. E. verliebt sich ein Unverehlichter in eine Unverheurathete, oder umgekehrt; so ist das beste Mittel: laßt sie sich heurathen! oder man curire sie durch medicinische Mittel, lasse sie sich casteyen u. s. w. Moralische Mittel. Sie müssen dem Gesetze mehr gehorchen, als dem Naturtriebe, (erst können und dann gehorchen,) man stelle ihnen die Kürze der Fleischeslust vor **) bediene sich der Exorcismen, rufe den heil. Schutzengel und die Jungfrau Maria täglich an, und so wird's wohl besser werden. Ein mannbares, hübsches, wohlerzogenes Mädchen in einer Landstadt im Constanzischen hatte einem Geistlichen von schlechten Sitten unglücklicherweise eine heftige Liebe eingeflößt. Er suchte sie durch glatte Worte in das Netz des Teufels zu fangen, das Mädchen antwortete ihm aber: auf den Fuß darf mir Ew. Hochwürden nie wieder kommen, sonst lasse ich sie zum Hause heraus werfen. O, gab der geile Bock zur Antwort, wenn sie mich in der Güte nicht lieben will, so will ich schon mit Gewalt Rath schaffen. Dieser Mann hatte einen starken Verdacht der Zauberey auf sich geladen. Das Mädchen schlug seine Drohungen in den Wind, und fühlte damals nicht einen Funken fleischlicher Liebe für ihn, aber sie fand sich bald ein. Sie sprach darauf die heil. Jungfrau um Fürbitte bey ihrem Sohne an, und that zu dem Ende eine Wallfarth nach einer ihr geheiligten Einsiedeley

in

* Und wartet des Leibes, doch also, daß er nicht geil werde.

** Dieser Maxime bediente sich einer meiner Lehrer in N. N. Est breve gaudium, sprach er zu uns, wenn's lange währt, so währt's ein Pater noster lang.

in ehrbarer Gesellschaft, beichtete daselbst ihre Sünde alles Ernstes, und ward glücklicherweise entzaubert.

391 Den Kaltsinn in der Liebe bewirken die Zauberer durch Schlangen, deren sie sich überhaupt bey Hexereyen dieser Art fleissig bedienen, weil sich der Teufel gleich Anfangs einer Schlange bediente. Zu dem Ende vergraben die Hexen die Haut oder den Kopf einer Schlangen unter die Thürschwelle des Hauses, oder des Zimmers dessen, dem sie anwollen, deswegen man wohl thut, alle Winkel seiner Wohnung sorgfältig zu durchsuchen. Die Bezauberten können selbst die geistlichen Segensprüche wider die Bezauberungen sprechen, falls sie aber nicht lesen können; so ist es schon genug, wenn sie solche an den Hals hängen und immer mit sich herumtragen.

+·+·+·+·+·+·+·+·+·+·+·+·+·+·+·+·+·

Viertes Capitel.

Mittel für solche Mannspersonen, die das Membrum virile durch zauberische Künste verlohren haben, und für Menschen, die in Thiergestalten verwandelt sind.

392 Das erste Uebel ist, wie mehrmals gesagt worden, nur ein Scheinübel des Leibers, die Sinne des Sehens und Fühlens betrügen ihn dergestalt, daß er glaubt, ihm fehle etwas, das doch noch wirklich da ist, ob er sich gleich nicht davon überzeugen kann. Die Mittel haben wir gelegentlich schon angezeigt, der Unglückliche muß sich nämlich Mühe geben, die Hexe durch gute Worte u. s. w. dahin zu vermögen, daß sie ihm wieder zurecht helfe *).

Ueber

---

* Das heißt ja aber Zauberey durch Zauberey vertreiben? mendacem oportet esse memorem.

Ueber die Verwandlungen in Thiergestalten müssen wir noch bemerken: daß diese Bosheit von den Hexen in den Morgenländern häufiger an unschuldigen Personen pflege ausgeübt zu werden, als in den Abendländern, sich selbst aber verwandeln die Hexen in den Abendländern häufiger in Thiergestalten, als in den Morgenländern. Das beste Mittel in diesem Falle bleibt immer das Ausrotten des Zaubergesindels, wie im dritten Theile dieses Werks gezeigt werden soll. Wie man's in dem Falle in den Morgenländern halte, haben wir aus einer wahrhaften Nachricht von den Maltheserrittern erfahren, besonders aus einem Vorfalle, der sich in Cypern zugetragen hat, der folgender ist. Ein Kauffarthenschiff wollte aus einem Cyperschen Hafen abfahren, und der Schiffer befahl seinen Passagiren, sich mit Lebensmitteln für die Reise zu versorgen. Ein junger, robuster, fremder Mann gieng in ein nicht weit von da, am Gestade liegendes Haus, und fragte nach, ob da keine Eyer zu verkaufen wären? Die Hausfrau merkte, daß der junge Mensch ein Fremder sey, und dachte: nach dem wird niemand fragen. Wart' er nur ein wenig, sprach sie, er soll alles haben, was er verlangt. Der junge Mensch trieb sie an, fort zu machen, damit das Schiff nicht unter Segel gehe, sie brachte ihm die verlangten Eyer, und sagte ihm, daß er nur wieder zu ihr kommen mögte, falls das Schiff schon abgesegelt seyn sollte. Er lief, um zu Schiffe zu gehen, und da die Equipage noch nicht zusammen war; so speiste er erst einige Eyer am Ufer, um sich zu erquicken. Kaum hatte er sie eine Stunde im Leibe, als er nicht wußte, was ihm geschehe, es war ihm, als wenn mit allen seinen Gliedmassen eine Veränderung vorgegangen sey. Er wollte sich aufs Schiff begeben, aber aller Prügel scheuchten ihn zurück, und jeder schrie: was
will

394 will der Esel im Schiffe? Es wurmte ihn, daß ihn das Weib wohl gar mögte behert haben, besonders da er gar kein Wort herausbringen konnte, ohnerachtet er alles recht wohl verstand, was gesprochen ward. Nothgedrungen mußt' er das Schiff abfahren sehen, zurückbleiben, und zu der alten Hexe wieder zurückkehren, der er, um nicht zu verhungern, drey Jahre lang als Lastthier dienen mußte. Dies wird freylich manchem sonderbar vorkommen, er kann sich aber beym h. Augustinus (d. Civ. L. 18. C. 17,) Raths erhohlen, wo erzählt wird: wie gewisse Huren ihre Kunden in Lastthiere verwandelten, und Prästantius selbst ein Müllerthier gewesen sey.

Fünftes Capitel.

Mittel für solche, welche durch Bezauberung besessen sind.

Bald widerfährt dies Unglück den Menschen, um ihrer eigenen, bald um anderer geringen Sünden oder schweren Verbrechen willen. Hat jemand z. E. den Teufel um einer Todtsünde willen im Leibe; so sind ihm die Exorcismen der Kirche, wahre Busse und aufrichtige Beichte zu empfehlen. Ueber diese Mittel sind auch folgende kräftig, der Gebrauch des heil. Abendmals, das Besuchen der heiligen Oerter, die Fürbitten der Gläubigen, und das Aufheben des Banns, (der Gründe hat der Verfasser viele, warum man den Besessenen das Abendmal nicht verweigern dürfe, 398 und beweist aus dem Carthagischen Concilio, daß man sie durch Auflegung der Hände, und gewaltsames Eingeben des Abendmals, et infundatur ori ejus Eucharistia, zu beruhigen suchen müsse.) Den Löseschlüssel braucht

braucht man alsdann, wenn einer, den die Kirche ausgestossen und gewissermassen dem Satan übergeben hatte, in diesem Zustande besessen wird. Dem Apostel Paulo war eine so grosse Macht verliehen, daß er mit einem Worte jemand dem Satan übergeben konnte, z.E. den Blutschänder, 1 Cor. 5. und die falschen Lehrer Hymenäus, und Alexander 1 Tim. 1. Dies ist demjenigen Menschen, der so scharfer Mittel bedarf, höchst heilsam, er wird nicht dem Teufel als ein Verdammter, sondern als ein Züchtling übergeben, und die Kirche behält immer die Macht in Händen, dem Teufel den Braten so bald wieder aus den Klauen zu reissen, als es ihr beliebt. Indessen haben die Exorcisten Ursache, sich vor allen verdächtigen und abergläubischen Mitteln zu hüten. Es frägt sich aber: ob denn auch gewisse ungeweihte Kräuter und Steine mit hierunter gezählt werden können? Antwort: sind sie geweiht, desto besser! ist dies aber nicht, z. E. das Kraut Teufelflieh und gewisse Steinarten; so hüte sich der Exorcist, diesen Dingen an sich die Kraft, den Teufel zu vertreiben, zuzuschreiben, und in so weit mag er sie anwenden, ohne sich des Aberglaubens schuldig zu machen. Uebrigens versichert Thomas von Aquin: daß die Teufel durch cörperliche Dinge nicht zu bändigen sind, und das sagt ja auch Gott selbst, Hiob 40, 20. 21. Kannst du den Leviathan *) ziehen mit dem Hamen, und seine Zunge mit dem Strick fassen? Kannst du ihm einen Angel in die Nase legen, und mit einer Stachel ihm die Backen durchbohren? Ist indessen jemand nicht gerade zu vom Teufel besessen, so mag man wohl dergleichen cörperliche Mittel anwenden, wie David

---

*) Leviathan ist nach der Auslegung der heil. Christ-Catholischen Kirche, der Teufel; es dürfte aber jetzt diese Erklärung ausgedient haben.

vid die Harfe wider den bösen Geist Sauls, und Tóbias die Fischleber. Ueberhaupt ist dem Teufel jeder Rauch zuwider, man brenne nun auch für Holz, welches man wolle.

Sechstes Capitel.

404

Mittel wider allerhand Krankheiten, die aus Bezauberung entstehen, und Anweisung, wie die Bezauberten exorcisirt werden müssen.

405 Da der Exorcismus oft als ein Hauptmittel bey solchen Gelegenheiten genannt wird; so verdienen drey Hauptsätze in Rücksicht auf ihn hier wohl erwogen zu werden. 1) Ob ein Laye, der kein berufner und verordneter Exorcist ist, auch Teufel und Bezauberungen beschwöhren könne? 2) Was ist zu thun, wenn die Gesundheit durch das Exorcisiren nicht wieder hergestellt wird? 3) Von andern Mitteln, die nicht blos in Worten bestehen. Thomas von Aquin ist nach der ersten Frage der Meynung, daß auch sonst fromme Leute, ohnerachtet ihnen von der Kirche das Amt eines Exorcisten nicht aufgetragen sey, exorcisiren können, wenn ihnen diese Gabe aus Gnaden ausser der Ordnung mitgetheilt sey, da sie wohl Krankheiten dieser Art auch 406 ohne eigentliche Beschwöhrung vertreiben können. Ein gewisser Mann hatte einen Schaden am Fuße, den die Aerzte für Bezauberung und für sie für unheilbar ausgaben. Er bat deswegen ein frommes, armes Mädchen, ihm seinen Fuß zu besegensprechen, es that es, brummte das Vater Unser und Credo leise her, machte einige Zeichen des Creuzes über die Stelle, und der Fuß war hergestellt. Jesus ertheilte seinen Aposteln samt

samt und sonders die Macht mit, Teufel auszutreiben, durch Händeauflegen die Kranken wieder gesund zu machen u. s. w. mit der Zeit machten's die Priester nach, und man findet von Alters her in der Kirche auf jeden Fall Exorcismen, den ein Mensch thun und leiden kann. Man kann also wohl fromme Layen zulassen, wenn nur dahin gesehen wird, daß sich keine abergläubische Dinge mit einmischen. Aberglaube ist es aber, wenn 408 man z. E. bey den Seelenmessen Hymnen mit einmischt, das abzusingende Symbolum in der Messe abkürzt, oder diese auf der Orgel und nicht auf dem Chore lesen wollte. Soll das Segensprechen eines Layen wirksam seyn und erlaubt; so muß es eine Beschwöhrung seyn, und durch die Kraft des göttlichen Namens und der Werke Christi geschehen, die von seiner Geburt, aus seinem Leiden und kostbahren Tode herstammen u. s. w. und die Formeln dürfen nichts enthalten, daß einem offenbaren oder stillschweigenden Anrufen der Teufel auf irgend 409 eine Art ähnlich sieht. Auch hüte man sich vor fremden, unbekannten Wörtern und Formeln, denn sie könnten leicht etwas abergläubisches enthalten, sagt Chrysostomus. Es dürfen auch die Formeln nichts Falsches enthalten, wenn sie ihre Absicht nicht verfehlen sollen, denn Gott kann kein Zeuge der Falschheit seyn. Eitele Possen und Charactere dürfen auch nicht mit unterlaufen, ausser dem Character des Creuzes.

In Salzburg war ein Beschwöhrer, der eine 411 große Grube graben ließ, und sich anheischig machte, alle Schlangen in dem Umkreise von einer Meile wolle er zwingen, sich in diese Grube zu stürzen und sie in derselben zu tödten. Dies geschah, bis zuletzt eine ungeheure große Schlange kam, die keine Lust zu haben schien, den übrigen zu folgen. Weil der Beschwöhrer aber mit seinem Beschwöhren nicht nachlassen wollte; so sprang sie mit einem Satze herüber, wickelte sich ihm

um

um den Leib, zog ihn mit sich in die Grube, und brachte ihn um. Dergleichen Künste sind abergläubisch und also unerlaubt, wohin auch gehört, wenn Leute das Evangelium an den Hals gebunden tragen, da es doch eigentlich in's Herz gehört, wie viele heilige Väter dafür gehalten haben *).

414 Bey dem Exorcisiren ist zu bemerken: daß nicht der besitzende Teufel, sondern der besessene Mensch exorcisirt und dann dem Teufel befohlen werde, das Nest zu räumen. Folgende Formel des Exorcismus bey Kranken verdient also Empfehlung: „ich beschwöhre „dich Peter (oder dich Barbara) der (die) du krank, „aber durch die heilige Taufe wiedergebohren bist, „dich beschwöhre ich durch den lebendigen Gott, durch „den wahren Gott, durch den heiligen Gott, durch „den Gott, der dich durch sein kostbahres Blut „erlöset hat, daß du ein beschwohrner Mensch werdest, „damit dich fliehe und von dir weiche alle Phantasie „und Bosheit teuflischen Betruges und jeder unreine „Geist, der da beschwohren ist durch denjenigen, der „da kommen wird, zu richten die Lebendigen und 415 „die Todten und die Welt durch Feuer. Amen." (Die hierhin gehörige Gebete lasse ich weg.) Doch ein Kraftsprüchlein, das dem Teufel an's Herz gelegt wird, kann ich nicht ganz übergehen. Höre also, verfluchter Teufel! dein Urtheil; gib dem lebendigen und wahren Gotte die Ehre, und dem Herrn Jesu Christo, und weiche von diesem Knechte mit deinem Gemächte, (cum tua factura) den unser Herr Jesus Christus mit seinem kostbahren Blute erkauft hat. (Und so werd' er ein-zwey- bis dreymal beschwohren und über ihn gebe- 416 tet u. s. w.) Dabey spahre man kein Weihwasser, nicht als wenn es keine noch kräftigere Mittel gäbe, sondern um

*) Und doch läßt der Verfasser zu Ende des dritten Capitels die Leute geistliche Segenssprüche am Halse tragen.

um der einmal eingeführten Methode treu zu bleiben. Zuförderst muß der zu Beschwöhrende seine Sünde genau beichten, und dann suche man in allen Winkeln des Hauses, in Bettsponden und unter der Thürschwelle sorgfältig nach, ob sich da auch Zaubersachen befinden, lasse den Exorcisirenden eine andere Wohnung beziehen, und hilft das alles nicht; so lasse man ihn des Morgens an Fest- und Marientagen fein in die Kirche gehen, eine geweihte Kerze sitzend oder kniend recht vest in die Hand nehmen, die Umstehenden für ihn beten und ihn die Litaney anfangen: Adjutorium nostrum in nomine Domini rc, darauf antworten, besprenge ihn mit Weihwasser, hänge ihm die Stola an den Hals u. s. w. Dergleichen Exorcismen können wöchentlich dreymal wiederhohlt werden, damit durch wiederholtes Anhalten die Gesundheit desto gewisser wieder erhalten werde. Vor allen Dingen muß der zu Beschwöhrende vorher das h. Abendmal genießen und bey der Beichte gebe der Beichtvater wohl Acht: ob er auch etwa excommunicirt sey. Kann der Exorciste lesen, hat aber die Ordines des Exorcistats nicht; so lese er zuerst die Evangelia der vier Evangelisten, das Evangelium: und im 6ten Monath ward der Engel Gabriel gesandt rc. und die Passion, welche sämtlich eine große Kraft haben, den Teufel zu vertreiben. Im Anfange war das Wort, wird auf einen Zettel geschrieben, dem Patienten an den Hals gehängt, und so erwarte man die Gnade der Genesung von Gott.*) Ist die Anfechtung des Teufels äußerlich; so dient das Weihwasser, ist es aber eine innerliche Besitzung; so bedient man sich der Exorcismen dawider, nach dem Dafürhalten des heil. Thomas. Diese letzte Art von Preßhaften heißt deswegen auch Energumeni, von intra und geron. (Arbeit).

417

418

Aber

---

*) Was sagen aber die Kirchenväter dazu?

Aber was ist zu thun, wenn weder Weihwasser noch Exorcismen hilft? Dies kann aus verschiedenen Ursachen geschehen, als um des Unglaubens der Anwesenden, und gewisser Sünden willen, die die Bezauberung unterhalten, oder wenn die dienlichen Mittel versäumt werden, der Exorcist einen Fehler am Glauben

419 hat u. s. w. Matth. 17. Marc. 9. Ist jemand vor der Taufe nicht gehörig exorcisirt, so ist das ein schlimmer Umstand, denn über ihn behält der

420 Teufel immer eine größere Gewalt. Sollte dennach bey der Taufe der Bezauberten ein Fehler begangen und etwas vergessen seyn; so dürfte meiner Meinung nach, die Taufe allerdings wiederhohlt und das Versäumte nachgehohlt werden. Dies soll besonders den Nachtwanderern große Erleichterung verschaffen, bey denen die bösen Geister gleichfalls ihr Wesen haben. Ein

421 Nachtwanderer fällt aus der Höhe, wohin er geklettert war, herunter, wenn er bey seinem Namen gerufen wird, vielleicht ward ihm dieser Name in der Taufe nicht gehörig beygelegt. Uebrigens sind natürliche Mittel wider die Bezauberung allerdings zuzulassen, in so weit sie als natürliche Mittel wirken, nicht aber, um Aberglauben damit zu treiben.

426 Siebentes Capitel.

Mittel wider Hagelschlag und beym bezauberten Vieh zu gebrauchen.

427 Zuförderst müssen wir einiger abergläubischer, unerlaubter Mittel gedenken, die bisweilen von einigen gebraucht werden. So bedienen sich z. E. viele abergläubischer Zauberformeln und Lieder wider den Wurm am Finger, und andere besprengen das bezauberte Vieh

Vieh nicht mit Weihwasser, sondern sprützen es mit dem Munde darüber. Worte als Worte haben keine Kraft, und wenn die Exorcismen kräftig sind; so sind sie es nicht als Worte, sondern aus göttlicher Einsetzung und Kraft des Bundes mit Gott. Unerlaubt ist 428 auch das Mittel, dessen sich die Weiber hin und wieder in Schwaben bedienen. Sie gehen nämlich am ersten May vor Sonnenaufgang in den Wald, schneiden sich von Weiden oder andern Bäumen Zweige, beugen sie in Gestalt eines Cirkels zusammen, hängen sie bey dem Eingange in den Kuhstall auf, und versichern, daß nun das Vieh das ganze Jahr hindurch nicht bezaubert werden könne. Unerlaubt ist, sag' ich, dies Mittel. Ein andres wär' es, wenn solche Leute, es sey am ersten oder zweyten May, ohne sich um Sonnenaufgang oder Untergang zu bekümmern, hinausgiengen, Kräuter und Zweige zu sammlen, unter Herbetung des Vaterunsers und des apostolischen Glaubens, solche an die Stallthür aufhingen, und die Wirkung Gott anbeföhlen. Eben so erlaubt ist es auch, wenn's aus Frömmigkeit geschieht, daß man in die Weinberge oder Fruchtfelder am Palmsonntage geweihte Zweige, Blumen und Creuze steckt, um sie vor den Hexenwettern zu beschützen, oder die am Sonntage gemelkte Milch ganz den Armen giebt, damit einem die Hexen am Milchwerke keinen Schaden 429 thun können; nur muß man zu gleicher Zeit den Schutz Gottes durch das Gebet erflehen. Nach dem Nider ist es auch erlaubt, krankes Vieh und kranke Leute durch geschriebene Zauberlieder *) oder Sprüche

L 4 aus

---

*) Der Herr Professor Elias Caspar Reichard theilt uns in seiner Fortsetzung der Hauberschen Bibl. Magics S. 146. ein altes Zauberlied wider das Quartanfieber mit, aber auch ein paar Persiflagen damaliger Leichtgläubigkeit. Ein

gewisser

aus der Bibel zu segnen. Er will von gottesfürchtigen Personen, besonders von Jungfern gesehen haben, daß die Bezauberung aufhörte, so bald sie über eine behexte Kuh dreymal das Creuz machten, und eben so oft das Vaterunser und das Ave darüber sprachen. Wenn die Hexen einer Kuh zu Leibe wollen; so suchen sie nur einiger Milch oder Butter von ihr habhaft zu
430 werden, vermittelst welcher sie ihre Künste ausüben. Nider warnt deswegen die Hausmütter, solchen verdächtigen Personen dergleichen gar nicht zu geben oder zu leihen. Andre Weiber nehmen, wenn sie beym Buttern keine Butter bekommen können, drey einzelne Bissen Butter, werfen sie im Namen der h. Dreyfaltigkeit in's Butterfaß, und dann hat alle Bezauberung ein Ende. Geweihtes Salz und Weihwasser soll indessen bey solchen Fällen noch immer das sicherste Mittel bleiben, ohnerachtet Nider sich die ganze Rockenphilosophie gefallen läßt.
431 Wenn ein Hagelwetter durch Zauberey entstanden ist; so darf man nur, unter Anrufung der h. Dreyfaltigkeit drey solcher Schloßen in's Feuer werfen, das Vaterunser und den englischen Gruß zwey bis dreymal hersagen, wie auch aus Joh. 1. im Anfang war das Wort ꝛc. und das Wort ward Fleisch ꝛc. man macht bald hinter sich, bald vor sich Zeichen des Creuzes, und das Wetter hört auf. Eine gewisse Hexe ward

gewisser Kuhhirte gab Amulete für's kalte Fieber aus, verboth dem Patienten, diese Zettel aufzuwickeln. Einer wagte es indessen, und fand das herrliche Recept:

Der schielende Welten heiß ich,
Sechs Groschen krieg ich, das weiß ich.
Ein Zippelpelz und ein Filzhut
Sind im Winter fürs Kalte gut.

Ein andrer gab einem Soldaten, der sich gern vest machen wollte, einen ähnlichen Zettel, als ein Anhängsel, dessen ganzer Zauberinhalt dieser war: Holunke, wehre dich! Beyde Amulete sind probat.

warb vom Richter befragt: ob man denn kein Mittel habe, dergleichen Wetter zu vertreiben, das die Zauberer erregt hätten? O ja! war die Antwort, man darf nur folgende Formel gebrauchen: Ich beschwöre euch, ihr Schloßen und Winde durch die fünf Wunden Christi, durch die drey Nägel, die seine Hände und Füße durchbohrten, und durch die vier Evangelisten Matthäus, Marcus, Lucas und Johannes, daß ihr euch in Wasser auflöset, und so herunterfallet. Andre Hexen haben noch andre Mittel empfohlen, besonders eine scharfe Justiz wider alles Zaubergesindel u. s. w.

Achtes Capitel.
Gewisse Mittel wider einige verborgene Anfechtungen der Teufel.

Auf die Frage: ob es recht sey, unvernünftige Creaturen zu beschwören, wird mit Ja geantwortet, jedoch geschieht dies mit einem Seitenblicke auf den Teufel, der sich solcher unvernünftigen Geschöpfe zu unserm Nachtheile bedient. Es giebt noch eine andre, schreckliche Zulassung Gottes über die Menschen, wo nämlich die Teufel bisweilen den Weibern ihre eigene Kinder wegnehmen, und andere unterschieben, die man in Deutschland Wechselkinder *) (Kielkröpfe) nennt, und drey-

---

*) Luther in seinen Tischreden, glaubte auch noch an diese Posse: „Wechselbälge und Kielkröpfe sagt er, legt der „Satan an der rechten Kinder stat, damit die Leute geplagt „werden. Etliche Mägde reisset er oftmals ins Wasser, „schwängert sie, und behält sie bey ihm, bis sie des Kindes „genesen, und legt darnach dieselben Kinder in die Wiegen, „nimmt die rechten Kinder draus und führt sie weg. Aber solche

dreyerley Schlages sind. Einige bleiben immer mager, und heulen beständig, wenn sie auch die Milch von vier milchreichen Ammen verzehren. Einige sind durch die Hurenteufel männlichen Geschlechts, (wie sie für dasmal scheinen) hervorgebracht, deren Kinder sie freylich nicht sind, sondern diejenigen sind ihre Väter, von welchen die Teufel das Semen virile genommen haben. Drittens hält man oft solche Kielkröpfe für natürliche Kinder, und im Grunde sind es doch nur Teufel, die in Kindergestalt Mütter und Ammen aussaugen. Alle Wechselkinder haben das mit einander gemein, daß sie beständig mager bleiben, wenn sie auch die Milch von vier Ammen verzehren, immer schreyen, und bey ihrer Hagerkeit entsetzlich schwehr sind; oft sollen sie auch verschwinden.

440 Der drite Theil des Hexenhammers, ein Criminalcodex, wie sowohl vor geistlichen als auch weltlichen Richterstühlen wider die Zauberer und Ketzer inquirirt werden soll; enthaltend 35 Fragen, in welchen die Art, den Proceß

„solche Wechselbelge sollen, wie man sagt, über 18 oder „19 Jahr nicht leben." Fol. 210. der Frankf. Ausgabe. Luther fand, seiner Meynung nach, ein solches Wechselkind in Dessau, das 12 Jahr alt war, und so viel fraß, als vier Drescher. „Da sagte ich zu dem Fürsten von Anhalt, „wenn ich da Fürst oder Herr wäre, so wolte ich mit die„sem Kinde in das Wasser, in die Molda, so bey Dessau „fleust, und wollte das homicidium dran wagen." Der Fürst und der anwesende Churfürst zu Sachsen wollten aber nicht, und nun rieth Luther, daß die Christen in Dessau zur Wegnehmung des Teufels in der Kirche jedesmal ein Vaterunser beten mögten. Das half, und das nächste Jahr starb der Kielkropf. Luther hielt ein Wechselkind für eine bloße Masse Fleisch ohne menschliche Seele, in der der Teufel hause, kein Wunder also, daß er damit ins Wasser wollte.

ceß anzufangen, fortzusetzen und das Urtheil zu fällen weitläuftig gezeigt wird.

Erster Abschnitt.
Eine Einleitung überhaupt, in welcher bestimmt wird, wer competenter Hexenrichter sey?

Sind die Zauberer, ihre Gönner, Beschützer und Vertheidiger den kirchlichen und weltlichen Gerichtshöfen dergestalt unterworfen, daß die Inquisitoren der Ketzerbosheit nichts mit ihnen zu schaffen haben? Man sagt ja, falls das Ding nicht nach Ketzerey schmeckt. Sind die Hexen also der heil. Inquisition unterworfen; so geschieht dies deswegen, weil ihr Wesen Ketzerey ist. Freylich sagt man dagegen, daß die Hexen z. E. die geweihte Hostie in den Koth treten könnten, um den Teufel, kraft des wechselseitigen Bündnisses, zu vermögen, ihnen verborgene Schätze zu entdecken, ohne daß hier ein Irrthum im Verstande zum Grunde liege, es sey dies allerdings ein schwehres Verbrechen, aber deswegen noch keine Ketzerey, folglich gehörten dergleichen Leute nicht vor das Forum der Inquisitoren. Wenn auch die Hexen, sagt man weiter, wirklich den Glauben abschwöhren; so sind sie deswegen noch keine Ketzer, sondern Abtrünnige — und was man weiter sagt, um die kirchliche Jurisdiction einzuschränken. Dagegen läßt sich's leicht erweisen, daß bey dergleichen Fällen wenigstens ein Gesamtgericht statt haben müße. Denn bey canonischen Verbrechen solle der Bischof und der Chef des Gerichtshofes concurriren, und wenn auch der letztere gleich executirender Richter ist; so schließt das doch die Gerichtsbarkeit der Kirche nicht aus, der es zukommt, über diese Art von Verbrechern zu erkennen und die Strafe zu bestimmen.

men. Die Canones unterwerfen alle geistliche Personen einzig und allein der kirchlichen Jurisdiction, ihre kirchliche Verbrechen zu bestrafen, ein solches kirchliches Verbrechen ist die Hexerey, ergo. Damit uns Inquisitoren in Deutschland also niemand vorwerfe, daß wir uns in Dinge mischen, die uns nichts angehen, wollen wir verschiedene Aussprüche der spanischen Ketzerrichter anführen, damit dem Leser die Augen geöfnet werden. Dies ist demnach ihre Meynung: daß alle Zauberer, Hexenmeister, Wahrsager und Nigromantisten in eine Claße gehören, und der Jurisdiction der Inquisition unterworfen sind, falls sie einmal den Glauben angenommen und bekannt haben. Es giebt künstliche und ketzerische Wahrsager, die letztern haben es mit dem Teufel zu thun, und fallen, nach den Canons, uns Inquisitoren anheim *). Viele Autoren haben es erwiesen, daß alle diejenigen, die den Teufel anrufen, nicht bloß Apostaten, sondern zu gleicher Zeit auch Ketzer sind, folglich sind sie der Jurisdiction der Inquisitoren allerdings unterworfen, ohne daß sich weltliche Richter und Bischöfe in die Sache zu mischen haben, welche sich freylich viele Mühe geben, uns unsere Gerechtsamen zu schmälern **) Das Resultat fällt natürlicher Weise für die Inquisition aus.

Erste

*) Alle Canons mit dem Verfasser anzuführen lohnt der Mühe nicht, sie sind Entscheidungen eines Usurpators in seiner eigenen Sache und Deductionen eines Piraten, seinen Raub für rechtmäßige Prisen zu erklären.

**) Die Gründe der Bischöfe, (denen die Inquisitoren über den Kopf wuchsen,) daß die Hexen nicht als Ketzer zu behandeln wären, ließen sich freylich hören, die Ketzermeister hatten aber auf jeden Fall die Entscheidung des Pabstes für sich, und da halfen keine Gründe weiter, die Bischöfe mußten sich submittiren. Sprenger, der ziemlich

fest

Erste Frage: Wie der Hexenproceß einzu= 466
leiten sey.

Entweder ist ein Denunciant da, der den Ver=
brecher anklagt, und sich erbiethet, seine Beschuldigung
wahr zu machen, oder die Strafe selbst, als ein Ver=
leumder zu tragen; oder er giebt jemand an, ohne sich
jedoch zum Beweise zu erbiethen, weil er aus Religions=
eifer Ankläger wird. Drittens fängt sich auch wohl
die Untersuchung ohne verhergegangne Denunciation
an, bloß auf ein entstandenes Gerüchte, daß es da
oder da Hexen gebe, und da ist es die Pflicht des Rich=
ters, nicht erst einen Ankläger abzuwarten, sondern
ex officio zu inquiriren. Die erste Art von Anklägern
ist eben nicht sehr gebräuchlich, es sey nun in Sachen
des Glaubens oder der Hexen, die ihre Verbrechen
sehr verstohlen begehen. Der Ketzerrichter macht,
zur Einleitung des Inquisitionsprocesses, vorläufig durch
ordentliches Affigiren an die Thüren der Hauptkirchen,
eine Generalcitation bekannt, des Inhalts, daß Jeder, 467
der eine der Ketzerey oder Zauberey verdächtige Person
kennt, oder etwas Verdächtiges von ihr gesehen oder
gehöret hat, das zum Schaden der Menschen, des Vie=
hes, der Feldfrüchte und des gemeinen Wesens gereicht,
innerhalb des peremptorischen Termins von 12 Tagen
solches unter schwerer Strafe (ist der Richter ein Prie=
ster; so heist es unter Strafe des Kirchenbannes) an= 468
zuzeigen habe. Um den Leuten Muth zu machen, kann
man in diese Generalcitation mit einfließen lassen, daß
der=

fest im Sattel saß, und sich aus keinem Bischofe, und selbst
aus der weltlichen Obrigkeit viel machen durfte, würdigt
doch von S. 449. an die Gründe der Gegner einer Widerle=
gung, die aber von der Art ist, daß ich meine Leser nicht
darauf bewirthen mag. Es dreht sich alles um den Angel,
daß ein Zauberer auch ein Ketzer sey, und die Beweise sind
à la Sprenger.

derjenige Denunciant, der hernach seine Anklage zu erweisen nicht im Stande seyn dürfte, nichts zu besorgen habe, indem ihm solches keinesweges angerechnet werden solle. Bey diesem Denunciationswesen muß ein Notarius und zwey ehrbare Personen zugegen seyn, und sollte kein Notarius bey der Hand seyn; so müssen doch wenigstens zwey fromme und ehrbare Personen mit zugezogen werden, sie mögen Geistliche oder Läien seyn, und in ihrer Gegenwart wird nach folgender Vorschrift das Denunciationsprotocoll abgefaßt.

In Nomine Domini, Amen.

„Im Jahre nach der Geburth Christi N. N. am
„Tage N. N. des Monaths N. N. Erschien vor mir
„dem Notario und unterschriebenen Zeugen und einem
„hochlöblichen Gerichte N. N. persönlich, und über=
„gab folgende schriftliche Anzeige, (welche in dem Fal=
„le ganz miteingerückt wird. Geschah aber die Anzei=
„ge mündlich und nicht schriftlich; so setzt man so:)
„Erschien er, und zeigte an: er sey da und daher ge=
„bürtig ꝛc. ꝛc. und bezeuge, daß er dies oder jenes wisse,
oder diesen und jenen Schaden sich selbst oder andern zugefügt habe. Darauf lasse man ihn schwören, entweder auf die 4 Evangelia, oder auf das Creutz, mit drey ausgestreckten Fingern, zur Erinnerung an die h. Dreyfaltigkeit, und mit zwey eingebogenen Fingern, in Rücksicht auf Leib und Seele, die im Falle des Mein=eids verdammt werden. Hierauf frage man ihn: woher Comparent wisse, daß seine Denunciation wahr sey? ob er's selbst gesehen oder gehört habe? Wo? wer gegenwärtig gewesen? u. s. w. Nachdem seine Aussage bedächtlich zu Papier genommen und über selbe Artickel formirt worden, wird er unter Ermahnung, so lieb ihm

ihm seine Seele sey, sich doch wohl zu besinnen, ob er auch etwas aus Freundschaft verschwiegen oder aus Feindschaft gesagt habe, und daß er nichts von dem vor Gerichte verhandelten ausschwatzen wolle, entlassen. Will aber der Richter auf ein laut gewordenes Gerüchte die Inquisition unternehmen; so ist die Verfahrungsart, im Beysenn eben solcher Personen, als oben, ohngefähr folgende:

„Im Jahre 2c. 2c. Es ist dem und dem Beamten „oder Richter zu Ohren gekommen, durch das sich im„mer mehr wiederholende Gerüchte, daß N. N. von N. „N. gebürtig, sich dieser oder jener Uebelthat habe ver„lauten lassen, oder solle begangen haben, die gerade „wider den orthodoxen Glauben und das gemeine Beßte „anlauft u. s. w."

Zweyte Frage. Von der Anzahl der Zeugen.

Kann ein Richter mit zwey ehrlichen und übereinstimmenden Zeugen zufrieden seyn, und jemand auf ihr Zeugniß wegen des Lasters der Zauberey verdammen? oder werden mehrere Zeugen erfordert? Singuläre Zeugen sind solche, die zwar in Nebenumständen von einander abgehen, aber in der Hauptsache einstimmig sind. Wenn demnach Peter sagt: er oder sie hat mir eine Kuh behext, und Claus sagt, er oder sie hat mir ein Kind bezaubert; so sind sich beyde in Absicht des Bezauberns einig, ohnerachtet sie in Nebendingen nicht übereinstimmend aussagen. Es heißt zwar, daß die Wahrheit in zweyer oder dreyer Munde bestehen solle, bey diesem Laster scheint es aber die Billigkeit zu erfordern, mit so wenig Zeugen sich nicht begnügen zu dürfen; zum Argwohn mögen sie zwar hinreichen, nicht aber zum Condemniren. Man kann also, meiner Meynung nach, einen Menschen, wider welchen zwey sonst gültige Zeugen ausgesagt haben, eines solchen Lasters wegen

gen noch nicht verdammen, sondern muß ihn billig zum Reinigungseide laſſen, oder man kann ihn ſummariſch befragen, oder auch das Urtheil noch auf einige Zeit verſchieben; hat er aber ſchon ein böſes Gerüchte wider ſich, ſo iſt es ein anders, doch ſoll Niemand verurtheilt werden, wenn die Zeugen nicht in ihrer Ausſage übereinkommen, denn bey Verbrechen müſſen die Beweiſe ſonnenklar ſeyn.

Dritte Frage.

474 Darf ein Richter Zeugen zuſammenſuchen, ſie durch einen Eid zwingen die Wahrheit zu ſagen und ſie mehrmals examiniren? Allerdings, beſonders ein geiſtlicher Richter. Denn wenn ein Biſchof oder Erzbiſchof das Gerücht erfährt, daß ſich in dieſem oder jenem Sprengel Ketzer befinden, ſo muß er ihn viſitiren, und mehrere unbeſcholtene Männer aus dem Haufen herausziehen, kann auch wohl die ganze Nachbarſchaft vor ſich fordern laſſen, und verhören. Weigern ſich nun einige zu ſchwören und auszuſagen; ſo müſſen ſolche als Ketzer behandelt werden. Sagen die Zeugen verworren aus; ſo muß der Richter ſie zu einer andern Zeit aufs neue vornehmen.

475 Vierte Frage: Von der Beſchaffenheit der Zeugen.

Excommunicirte, Mitſchuldige, Infame und laſterhafte Sclaven wider ihre Herren werden in Glaubensſachen jeder Art als Kläger und unverwerfliche Zeugen zugelaſſen, ja in Ermangelung beſſerer Zeugen wird der eine Ketzer wider den andern und der eine Zauberer wider den andern gut gethan, wenn ſie nämlich wider den Beſchuldigten ausſagen, nicht aber für ihn, und in jenem Falle können auch die Frau wider den Mann, die Kinder wider den Vater und vertraute

te Freunde wider Freunde zeugen, der Beschuldigte
mag nun selbst der Verbrecher oder Hehler, Beschützer und
Vertheidiger seyn. Freylich muß man aber auch aus der
Anzahl der Zeugen und der Beschuldigten, ihrer Beschaf=
fenheit, andern Umständen und wahrscheinlicher Ver=
muthung den Schluß machen können, ob sie die Wahr=
heit ausgesagt haben, oder nicht. Selbst Meineidige
sind nicht verwerflich, wenn sie die Vermuthung für sich
haben, daß sie aus Glaubensdrang die Wahrheit aus=
gesagt.

Fünfte Frage: Sind Hauptfeinde auch als 476
Zeugen zuzulassen?

In so weit sie dem Beschuldigten erweislich nach
dem Leben gestanden haben, sind sie allerdings verwerf=
lich. Ist die Feindschaft aber nicht capital, z. E. die 477
Feindschaft eines Weibes wider das andre, die sich,
bekanntlich, gern zancken; so macht ihre Aussage nur
einen halben Beweis, kömmt sie aber mit der Aussage
anderer Zeugen überein; so macht sie einen ganzen
Beweis aus. Deswegen soll der Richter den Beschul=
digten befragen: ob er auch Feinde habe, von wel=
chen er befürchten dürfte, daß sie ihm aus Todtfeindschaft
solche Capitalverbrechen schuld geben könnten? und, sagt
er ja! so muß der Richter sich ihre Namen mercken,
sich nach der Wahrheit eines solchen Vorgebens sorg=
fältig erkundigen, und wenn keine andre Hülfsmittel und
Aussagen unverwerflicher Zeugen wider den Beklagten da
sind; so kann er einen solchen der Feindschaft und Bosheit
verdächtigen Zeugen allerdings von der Hand weisen.
Glaubt der Beklagte aber nicht, daß er dergleichen boshaf=
te Feinde habe, ohnerachtet er sich freylich bisweilen mit
diesem oder jenem Weibe gezankt habe, oder er nennt
einen Feind, der aber noch nicht wider ihn ausgesagt
hat; so kann der Richter die Aussage eines solchen nicht

verwerfen, gesetzt auch, andre bezeugten, daß er aus Feindschaft so gezeugt habe, sondern er muß sein Zeugniß bis zuletzt zurück behalten, um es sodann zu gebrauchen, um den Beweis vollständig zu machen.

Zweyter Abschnitt.

478 **Wie der Proceß fortgesetzt werden soll.**

Sechste Frage. Wie die Zeugen in Gegenwart vier anderer Personen zu vernehmen und die beklagte Person doppelt zu befragen sey.

Weil es Glaubenssachen betrift; so soll blos summarisch, ohne viele Umstände von Seiten des Gerichts und der Advocaten verfahren werden, ohne sonstige Formalitäten; auf Exceptionen, Appellationen, Dilationen und eine unnöthige Anzahl vieler Zeugen und dergleichen soll der Richter sich nicht einlassen, jedoch muß er den 479 gehörigen Beweis zu formiren suchen, die Citation gehörig verfügen und den Zeugen den Eid von Gefährde abnehmen. Der Richter soll auch keinen Ankläger anerkennen, sondern ihm rathen, sich bloß in den Schrancken eines Angebers (denunciatoris) zu halten, damit er nicht in die Strafe eines Klägers, der seine Klage nicht erweisen kann, verfalle. Sodann muß er den Denuncianten besonders befragen: ob auch noch andre mit ihm von der Sache wüßten, oder wißen könnten? Diese Zeugen vorladen und verhören, und dann wird weiter verfahren, wie folgt.

Fragstücke für die Zeugen.

Erschien der verablabete Zeuge von N. N. und nachdem er beeidet war, ward er befragt:

Ob er den oder die N. N. kenne? Woher er sie kenne? Wie lange? Ob N. N. einen guten oder schlechten Namen habe? Ob Zeuge auch wisse, was ein guter oder schlechter Name sey? Ob Zeuge auch wohl gesehen oder gehöret habe, daß N. N. dies oder das gethan habe? In welcher Leute Beyseyn solches geschehen? Ob Zeugen bewußt, daß Verwandte des oder der Beklagten Zauberey halber verbrannt oder verdächtig gewesen? Ob N. N. auch wohl Gemeinschaft mit verdächtigen Zauberern gehabt? Auf was für eine Art Zeuge die ausgesagten Dinge zu seiner Wissenschaft gebracht? Ob Zeuge sich auch versprochen, aus Schertz und andern Ursachen so ausgesagt habe? Ob Zeuge aus Haß und Feindschaft, oder Freundschaft so ausgesagt habe? Darauf wird Zeuge unter Empfehlung des Stillschweigens entlassen. Bey solchem Zeugenverhör müßen wenigstens fünf Personen zugegen seyn, nemlich der inquirirende Richter, der Denunciant, der Beklagte, der erst zu Ende erscheint, der Notarius oder in dessen Ermangelung der Gerichtsschreiber und sonst noch ein ehrbarer Mann, oder zwey, die als Ersatz des fehlenden Notarii angesehen werden können. Ist nun die Muthmassung höchst gegründet und der Beweiß vollkommen geführt, und der Richter hat Ursache zu befürchten, daß der oder die Beschuldigte sich mit der Flucht retten dürfte; so muß er ihn oder sie so fort gefänglich einziehen lassen, wo aber diese Besorgniß nicht statt findet, muß Inculpat citirt und darauf gefangen genommen werden, oder auch nicht. Der Richter läßt darauf unversehens des Gefangenen Haus durchsuchen, alle Kisten und Truhen öfnen und aus allen Winckeln die vorgefundene

M 2 Büch=

Büchsen und Werckzeuge wegnehmen. Hierauf vereidet der Richter den Beklagten, die Wahrheit von sich und andern sagen zu wollen, nimt die Aussagen des Denuncianten und der Zeugen zum Grundsatze an, und schreibet mit Zuziehung eines Notarii zur Inquisition wie folgt.

Erster Act. Generalfragstücke über einen Zauberer oder eine Hexe.

Erschien N. N. aus. N. gebürtig und Denunciat, und nachdem er einen cörperlichen Eid auf die vier Evangelia abgelegt, daß er die Wahrheit sagen wolle, ward er befragt:

Woher er gebürtig sey? Wer seine Aeltern sind oder gewesen? ob sie noch leben oder verstorben? Ob sie natürlichen Todes verfahren oder verbrannt worden? (Das letzte geschieht, weil zauberische Aeltern ihre Kinder den Teufeln verloben, und dadurch muthmaßlich die ganze Nachkommenschaft angesteckt wird). Wo Comparent erzogen und sich die meiste Zeit aufgehalten habe? (Hat er nun den Ort seiner Geburth verändert, 483 ohnerachtet seine Mutter keinen Verdacht auf sich geladen, und sich an Dertern aufgehalten, wo die Hexen ihr Wesen hatten; so wird er weiter befragt:) Warum er seinen Geburtsort verlassen? Ob er an besagtem Orte oder an besagten Dertern auch wohl von Zaubersachen habe reden gehört, daß nemlich Zauberer und Hexen Gewitter machen, das Vieh bezaubern, die Kühe der Milch berauben könnten u. s. w? (Sagt er ja), Was er sagen gehört? (Sagt er aber, davon habe er nichts gehört), Ob er auch wohl glaube, daß es Hexen gebe? und daß sie solche Dinge verrichten könnten? Ob er denn glaube, daß dergleichen Leute, die verbrant sind, unschuldigerweise hingerichtet worden?

Be=

Besondere Fragstücke.

Folgende Fragstücke darf der Richter nicht verschieben, sondern muß sie der Hexe so fort vorlegen.

Warum das Volck so allgemein bange vor ihr sey? Ob ihr bekannt, daß sie einen bösen Namen habe und gehaßt werde? Warum sie dieser oder jener Person gedrohet habe: das soll dir nicht unvergolten bleiben? Was ihr denn diese Person zuwider gethan, daß sie ihr so gedrohet habe? (Dies Fragstück ist nothwendig, um den Grund der Feindschaft zu ergründen, auf die sich die Hexen gemeiniglich nachher zu berufen pflegen, und ihnen diese Ausflucht zu versperren.) Wie der Erfolg ihrer Drohung so geschwinde hätte seyn können, da ihrer Feindin Kind oder Vieh so bald sey bezaubert worden? Warum sie ihrer Feindin oder ihrem Feinde gedrohet: du sollt nie wieder einen gesunden Tag erleben? Warum sie sich auf dem Felde oder im Stalle sehen lassen? und aus welcher Absicht sie das Vieh berührt habe? Warum sie das Kind angerühret habe? und wie es gekommen, das solches gleich darauf erkranckt sey? Was sie bey Entstehung des Gewitters auf dem Felde haben zu schaffen gehabt? Wie es komme, daß ihre eine oder zwey Kühe mehr Milch geben, als vier bis sechs Kühe anderer Leute.

Der Richter muß sich auch sorgfältig erkundigen ob sie des Ehebruchs oder der Hurerey verdächtig oder schuldig sey, denn wider solche erwächst der Argwohn zu weit größerer Wahrscheinlichkeit, als wider sonst unbescholtene Personen. Auch muß der Richter die Fragstücke oft wiederholen, um zu sehen, ob sich ihre Aufsäge gleich bleibe oder widerspreche."

Siebente Frage: (zweiter Act), in welche verschiedene Zweifel über oben dagewesene Fragstücke und verneinende Antworten erklärt werden: ob die Bezüchtigte in Verhaft zu nehmen sey? und wann man sie für eine überwiesene Hexe zu halten habe?

Wenn Inculpata alles leugnet; so hat der Richter dreyerley zu beobachten: ihre Schande, die Anzeigen des Verbrechens und die Aussagen der Zeugen. Sodann fragt es sich, ob alle Zeugen einstimmig ausgesagt haben? dies ist selten der Fall, darinn pflegen sie aber gewöhnlich zu harmoniren, daß die Hexe an ihrem Orte übel berüchtigt sey, und Facta wider sich habe, ein bezaubertes Kind, Vieh, weggehexte Milch u. s. w. Sagt nun Zeuge 1 aus: sie hat mir ein Kind behext, Zeuge 2. sie hat mein Vieh bezaubert, Zeuge 3. sie ist im Gerüchte u. s. w. so kommen sie bey allem anscheinenden Widerspruche doch in der Hauptsache überein, nämlich, daß die beschuldigte Person der Zauberey wegen verdächtig sey.

486 Es ist aber nicht schlechterdings nothwendig, daß alle drey Anzeigen da sind, denn das Factum für sich, oder auch die Aussage der Zeugen allein ist hinreichend, daß jemand für der Ketzerey überführt gehalten werde, um wie vielmehr, wenn zwey Indicia bei einer und eben derselben Person zusammen treffen.

487 Ist der Beklagte auf der That ertappet worden (d. i. drehte er jemand, und dieser ward krank rc.) und er leugnet doch noch; so ist er nichts desto weniger strafsällig. Bekennt er, und bekehrt sich nicht; so wird er dem weltlichen Arme übergeben, an ihm die Todesstrafe zu vollziehen, oder ihm auf lebenslang in's Gefängniß zu werfen. Leugnet er; so wird er als ein Unbußfertiger behandelt, und nach voriger Art bestraft. Wenn der Richter nach dieser Vorschrift verfährt, und

die

die hartnäckige Hexe in den schmutzigsten Kercker wirft, um sie mit der Zeit zum Bekenntniß zu bringen, es daure nun eine kurze Zeit, oder Jahre; so handelt er ganz recht.

Achte Frage: (Dritter Act.) **Ob die Hexe in den Kerker zu werfen sey und wie sie zur Haft gebracht werden solle?**

Es fragt sich nun, ob eine Hexe, die sich durch 485 so starke Anzeigen verdächtig gemacht hat, gefänglich zurück zu behalten, oder auf Bürgschaft, sich erforderlichen Falls zu stellen, auf freyen Füssen zu lassen sey, wenn sie alles leugnet? Einige stimmen dahin, daß man sie nicht wieder in Freiheit setzen dürfte, auch nicht unter sonst annehmlicher Bürgschaft, weil sie als eine überführte Hexe anzusehen sey. Andere sagen: man könne sie wohl auf Caution einstweilen wieder nach Hause gehen lassen, ergreife sie sodann die Flucht; so sey sie für völlig überwiesen zu halten. Noch andre urtheilen, man könne in diesem Falle nichts gewisses bestimmen, sondern müsse alles dem Ermessen des Richters überlassen, um nach den Umständen und der Observanz seines Orts zu verfahren. Könne die Angeklagte keine hinlängliche Bürgschaft stellen, und stünde zu besorgen, daß sie die Flucht ergreifen dürfte; so müße man sie gefänglich verwahren. Diese Meinung ist allerdings die vernünftigste, doch ist dabey noch in Acht zu nehmen: 1. Daß die Wohnung der Beklagten möglichst und allerwärts durchsucht werde, in allen Winkeln, Löchern und Kasten, und ist sie eine berüchtigte Hexe: so werden sich gewiß Zaubersachen und In- 488 strumente finden. 2. Ihre Dienstmägde oder andre Vertraute müssen gleich, jedes besonders, eingeschlossen werden, wenn sie auch nicht angegeben sind, denn es steht zu erwarten, daß sie eins und das andere von ihren

ihren Geheimnissen wissen. 3. Wird die Hexe in ihrem eigenen Hause gefangen genommen, so erlaube man ihr nicht, zuvor noch irgend in eine Kammer zu gehen, damit sie keine Zaubersachen zu sich stecke, um sich dadurch verschwiegen zu machen. Auch ist es rathsam und erlaubt, eine solche Gefangene gleich aufzunehmen, damit sie mit ihren Füßen die Erde nicht berühre, denn ohne diese Vorsicht würde sie sich durch Zauberey wieder in Freyheit setzen.

490 Neunte Frage: (Vierter Act.) Was nach der Gefangennehmung zu thun sey? und ob man den Gefangenen auch die Nahmen der Zeugen, die wider sie ausgesagt haben, entdecken solle?

Nachdem man die Zauberer zur Haft gebracht hat: so erfordert die Ordnung zu erst den Entschluß des Richters, ob er ihnen eine Defension gestatten wol-
491 le oder nicht. Es wird ihnen, ohne ihr Gesuch nie ein Defensor zugegeben. Sodann wird Inquisitin in die Folterkammer gebracht und befragt, aber noch nicht wirklich gefoltert, doch darf dies Befragen nicht eher geschehen, bis zu Hause ihre Mägde und Vertrauten examinirt sind. Leugnet sie, und verlangt ihre Angeber zu wissen und mit ihnen confrontirt zu werden; so ist es ein Zeichen, daß sie die Defension wünscht. Es steht aber lediglich beym Richter, ob er der Inquisitin die Angeber nennen, und sie ihr unter Augen stellen wolle oder nicht, wofern nicht die Angeber sich freiwillig dazu erbiethen; denn im entgegengesetzten Falle würde er die Angeber unnöthiger Weise in Gefahr stürzen.

Zehnte

Zehnte Frage: (Fünfter Act). Wie die Defension zu gestatten und ein Anwald anzuordnen sey?

Bey Geheimhaltung der Zeugen fragt sich nun, wie eine gebetene Defension zu gestatten sey? Eine Defension besteht in drei Stücken, 1 wird den Inquisiten ein Anwald zugeordnet, 2. werden diesem Anwalde die Namen der Zeugen nicht genannt, selbst auch dann nicht, wenn er sich eidlich verbindlich macht, das Geheimniß nicht zu verrathen, sondern man benachrichtigt ihn nur von den besondern Puncten des Processes. 3. Muß Defensor die Sache des Inquisiten so gut vertheidigen, als er kann, doch nicht zum Aergerniß des Glaubens und Nachtheile der Gerechtigkeit, und eben so mag auch der Procurator für die Inquisiten sprechen und verfahren. Es hat aber der Inquisit oder die Inquisitin nicht die Freiheit, sich einen Anwald nach eigenem Belieben zu wählen, sondern der Richter muß ihnen einen Mann beyordnen, der nicht zänkisch und frevelhaft ist, oder sich durch Geld bestechen läßt, dergleichen es viele giebt. Erst muß der Anwald, ehe er die Defension übernimmt, die Sache gehörig prüfen, und findet er dann, daß sein Client eine gerechte Sache hat; so mag er sich seiner annehmen; ist die Sache aber faul, so muß er sie von der Hand weisen. Hat er auch schon Geld auf die Hand bekommen, und nichts dafür gethan; so muß er das Geld zurück geben. Unternimmt er's aber, eine faule Sache zu vertheidigen: so ist er verbunden, alle deshalb aufgegangene Kosten zu ersetzen. Er muß bei seiner Vertheidigung bescheiden zu Werke gehen, ohne Poltern und Schreyen, sich bloß auf die Wahrheit einlassen, ohne Chicanen und falsche Zeugen, und keine Frist nachsuchen, da in dieser Sache bloß summarisch verfahren werden soll, und nicht zu stark sportuliren. Diese Bedingungen soll der Richter dem Defensor erst zu Gemüthe führen, und ihn dann warnen, sich keine Beschützung der Ketzerey zu Schulden kommen zu lassen, widrigenfalls er sich das Gericht der Excommunication zuziehen werde. Die Ausflucht, er vertheidige nicht den Irrthum, sondern die Person, gilt nichts, denn er soll auf keinerley

496 Art vertheidigen, keine Dilationen nachsuchen, und keine Appellation ergreifen, welches alles der Richter von der Hand zu weisen hat. Vertheidigt Defensor wider die Gebühr seinen der Ketzerey verdächtigen Clienten; so wird er für noch schuldiger gehalten, als der Zauberer selbst, für einen Hexen= und Ketzerpatron, der schlimmer ist, als ein ketzerischer Hexenmeister. Je nachdem er weniger oder mehr hitzig zu Werke geht, um desto größer oder geringer wird der Verdacht wider ihn seyn. Ist der Anwald aber ein unbescholtener, eifriger und Gerechtigkeitliebender Mann; so kann ihm der Richter die Nahmen der Zeugen wohl entdecken, nur muß der Defensor eidlich versprechen, dies Geheimniß bei sich zu behalten. *)

Eilfte

*) Kann je auf eine boshaftere Art mit der Gerechtigkeit gespielt worden seyn? Es ward, den Namen nach, dem Inquisiten ein Defensor gestattet, diesem wurden aber auf allen Seiten die Hände gebunden, er wagte alles, wenn er nur einigermaßen seine Pflicht thun wollte, Ehre, Vermögen, Freiheit und Leben, und eben die Gefahr lief jeder andere Mann, der nur Miene machte, die Raserey der ewig infamen Hexenbüttel und Ketzermeister zu misbilligen. Deswegen hatte niemand Lust, solche unglückliche Schlachtsopfer zu defendiren, und ich finde auch in damaligen Zeiten fast keine Spuhr, daß ein Defensor dem Processe eine andere Wendung gegeben hätte, besonders wenn es drauf angelegt war, einen Unglücklichen sub specie recti aus der Welt zu schaffen, es koste auch, was es wolle.

Eilfte Frage: (Sechster Act). Was der Anwald zu thun habe, wenn ihm die Namen der Zeugen nicht bekannt gemacht werden?

In diesem Falle muß Defensor sich vom Richter selbst instruiren lassen, sich über die besondere Klagpuncte Nachricht ausbitten, und so dann den Beklagten besuchen. Sind die bezeugten Puncte sehr gravirend; so verweise er seinen Clienten zur Gedult. Besteht Inquisit aber noch immer darauf, daß ihm die Zeugen bekannt gemacht werden sollen; so antworte ihm sein Anwald ohngefähr folgendes. „Aus den Be„schuldigungen wider dich, kannst du ohngefähr die „Zeugen errathen, die wider dich ausgesagt haben, „denn dem und dem ist ein Kind behert worden, oder „ein Stück Vieh, zu der und der Frauen, die dir „das nicht leihen, geben oder thun wollte, was du ver„langtest, hast du gesagt: du sollst es empfinden, „daß es besser gewesen wäre, du hättest dich ge„fälliger bezeigt, nach welchen Drohungen sie gleich „erkrankte. Deine Thaten schreyen lauter wider dich, „als die Aussagen der Zeugen, du weist, daß du lan„ge verdächtig gewesen bist, und daß man dir die vie„len Bosheiten und Schaden zur Last gelegt hat, die „seit geraumer Zeit an den Leuten ausgeübt worden „sind". Nach und nach wird Inquisit sich dann auf seine Todtfeinde besinnen, wenn er welche hat, oder er wird gestehen, daß er zwar dergleichen Worte ausgestossen habe, aber ohne die Absicht zu haben, jemand Schaden zu thun. Darauf muß der Advocat dem Gerichte von der Feindschaft zwischen dem Inquisiten und den vermutheten Zeugen Eröfnung thun, und der Richter die Sache untersuchen. Findet er wirklich eine Todtfeindschaft, z. E. daß sich Eheleute oder Verwandte einander nach dem Leben gestanden, oder wohl gar

ein

ein Mord erfolgt sey, oder wenn sie sich einander Laster böshafterweise schuld gegeben haben, auf welche die Todesstrafe steht; so muß der Richter auch mit dahin sehen, ob diese Capitalfeindschaft durch den Angeber oder den Inquisiten verursacht sey? ob die Freunde und Verwandten des Beklagten die Freunde des Anklägers verfolgt haben? ob das Factum von bezauberten Kindern und beherten Vieh seine Richtigkeit habe? ob nicht noch andere Zeugen vorhanden sind? ob die Instanz, daß Inquisit einen schlechten Namen und böses Gerücht habe, auch wohl gegründet sey? Und findet es sich, daß aus Rachsucht wider ihn ausgesagt worden; so muß man ihn allerdings seiner Fessel entschlagen und auf freye Füße stellen, jedoch sich erst von ihm feyerlichst angeloben lassen, daß er sich nicht rächen wolle.

Aber gesetzt, Catharinens Kind, oder sie gar selbst, ist behert, oder sie hat durch Bezauberung an ihrem Vieh oder sonst vielen Schaden erlitten, und sie hat Argwohn auf Margrethe, deren Mann oder Verwandte vorher ihren Mann oder ihre Anverwandte durch eine Anklage vor öffentlichem Gerichte verfolgt haben, und daß folglich hier eine gedoppelte Feindschaft obwaltet; kann in diesem Falle Cathrinens Klage angenommen werden, oder nicht? Eines theils könnt' es freylich das Ansehen gewinnen, als dürfe sie nicht gehört werden, weil sich Feindschaft mit in's Spiel mischt, aber anderntheils kann man sie doch auch nicht abweisen, weil sie Facta vorbringt. Sind aber keine weitere Zeugen wider sie da, und Margrethe ist nicht übel berüchtigt; so ist der Klage kein Gehör zu geben. Sagen aber andre Zeugen gleichfalls wider sie aus; so erwächst allerdings daraus ein Argwohn, und der Richter muß weiter inquiriren. — Gesteht und bereut sie sodann ihr Verbrechen; so wird sie zwar dem

welt=

weltlichen Arm nicht ausgeliefert, um am Leben gestraft zu werden, sondern das geistliche Gericht verdammt sie zu ewiger Gefängnißstrafe, obgleich noch immer die weltliche Obrigkeit das Recht in Händen behält, sie verübten Schadens halber verbrennen zu lassen. Auch darf der Richter dem Defensor, wenn er Todtfeindschaft vorschützt, nicht immer glauben, da bei solchen Anzeigungen immer Feindschaft mit zum Grunde liegt, denn die Hexen sind bei jedem verhaßt. Wenn imgleichen 500 der Defensor wider den Beweiß, daß Inquisitin gedroht habe, und darauf eine tödtliche Krankheit erfolgt sey, sagen wollte, diese Krankheit hätte aus natürlichen Ursachen erfolgen können, und sey noch keine Folge der ausgestoßenen Drohworte, denn Krankheiten könnten auf mancherley Art entstehen; so mag er damit zwar gehört werden, wenn es offenbar ist, daß natürliche Ursachen zum Grunde liegen, und natürliche Mittel helfen. Helfen aber keine natürliche Mittel, sind alle Zeichen von Bezauberung da und sagen die Aerzte selbst, daß es eine Zauberkrankheit sey, die man Nachtschaden zu nennen pflegt, ja, wenn andere Zauberinnen auch versichern, es sey Bezauberung; so darf Defensor mit dieser Ausflucht nicht gehört werden. Es ist auch ein Merkmal, daß die Krankheit nicht natürlich sey, sondern von Zauberen herrühre, wenn sie plötzlich, ohne vorher empfundene Trägheit und Unlust entsteht, oder, wenn sie mit einem male gehoben wird, nachdem man Zaubersachen unter dem Bette, in Kleidern u. s. w. gefunden und weggeschaft hat.

Zwölfte Frage: (Siebenter Act.) Zeigt noch 501 deutlicher, wie man eine Todtfeindschaft zu erforschen habe.

Um sich nun davon zu überzeugen, ob eine wirckliche Todtfeindschaft obwalte, oder nicht, nimt der Richter

zu

zu allerhand Fündlein seine Zuflucht, die wohl erlaubt sind, da man sie zum Beßten der Religion und des gemeinen Wesens anwendet. *) 1. Fündlein. Der Richter giebt dem Defensor Copey der Anklage und Aussage der Zeugen, letztere aber ganz verworfen, so daß in der Copey Zeuge 1 Zeuge 6 wird, Zeuge 2 wird der Vorletzte oder gar der Letzte, und so weis Inquisit nicht, wer zuerst wider ihn ausgesagt hat, und muß gefangen werden, wenn er die ersten Zeugen in der Ordnung für seine Todtfeinde ausgiebt. Beschuldigt er alle einer Capitalfeindschaft; so wird der Richter ihn desto leichter auf der Lüge ertappen und untersuchen können, was an seinem Vorgeben wahr oder falsch sey. Beschuldigt er nur einige, so kann die Ursache der Feindschaft desto leichter entdeckt werden. 2. Fündlein. Man mischt in die dem Defensor mitzutheilende Acten in Abschrift allerley Facta mit ein, die anderwärts von Hexen sind verübt worden, und die dem jetzigen Inquisiten von Zeugen und Klägern oder Angebern nicht zur Last gelegt worden sind. In diesem Falle kann Inquisit nicht sagen: der und der hat das und das aus Feindschaft wider mich ausgesagt, denn er weis nicht gewis, was sie eigentlich wider ihn gezeugt haben. 3 Fündlein. Zu Ende des zweyten Verhörs, ehe dem Inquisiten noch ein Defensor bewilligt und der Inhalt der Zeugen-Aussage ihm

---

*) Der Verfasser beruft sich hier auf den Apostel, (auf welchen, sagt er nicht), der gesagt haben soll: Cum essem astutus, dolo eos coepi, da ich verschlagen war; so hab ich sie durch Betrug gefangen. Ich muß gestehen, daß ich diese Stelle nicht zu finden weis, und da ich, ohne die Vulgata mit den Aposteln ziemlich bekannt bin; so kann ich versichern, daß, in diesem Verstande, dergleichen Stellen bey ihnen nicht vorkommen, und ein Apostel, der sich dergleichen in dem Zusammenhange erlaubte, als es hier vorgestellt wird, wäre bey mir ein verwerflicher Schurke, und kein Apostel Jesu.

ihm bekannt, fragt man ihn: ob er auch wohl solche Feinde zu haben glaube, die fähig wären, alle Furcht Gottes aus den Augen zu setzen, und ihn des Lasters der Zauberketzerey fälschlich zu beschuldigen? Entweder wird er, da er sich auf die Antwort nicht gefaßt gemacht und auch die Aussagen der Zeugen noch nicht gesehen hat, antworten, daß er keine solche Feinde zu haben glaube, oder glaubt er welche zu haben; so muß er sie nennen, ihre Namen werden niedergeschrieben, nebst der vorgeblichen Ursache dieser Feindschaft, und dann kann der Richter weiter nach der Wahrheit dieses Vorgebens forschen. 4. Fündlein. Man befragt zu Ende des zweyten Verhörs Inquisiten gleichfalls ob ihm N. N. bekannt sey? (Zeugen, deren Aussagen ihn am stärcksten graviren, wovon er aber noch nichts weis.) Sagt er Nein; so kann er nachgehenst bey der Defension mit dem Vorgeben, als sey N. N. sein Feind, nicht gehört werden, da er vorher eidlich ausgesagt hat, daß er ihn gar nicht kenne. Sagt er aber, daß ihm N. N. wohl bekannt sey; so befragt man ihn weiter: ob er von ihm oder ihr auch wohl etwas wisse, das wider den Glauben sey, dergleichen die Hexen wohl auszuüben pflegen? ob N. N. sein Freund oder Feind sey? Sagt er, N. N. sey sein Freund; so kann er ihn nachher nicht für seinen Feind ausgeben, besonders, wenn er nichts böses von ihm zu wissen, gesteht. Sagt er aber, ich bin sein Feind, und wenn ich was von ihm wüßte, so würd'ich's sagen; so kann er ihn nachher nicht mehr für seinen Feind erklären. 5. Fündlein. Sagt Inquisit nach von dem Defensor ihm vorgehaltenen Aussagen der Zeugen und Nennung ihrer Namen: Der und der ist mein Feind, das will ich durch Zeugen beweisen; so muß der Richter diese Zeugen verhören, und in Gemeinschaft einer zusammenberufenen Rathsversamlung von den ältesten und erfahrensten Leuten die Ursachen der vorgeblichen Feindschaft zu erfor=

forschen suchen, und findet er sie hinreichend, so verwirft er solche Zeugen; jedoch erst nach gehaltener Berathschlagung mit vernünftigen, ehrbaren und wo möglich, rechts erfahrnen Personen, damit ihm nichts vorgeworfen werden könne.

Dreyzehnte Frage: (Achter Art.) **Was der Richter vor dem Verhör in der Peincammer zu beobachten habe.**

Da kein Bluturtheil ohne eigenes Geständnis des Inquisiten gesprochen werden darf, wenn er auch gleich völlig überführt ist, es sey nun durch unbezweifelte Facta, oder durch Zeugen; so muß man ihn allerdings durch die Tortur zum Bekenntniß zu bringen suchen *). Eine Geschichte, die sich in Speyer zugetragen hat, kann hier nicht ertheilen. Ein ehrbarer Mann begegnete einem gewissen Weibe, der er seine Waare, die er zu verkaufen hatte, nicht so wohlfeil geben wollte, als die Hexe es verlangte. Sie rief ihm nach: **bald wirst du wünschen, daß du gefälliger mögtest gewesen seyn.** (Von dieser Art pflegen ge=

---

*) Die Folter abschaffen, und doch das eigene Geständniß eines Verbrechers noch immer fordern, verträgt sich allerdings nicht zusammen. Will man die Folter ganz abschaffen; so wird man das Geständniß aus einem verschlagenen Gauner nie heraus kriegen, er wird seine Mitschuldigen nicht verrathen, und die Polizey bleibt unvermögend, dem Volke Sicherheit zu verschaffen. Die Folterstürmer werden es bald einsehen lernen, daß ihre Weichherzigkeit zu weit geht, so sehr ich sie auch bey denen, die sie aus wahrer Menschlichkeit hegen, verehre. Die Nachläffer verdienen keine Achtung. Will man das eigene Geständniß als unnöthig fahren lassen; so wird man auf andre Inconvenienzen stoßen, die nicht so leicht zu heben seyn dürften. Die Folter selten, und nur im wircklichen Nothfalle gebrauchen, wo unendlich dran gelegen ist, die Wahrheit zu erfahren, ist ein kluger Mittelweg, auf dem man am sichersten gehen wird.

gewöhnlich die Drohungen dieser Leute zu seyn.) Der Mann ergrimmte, sah zurück, ward stehendes Fußes behext, sein Maul ward ihm schief und bis an die Ohren ausgedehnt, und er mußte einige Zeit in diesem Zustande verbleiben. Nun fragt es sich, ob ein Richter so eine Hexe, die auf frischer That ertappet worden, nicht als völlig überführt anzusehen habe? Der heil. Bernhard sagt, Ja, jedoch muß das eigene Bekenntniß zur völligen Evidenz noch hinzu gefoltert werden. Hier hat nun der Richter Ursache, sich aller Vorsicht zu befleißigen, um das durch Zauberey oft bewirckte Stillschweigen der peinlich zu befragenden zu verhüten. Vor allen Dingen eile er mit der Tortur nicht zu sehr und lerne ja gewisse Merckmale wohl kennen. Denn wenn Gott den Teufel nicht zwingt, der Hexe nicht weiter beyzustehen, und sie nicht unempfindlich zu machen; so wird sie sich lieber und eher jedes Glied zerreißen lassen, als bekennen. Jedoch erlaubt der Teufel auch bisweilen, daß die Hexen die Wahrheit bekennen, ohne von einem heil. Engel dazu gezwungen zu werden, z. E. solche Halbhexen, die es nur aus Noth wurden, überläßt er ihrem Schicksale. Sind es aber welche, die ihm mit Leib und Seele zugethan sind, so macht er sie durch Bezauberung so hart, als er nur kann, damit sie nichts sagen. Daher kommt es nun, daß einige Hexen so leicht bekennen, und vom Teufel, ohne daß ihn Gott dazu zwang, verlassen werden, damit dieser sie durch zeitliche Verwirrung und einen schrecklichen Tod in Verzweiflung stürtze, da sie ihm vorher nicht von gantzem Hertzen ergeben waren. Er ist auch darüber aus, solche Hexen im Gefängniße dahin zu bringen, daß sie sich selbst entleiben. Es gehört also schon eben so viel dazu, eine Hexe durch die Folter zum Geständniß zu bringen, als zum Exorcisiren, um den Teufel aus einem Besessenen zu vertreiben.

Vierzehnte Frage. (Neunter Act.) Wie eine Hexe zur Tortur zu verurtheilen sey, wie man sie am ersten Tage zu foltern habe, und ob man ihr das Leben versprechen dürfe?

510 Nunmehr spricht der Richter nach folgender Formel ein Urthel. „Nachdem Wir Richter und Bey=„sitzer den Proceß wider dich N. N. eingeleitet und „deine Sache wohl erwogen haben; so finden wir, daß „du dir in deinen Aussagen nicht gleich bleibest, denn „du gestehest zwar, daß du die und die Drohungen „ausgestoßen habest, nicht aber, daß du es in der Ab=„sicht zu schaden gethan habest. Und doch sind ver=„schiedene und hinreichende Indicia wider dich vorhan=„den, dich auf die Folter zu bringen. Damit wir also „die Wahrheit aus deinem eigenen Munde vernehmen, „und du durch Einreden die Ohren der Richter nicht „weiter beleidigest, erklären, verurtheilen und verdam=„men wir dich hiermit zur Tortur an dem heutigen Tage, „um — Uhr. Dies Urtheil ist publicirt worden" u. s. w. Darauf wird Inquisit wieder ins Gefängniß geführt, mit dem Bedeuten, daß das Gefängniß ihm jetzt schon als Strafe angerechnet werde, und nicht mehr als Bewahrungskercker; Jedoch wird seinen Freunden noch immer nachgelassen, ihn zu besuchen, damit sie ihn, unter der Aeußerung, daß er vielleicht durch ein freywilliges Geständniß dem Tode, obgleich nicht aller Strafe, noch entgehen könnte, zum Bekenntniß der Wahrheit bringen mögen. Denn diese traurige, ein=same Betrachtungen und das Elend des Kerckers, machen mürbe, und wir Inquisitoren haben es oft be=funden, daß durch dergleichen Behandlung die Hexen so zahm wurden, daß sie sich muthig vom Teufel los=
511 sagten, und ihre Verbrechen bekannten*). Mit der

pein=

---

*) Das ist, sie bekannten alles, was man wollte, um ei=
nem Kercker und einer Behandlung zu entgehen, die ärger
war,

peinlichen Frage wird folgendermaßen verfahren. Zu erst machen die Büttel alle Anstalt zur Tortur, dann entkleiden sie den Inquisiten, (ist es ein Frauenzimmer; so verrichten das Entkleiden andre ehrbare Weiber *), um die Kleider zu durchsuchen, ob auch etwa Zaubersachen hineingenähet sind, oder Glieder ungetaufter Kinder, um diese dadurch des göttlichen Anschauens zu berauben. Sodann werden die Folterinstrumente zurecht gelegt, und der Richter nebst andern guten und um den Glauben eifernden Männern suchen den Inquisiten vorher noch durch Ermahnung dahin zu bringen, daß er die Wahrheit freywillig gestehe; will er aber nicht, so wird den Bütteln befohlen, ihn auf die Leiter zu schnüren oder andre Folterwerckzeuge zu appliciren. Diesen Auftrag sollen sie indessen nicht mit freudigem, sondern wie mit zerstörtem Aussehen ausrichten. Darauf kann man, auf Fürbitte dieses oder jenes, wieder losschnüren lassen, auf die Seite ziehen und ihn zum Bekenntnisse zu übertölpeln (inducere) suchen, sich auch wohl mercken lassen, daß er auf den Fall eines freywilligen Bekenntnisses mit der Todesstrafe verschont

N 2

war, als das doch unvermeidliche Schicksal, lebendig verbrannt zu werden.

*) Dies geschah nachher nicht mehr, sondern die Büttel thaten es, nothzüchtigten neben her auch wohl ein ihrer Gewalt gänzlich überlassenes, ehrbares Frauenzimmer, wovon künftig noch Beyspiele vorkommen dürften. Dem Schinder ward gewöhnlich bey dieser Entkleidung aufgegeben, nach dem vom Teufel den Hexen eingedrückten Mahle zu forschen, nach dem Vorgeben aber befand sich dies Mahl gewöhnlich an oder tief in den geheimsten Oertern, die die Ehrbarkeit nicht zu nennen erlaubt. Kann einem keuschen Frauenzimmer von Erziehung, Grundsätzen und Delicatesse, wohl was schrecklicheres begegnen, als das, sich in einem verschlossenen Zimmer dem Muthwillen eines Schinderknechts preis gegeben zu sehen, ohne sich vertheidigen zu können?

schont bleiben solle. Aber darf denn auch der Richter einem völlig überführten Zauberer, bey dem zur verdienten Todesstrafe nichts mehr fehlt, als sein eigenes Geständniß, das Leben versprechen? Antwort, der eine sagt dies, der andere das. Einige halten dafür, daß man einer Generalhere wohl diese Begnadigung

512 versprechen, und die Todesstrafe in eine ewige Gefängnißstrafe bey Brod und Wasser verwandeln könne, wofern sie nur alle andre Hexen unter gewissen und nicht zu verkennenden Merckmalen angeben wolle. Indessen braucht man ihr lebenswiehrige Gefängnißstrafe noch nicht zu nennen, man läßt ihr nur überhaupt Hofnung zum Leben. Andere sind der Meinung, man müsse einer solchen Hexe die Strafe andeuten, daß sie eine gewisse Zeit im Gefängniße sitzen solle, man müsse ihr auch Wort halten — nach Verlauf dieser Zeit könne man sie aber verbrennen. Noch andre sagen, der Richter könne ihr dreist das Leben versprechen — aber nachher einen andern für sich das Urthel sprechen und vollziehen lassen. Die erste Meynung scheint den Vorzug zu verdienen, weil durch solche begnadigte Hexen noch manchem Bezauberten geholfen werden kann, jedoch ist es vorzüglich den Richtern nach jedes Orts Ge-

513 brauch und Observanz zu überlassen. Will sich aber die Hexe nicht durch dergleichen Kunstgriffe fangen lassen; so bleibt nichts übrig, als den Bütteln aufzugeben, mit der Folter zu verfahren, je nachdem die Umstände es erfordern, ohne sich jedoch neue Folterarten zu erlauben. Man fängt mit den Fragstücken über leichtere Dinge an, weil sich die Delinquentin darauf eher einlassen wird, als auf schwerere, und der Notarius soll alles genau protocolliren. Bekennt sie nun durch die Folter, so bringe man sie so fort an einen dritten Ort, außer der Folterkammer, und lasse sie daselbst ihr Bekenntniß wiederhohlen. Will sie aber

nicht

nicht bekennen, so zeige man ihr noch andre Folterinstrumente, und erkläre sie ihr, mit dem Bedeuten, daß sie auch diese leiden müße, wofern sie nicht gutwillig mit der Wahrheit heraus wolle. Läßt sie sich nun auf nichts ein; so fährt man des andern oder dritten Tages mit der Tortur fort, denn man mag die Folter wohl fortsetzen, aber wiederholen darf man sie nicht, wenn sich nicht neue Indicia angegeben haben. Der Richter publicirt ihr demnach ein neues Urthel, des Inhalts: Wir ꝛc ꝛc verurtheilen dich N. N. daß morgen, oder übermorgen die Folter mit dir fort gesetzt werden solle u. s. w. In der Zwischenzeit sucht der Richter sie durch allerley ehrbare Leute zum Geständniß zu bringen, und wenn er's für gut hält; so kann er ihr auf den Fall Begnadigung von der Todesstrafe versprechen. Auch muß der Richter ihr jetzt beständige Wächter zugeben, damit sie nicht allein gelassen werde und der Teufel sie berede, sich zu entleiben.

Funfzehnte Frage: (Zehnter Act). Ueber die fortzusetzende Tortur, die Cautelen und Zeichen, woran der Richter die Hexen erkennen kann; wie er sich vor ihren Zauberkünsten hüten, sie ertappen und verborgene Zaubermittel entdecken könne und dem durch Zauberey bewirkten Stillschweigen zu begegnen habe. 514

So wie nicht jede Arzney für ein jedes Glied des menschlichen Cörpers ist; so muß auch nach dem Unterschiede zwischen den so verschiedenen Ketzern oder der Ketzerey Beschuldigten verschieden wider sie verfahren werden. Dies gilt besonders wider solche Hexen, die sich durch Zauberkünste ein hartnäckiges Stillschweigen verschaffen. Will er also wissen, ob die Hexe 515 sich durch Zauberkünste die Gabe des Stillschweigens erworben habe: so gebe er wohl Achtung, ob sie in seiner Gegenwart und bey Vorzeigung der Folterinstrumente auch weinen könne; denn aus Ueberlieferungen unsrer glaubwürdigen Vorfahren ist es bekannt, daß eine Hexe, wenn sie auch noch so sehr dazu aufgefordert wird, keine Thränen vergießen könne, sondern sich nur so anstelle, und mit Speichel Augen und Wangen naß mache. Um demnach seiner Sache gewiß zu seyn, lege der Richter oder Priester der Hexe die Hand auf den Kopf, und beschwöre sie, wie folgt: „Ich beschwöre dich durch die bittern Thränen Christi, die er am Creutze für unser Heil vergoß, durch die heißen Thränen der glorreichsten Jungfrau seiner Mutter, die sie zur Abendzeit so reichlich über die Wunden ihres Sohnes fließen ließ, und durch alle die Thränen, die jemals alle Heiligen und Erwählten Gottes auf dieser Welt vergossen haben und die der Herr jetzt von ihrem Angesichte abgewischt hat, daß du, im Falle du unschuldig bist, Thränen vergießest, falls aber du schuldig bist, gar keine. Im Namen des Vaters rc." Jemehr nun solche Leute, wenn sie schuldig sind, beschworen werden, um desto weniger können sie weinen, dies hat die Erfahrung gezeigt, so viele Mühe sie sich auch gaben. Thränen sind Zeichen der Buße, man darf sich also nicht wundern, daß sich der Teufel so viel Mühe gab, sie zu verhindern.

Weiter muß sich ein Richter wohl in Acht nehmen, daß ihn die Hexe nicht an den bloßen Gelenken der Hand oder des Arms berühre; er trage auch beständig geweihte Kräuter und am Palmsonntage beschwornes Salz bey sich, nebst geweihten Wachse am Halse. Diese haben, nach dem Geständnisse der Hexen selbst, und dem Zeugnisse der Kirche, die das Weihen verrichtet, eine große Kraft. Man hat auch Beispiele, daß die Hexen sich Mühe gegeben, den Richter und seine Gehülfen

hülfen eher ansehen zu können, ehe sie von ihnen gesehen wurden, dann verlohr sich aller Grimm bei den Gerichtspersonen, und sie setzten die Hexen wieder in Freyheit. Man lasse also die Hexen rücklings in die Gerichtsstube führen, bezeichne sich mit dem h. Creutze, und breche dadurch die Macht der alten Schlange. Darzu ist auch, wie mehrmals gesagt, dienlich, daß man verhüte, daß die Hexe keinen Fuß auf die Erde bringe, damit ihre Zauberkraft nicht wirksam werde.

Weiter muß man den Hexen alle Haare von Cörper wegscheren, damit sie keine Zaubersachen bei sich behalten, und diese Vorsicht muß sich auch auf die geheimsten Oerter erstrecken. Uns ist ein Beispiel von einer Hexe bekannt, die einen erstgebohrnen, ungetauften Knaben in Ofen brieth, nebst andern nicht zu nennenden Sachen, wenn die Hexen dergleichen bey sich tragen; so kann sie kein Mensch zum Geständniß bringen. Die Gabe des Schweigens schreibt sich überhaupt aus drei Quellen her, 1. aus einer natürlichen Verstockung des Gemüths, da einige so weich von Natur sind, daß sie bey der geringsten Tortur gleich alles von sich sagen, auch wohl Unwahrheiten, andre aber so hartnäckig, daß sie sich lieber alle Glieder in Stücke zerfoltern lassen, ehe sie bekennen. 2. Die zweite Art von Stillschweigen schreibt sich, wie gesagt, von Zaubersachen her, die die Hexen bei sich in den Kleidern oder irgend in den Haaren verborgen halten. 3. Können auch andere, selbst weit entfernte Hexen eine solche zu folternde dergestalt bezaubern, daß sie keinen laut von sich giebt. So rühmte sich z. E. eine Hexe zu Ißbruck, daß, wenn sie nur einen Faden aus dem Kleidern eines zu Folternden haben könnte, er gewiß kein Wort solte gestehen, und wenn man ihn auch bis auf den Tod torquirte. In der Gegend von Regensburg

burg waren verſchiedene Zauberer, die durch ihr eigenes Geſtändniß überführt, zum Scheiterhaufen verdammt waren. Indeſſen ward die Sentenz dahin abgeändert, daß ſie erſäuft werden ſollten, fals das Feuer keine Gewalt über ſie haben mögte. Es half aber alles nichts. Der Richter befahl demnach der Gemeinde ein dreytägiges Faſten an, worauf es jemand kund gethan ward, daß ſie unter einem Arme ein Zaubermittel zwiſchen Haut und Fleiſch eingenähet hätten. Sobald man dies weggenommen hatte, brannten ſie, wie ſichs gehört. In Deutſchland will man das Haarabſcheren, beſonders an geheimen Oertern nicht für ein ehrbares Mittel gelten laſſen, deswegen haben wir Inquiſitoren uns auch, nach weggenommenen Haaren *), des Gefäßes mit dem Weihwaſſer bedient, worin wir einen Tropfen geweihten Wachſes fallen ließen, die heilige Dreyeinigkeit dreymal nüchtern anriefen, und die Hexen das Getränk trinken ließen, wodurch wir noch jedesmal die Bezauberung zum Stillſchweigen gehoben haben, in andern Gegenden haben die Ketzermeiſter noch immer das Abſcheren verrichten laſſen, wie denn unſer Collega Cumanus uns berichtet, daß er in den abgelaufenen Jahre 1435 in der Gegend von Wormbſerbad noch 41 Hexen habe über und über raſiren und verbrennen laſſen. Da man nun dies und mehrere

---

*) Dieſe Stelle iſt mir dunkel. Erſt ſagt Sprenger, und ſeine geſchorne Mitbüttel hätten ſich des Scherens enthalten, und hätten, tonſis capillis, die heilige Suppe dafür gebraucht. Tonſis capillis zeigt doch an, daß die Haare bereits weg waren, wer hatte ſie aber weggenommen? Vielleicht der Büttel, und die Schurcken von Inquiſitoren konnten doch wenigſtens ſagen, daß ſie es nicht ſelbſt gethan hätten. Es iſt auch immer Obſervanz in Deutſchland geblieben, alles Haar, auch an den Geburthsgliedern, weg zu nehmen, der Schinderknecht nahm die Weiber zu dem Ende mit ſich in eine beſondere Stube.

rere Entzauberungsmittel hat, auch bey Gelegenheit noch auf mehrere raffiniren kann; so können wir's nicht billigen, daß man bei solchen Gelegenheiten seine Zuflucht zu Wahrsagerinnen nehme, um die Bezauberung aufheben zu lassen.

Sechszehnte Frage: (Eilfter Art). Von der Zeit und der zweyten Art des Verhörs und einigen endlichen Cautelen, die der Richter zu beobachten hat.

Zuerst unternehme man dergleichen Verhör an den heiligsten Festtagen, zur der Zeit der Messe, wo die Gemeinde erinnert wird, Gott und die Heiligen überhaupt wider gewisse Anfechtungen des Teufels anzurufen, die jedoch nicht näher genannt werden. Sodann nehme man heiliges Salz und andere geweihte Dinge, schreibe die 7 Worte Christi am Creuze auf einen Zettel, hänge das alles zusammen der zu Peinigenden an den Hals und wenn man das Maß der Länge Jesu haben kann; so messe man sie damit über den nackten Cörper, es hilft wunderbar. Ist dies geschehen, und der obenbeschriebene Trank ihnen gereicht worden; so macht man Anstalt zur Tortur, ermahne sie noch immerfort, und indem sie von der Erde in die Höhe gehoben wird, um auf die Leiter gebracht zu werden, lese ihr der Richter die Aussagen der Zeugen vor, jedoch ohne ihren Namen zu nennen, und rufe ihr zu: siehe, du bist durch Zeugen überführt. Haben sich die Zeugen zur Confrontation erboten; so fragt sie der Richter weiter: ob sie bekennen wolle, wenn ihr's die Zeugen in's Gesicht sagen würden? Versteht sie sich dazu, so läßt man die Zeugen herein und ihr unter die Augen treten, vielleicht zeugt sodann ihr eigenes Erröthen wider sie.

Bekennt sie noch nichts; so wird sie weiter befragt, ob sie sich zu der Probe mit einem glühenden Eisen verstehen wolle? Dazu sind sie fast alle erböthig, weil sie hoffen, daß sie der Teufel unbeschädigt erhalten würde *). Unten soll gezeigt werden, daß man ihnen diese Probe nicht zugestehen dürfe. Bleibt sie bei allen Martern beym Leugnen; so muß sie der Richter freylich zuletzt aus dem Criminalkerker wegnehmen, er läßt sie aber in ein anderes Gefängniß bringen, und giebt sie bey Leibe noch nicht auf Bürgschaft los, aber dafür sorge er, daß sie besser mit Essen und Trinken gehalten werde, lasse auch ehrliche und unverdächtige Leute zu ihr, die anfangs von gleichgültigen Dingen mit ihr sprechen, zuletzt aber ihr rathen müssen, sie solle bekennen, der Richter würde ihr Gnade angedeyen lassen, und sie wollten sich zu dem Ende bey ihm für sie verwenden. Zuletzt tritt der Richter selbst in's Gefängniß, und verspricht Gnade, aber freylich mit dem Winkelzuge, daß er sich und das Publicum in Gedanken meynt, dem alles, was geschieht, Gnade und Wohlthat ist. Verspricht er ihr aber das Leben: so muß der Notarius alle Worte genau niederschreiben, und mit was für Ausdrücken und in welcher Absicht ihr Begnadigung angebothen sey. Bittet sie um Gnade und entdeckt einige Verbrechen; so kann man ihr im Allgemeinen versprechen; sie solle mehr erhalten, als sie einmal gebeten habe, um sie treuherzig zu machen. Weigert sie sich aber noch immer zu bekennen; so kann der Rich-

---

*) Sie glauben vielmehr, da sie einmahl Wunder annehmen, von Gott erwarten, daß er die Unschuld schützen werde, und sich einer vollkommenen Unschuld bewußt sind, daß sie sich durch ein so verzweifeltes Mittel retten würden. Zu dem Ende waren alle sogenannte Hexen, nach den Acten, die ich besitze, nicht allein erböthig, dergleichen Proben mit sich machen zu lassen, sondern sie bestanden sogar darauf auf das inständigste.

Richter mit ihrem Vorwissen, ihre Mitschuldigen ver=
hören, und sagen diese wider sie aus; so muß er nach
diesen Aussagen fleißig nachforschen, ob man bey ihr
keine Zaubersachen, Salben oder Büchsen gefunden,
und wozu sie diese gebraucht habe. Dritte Cautel. Bleibt
sie beym Leugnen, und es sind Vertraute vorhanden,
die wider sie ausgesagt haben, so läßt man solche zu ihr, 525
man stellt aber heimlich Leute vor die Thür, auch wohl ei=
nen Schreiber, läßt sie behorchen, und alles was sie im
Vertrauen sagt, niederschreiben. Vierte Cautel.
Fängt sie an zu beichten; so muß den Richter nichts
zurück halten, nicht Schlaf noch Essen und Trinken,
bis er alles heraus hat, denn wenn man ihr Zeit ließe,
sich zu besinnen; so würde sie sich gewiß wieder beden=
ken, und alles wiederrufen. Hat der Richter nun ihre
Boßheit heraus, die sie an Menschen und Vieh ver=
übt hat; so muß er sie befragen: wie lange sie den Teu=
fel zum Buhlen gehabt habe? wann sie ihren Glau=
ben abgeschworen? Fünfte Cautel. Fehlt das alles;
so läßt sie der Richter in ein entferntes Gefängniß brin=
gen, der dortige Gefangenwärter stellt sich an, als habe
er eine weite Reise zu thun, einige Freundinnen oder
auch andere ehrbare Weiber besuchen die Gefangene,
und versprechen ihr, sie wollten ihr zur Flucht behülflich
seyn, wenn sie sie nur etwas von ihren Künsten leh=
ren wolle. In dieser Falle sind schon viele gefangen
worden.

Wie dieser Inquisitionsproceß durch ein 526
Diffinitiv=Urthel zu beendigen sey.

Dritter Abschnitt.

527 Siebenzehnte Frage: Ueber die Reinigungsmittel auf Seiten der Hexen, und was von der Probe mit einem glühenden Eisen, zu welcher sie sich gewöhnlich erbiethen, zu halten sey.

(Von S. 527 = 30 räsonnirt der Verfasser über die alten Ordalien, oder Gottesgerichte und namentlich über den Zweykampf ziemlich vernünftig, und verwirft sie als Mittel, verborgene Dinge zu erfahren, da Gott nur das Verborgene richten könne; jedoch hält er noch eher auf das Duell, wo sich Stärke und Geschicklichkeit auf beyden Seiten gleich sind, als auf die Probe mit dem glühenden Eisen, wo ein Wunder von Gott erwartet wird).

531 Uebrigens ist es auch nichts unmögliches, daß selbst die Hexen die Feuerprobe aushalten, denn es giebt ein gewisses Kraut, dessen Saft, wenn man die Hände damit bestreicht, vor der Kraft des glühenden Eisens schützet, und da die Teufel große Kräuterkenner sind, sie auch in der Geschwindigkeit einen andern Cörper zwischen die Hand und das glühende Eisen schieben können; so ist auf diese Probe mit den Hexen, die mit den Teufeln so genau verbunden sind, gar nicht zu rechnen. Vor ohngefähr drey Jahren war in der Gegend von Constanz eine alte Hexe in die Inquisition gerathen, die während der Folter sich zur Probe mit dem glühenden Eisen erboth. Der junge Graf von Fürstenburg, der in dergleichen Inquisitionssachen noch wenig erfahren war, gestand ihr dies Reinigungsmittel zu, und es ward ihr zu erkannt, daß sie nur drey Schritte mit dem glühenden Eisen in der Hand gehen
solle.

solle. Sie gieng sechs Schritte, und erboth sich zu einem noch größeren Gange.

Achtzehnte Frage: Wie das Endurthel abzufassen sey.

Da das Laster der Zauberey nicht blos geistlicher Art ist, (non est mere ecclesiasticum); so kann es den Fürsten und weltlichen Richtern nicht ganz genommen werden, darüber zu richten und es zu bestrafen, jedoch soll der weltliche Arm ohne Zuziehung der Kirche nichts thun *).

Zuerst wollen wir demnach hier zeigen, wie eine Sentenz in Zaubersachen selbst aussehe, zweitens wie sie zu fällen sey und dritens auf wie mancherley Art ein solches Urtheil gesprochen werde. Man kann niemand verurtheilen, der nicht völlig überwiesen ist, oder das Verbrechen selbst eingestanden hat. Das Urtheil selbst ist entweder ein Interlocut, oder ein Diffinitivurthel, oder ein Machtspruch. Das erste entscheidet über Nebendinge, und das zweite über die Hauptsache selbst. Ein wider die gerichtliche Ordnung gefälltes Urtheil ist an und für sich zwar null und nichtig, aber es giebt auch eine außerwesentliche Ordnung, (Formalitäten) die unbeschadet der Gültigkeit der gefällten Sentenz vernachläßigt worden seyn kann. Bey dem Laster der Zauberey kann man die genaue Ordnung auf die Seite setzen, und bloß summarisch verfahren, weil es eine Glaubenssache und eine Sünde der Ketzerey ist, es ist nicht erforderlich, daß dem Richter eine förmliche Klageschrift eingereicht werde, die Litiscontestation

---

*) Eigendlich ward der weltlichen Obrigkeit nur das Nachrichteramt gelassen, wenn sie nicht etwa durch einen heiligen Eifer selbst zu inquiriren bereit war, welches man in maiorem Dei gloriam geschehen ließ, wobey sich indessen die Kirche die Confiscation vorbehielt.

station ist entbehrlich u. s. w. Jedoch muß er die nothwendigen Beweise und den Eid von Gefährde, wenn Beklagter bey den Zeugen darauf besteht, zulassen. Niemand anders, als der Richter, kann das Urtheil sprechen, es muß an einem öffentlichen, ehrbaren Orte, und zwar sitzend gesprochen werden, bey Tage und nicht
534 zur Nachtzeit, auch nicht an Festtagen, und wenn diese vor der Thür sind; so mag der Richter wohl eilen, und alle Dilationsgesuche von der Hand weisen. Auch darf die Sentenz eben nicht schriftlich verfaßt werden, besonders da nicht, wo es nicht hergebracht ist. Ist der Richter Bischof; so mag er durch einen andern die Sentenz publiciren lassen. In Criminalsachen soll zwar das Urtheil gleich vollzogen werden, jedoch giebt es Fälle, wo die Execution aufgeschoben werden muß, z. B. bei einer schwangern Frauen oder bei einem Delinquenten, der das Verbrechen zwar Anfangs eingestand, nachher es aber wieder leugnete.

Neunzehnte Frage: Auf wie vielerley Art jemand so verdächtig werden kann, daß ihm die Todesstrafe zu erkannt werden müße.

535 Man muß bey Beantwortung dieser Frage sowohl alte als neue Gesetze zu Rathe ziehen. Darnach giebt es nun vier Arten, jemand zu überführen; entweder durch das Recht, (Iure) als da sind die Folter, Zeugen, oder Ertappung auf der That, oder durch die Erklärung der Gesetze. Der Verdacht ist theils entfernt, und da ist noch keine Reinigung erforderlich; oder wahrscheinlich, wo der Bezüchtigte sich schon reinigen muß; (violenta) und diese letzte Art qualificirt zur Todesstrafe. Ein blos wahrscheinlicher Verdacht
536 gravirt nur zur Hälfte, oder macht den halben Beweiß aus. Ein entfernter Verdacht fällt auf diejenigen,
welche

welche heimliche Zusammenkünfte halten, in Sitten und Gebräuchen von andern Christen abgehen, wegen Blocksbergsfahrten verdächtig sind, den Gottesdienst nicht gehörig abwarten, oder mit verdächtigen Zaubergesindel Umgang pflegen. Groß, starck oder vehe- 537. ment ist der Verdacht, wenn Jemand weiß, der und der ist ein Ketzer und zeigt es doch nicht an, oder ihm günstig ist, sich mit ihm in Verbindungen einläßt, ihn besucht, ihm Geschencke macht oder solche von ihm annimt, ihn versteckt vertheidigt u. s. w. Dies alles gilt auch von der Gemeinschaft mit den Hexen. Der 538 äußerste Verdacht ist da, z. B. wenn jemand den Ketzern abgöttische Ehre erzeigt, Rath und Hülfe von ihnen annimt, oder sie ihnen erzeigt, Gemeinschaft mit ihnen unterhält u. s. w. Beym Zauberwesen tritt dieser Verdacht ein, wenn Jemand solche Dinge treibt, 539 die dazu gehören, z. E. wenn er droht: du sollst es bald fühlen, wie dir's gehen wird, und die Drohung geht in Erfüllung oder er beschädigt Menschen oder Vieh durch Berühren, zeigt sich den Leuten im Schlafe, macht Wetter u. s. w. Wo dergleichen heftiger Verdacht obwaltet und ein böses Gerüchte noch gar hinzu kommt, da wird weiter kein Beweis erfordert und mit der Todesstrafe verfahren, besonders wenn die Wirkung früh oder spät von seinen Zaubereyen erfolgt. Geschieht dis alles auch nicht, und es finden sich bloß von ihm versteckte Zauberinstrumente; so bewirckt dies schon den äußersten Verdacht. Fragt man nun: ob der Teufel auch ohne das Ankucken und Betasten von Weibern jemand bezaubern könne; so muß man darauf allerdings Ja antworten, wenn Gott es erlaubt, denn daß er sich dazu gewöhnlich einer Hexe als einer Mittelsperson zu bedienen pflegt? ist doch nur eitel Gauckeley.

Levi-

Leuiter, (vehementer et violenter suspecti de haeresi maleficarum ist das wiederhohlte Thema von S. 540 bis 543. das ich nicht Lust habe mit dem Verfasser wieder zu käuen.)

544 Zwanzigste Frage: Ueber die erste Art ein Urtheil zu fällen.

Man findet nun die beklagte Person entweder unschuldig, wo man sie von aller Klage entschlagen muß, oder sie schwebt bloß im Verdachte der Ketzerey, oder endlich sie hat sie eingestanden, bleibt aber unbußfertig und fällt wohl gar in die alten Sünden zurück; oder sie hat selbst noch nicht bekannt, ist aber durch unver**545** werfliche Zeugen überführt u. s. w. Wird sie unschuldig erfunden; so lautet das Endurtheil ohngefähr so:

„Wir ꝛc. Da du N. N. bey uns als der Zauberey verdächtig bist angeklagt worden, und wir wi**546** der dich gerichtlich procedirt — aber nichts gewisses wider dich gefunden haben; deshalb entschlagen wir dich von diesem Augenblicke an aller Untersuchung."

Man hüte sich aber, in der Sentenz zu sagen: daß Beklagter unschuldig sey, sondern man habe nichts auf ihn bringen können, denn solte er nachher abermals denunciirt und überführt werden; so kann er verurtheilt werden.

Ein und zwanzigste Frage: Wie man wider eine bloß berüchtigte und angeklagte Person ein Urtheil zu fällen habe.

Kann der Beklagte nicht überführt werden, und **547** will auch selbst nicht bekennen, es ist aber das Gerücht wider ihn, und man kann ihm beweisen, daß er Drohworte wider jemand ausgestoßen habe, auf welche in

kur-

kurzer Zeit eine wirckliche Beschädigung an Menschen oder Vieh erfolgte; so bringt es die Proceßordnung mit sich, daß er sich canonisch reinigen müße, und die Sentenz ist folgender Art:

„Wir ꝛc. Da wir wider dich N. N. auf geschehene Denunciation, als habest du dich einer solchen ketzerischen Bosheit schuldig gemacht, den Proceß ordentlich und fleißig geführt haben; so haben wir dich zwar nicht überführen können, du hast dich auch nicht selbst schuldig gegeben, außer daß du dich in der und der Stadt u. s. w. bey guten und bösen Menschen äußerst verdächtig gemacht hast. Es wird dir also hiermit auferlegt, dich an dem und dem Tage vor uns zu stellen und dich eidlich zu reinigen, und vermagst du das nicht; so wird man dich für überführt halten." 548

Ist jemand als ein Zauberer angegeben, und es kann weiter nichts auf ihn gebracht werden; als der bloße, öffentliche Verdacht; so muß er sich canonisch reinigen. Das ist, er habe an den Oertern, wo der Argwohn wider ihn ruchtbar geworden ist, sieben, zehn, zwanzig oder dreißig Männer, die seines Standes sind, diese müßen ihn von dem imputirten Laster reinigen, sie müßen ihn aber nicht erst seit kurzem kennen, sondern auch schon vor langer Zeit gekannt haben, Catholicken und ehrliche Leute seyn. Solche Männer werden Reiniger (Purgatores) genannt. Weigert sich aber der Beklagte, sich zu reinigen; so wird er für's erste excommunicirt, und bleibt er ein Jahr im Banne; so qualificirt er sich zu einem verhärteten Sünder, und wird als ein Ketzer verurtheilt. Hat er sich aber zur Purgation erbothen, und er vermag sie nicht zu leisten, d. i. kann er nicht so viele und solche Männer auftreiben, die ihn reinigen, als ihm auferlegt worden; so wird er für überführt gehalten und als ein Ketzer verurtheilt. 549

An dem angesetzten Tage muß der Bezüchtigte persönlich nebst seinen Reinigern vor dem Bischofe, der die Untersuchung hat, und wo er berüchtigt ist, erscheinen, seine Hand auf das vor ihm aufgeschlagene Evangelienbuch legen, und sprechen: „Ich schwöre auf diese heiligen Evangelia Gottes, daß ich mich der und der Ketzeren niemals schuldig gemacht noch sie geglaubt habe, deren ich bezüchtigt werde, ich habe sie auch nicht gelehrt, glaube sie noch nicht und hange ihr nicht an." Darauf legen alle Reiniger auch die Hände auf dies Buch und jeder spreche: „Auch ich schwöre auf diese heiligen Evangelia Gottes, daß ich glaube, daß er recht geschworen." Ist ein solcher Berüchtigter es an mehr als einem Orte; so muß er allerwärts, wo er einen bösen Namen hat, sich reinigen, den katholischen Glauben öffentlich bekennen, und die Ketzeren verschwören. Fällt er aber nachher wirklich in eine solche Ketzeren; so wird er als rückfällig angesehen und bestraft.

Zwey und zwanzigste Frage: Ueber die dritte Art, die Berüchtigten zu befragen und sie zu foltern.

Die dritte Art einen solchen Proceß abzuthun, ist, wenn der Inquisit sich in seinen Aussagen nicht gleich bleibt, oder Anzeigen wider sich hat, die ihn zur Folter qualificiren. Uebersteht er aber die Tortur; so muß er für unschuldig gehalten und erkannt werden. Wenn auch überhaupt nichts auf Inquisiten gebracht werden kann, er ist aber veränderlich in seinen Antworten; so qualificirt er sich zur Folter. In dem Falle muß folglich das Interlocut jederzeit wider ihn, niemals aber zu seinen Gunsten ausfallen. Hat er immer steif und vest geleugnet, und er kann überwiesen wer-

werden, daß er sich gegen redliche Männer ausgelassen habe, er wolle die Wahrheit bekennen; so wird eine Sentenz folgendes Inhalts wider ihn gefällt.

„Wir ꝛc. Nachdem wir in dem wider dich N. N. schwebenden Processe alles wohl und fleißig erwogen haben; so finden wir, daß du dir in deinen Antworten nicht gleich geblieben seyst, auch daß sich solche Anzeigen wider dich hervorgethan haben, die dich zur Folter reif machen. Damit wir also die Wahrheit aus deinem Munde selbst vernehmen mögen, und du nachher durch Einreden (interloquendo) die Ohren deiner Richter nicht beleidigest; so erklären, sprechen und urtheilen wir hieburch, daß du noch heute um — Uhr auf die Folter gespannt werden sollest". Sind keine weitere Anzeigen vorhanden, und Inquisit hat sich bloß durch unübereinstimmende Aussagen verdächtig gemacht; so muß dies in der Sentenz ausdrücklich gesagt werden, wie auch, wenn Indicia vorhanden sind, Inquisit aber bey einerley Aussage beständig geblieben ist. So bald das Urthel gesprochen ist, muß es auch exequirt werden, oder man muß sich stellen, als wenn man es vollziehen wolle. Indessen soll der Richter nicht zu voreilig mit der Folter seyn, weil diese nur in Ermangelung anderer Beweisgründe zur Hand genommen wird, sondern er soll sich nach andern Beweismitteln umsehen, wenn er Denunciaten für schuldig hält, — er bediene sich der Freunde des Beklagten, ihn dahin zu bringen, daß er die Wahrheit bekenne, und wende allen Fleiß an, ihn zum Bekenntniß zu bringen, damit das Werck nicht zu lange aufgehalten werde. Häufiges Nachdencken, das Elend des Kerkers und wiederholtes Zureden redlicher Männer tragen vieles dazu bey, die Wahrheit heraus zu bringen. Hat man Inquisiten hinreichende Frist verstattet und alles Nöthige vorgehalten; so kann der Richter bona fide voraus setzen,

O 2 daß

daß er mit der Wahrheit zurückhalte, und so mag er ihn mit der Folter ziemlichermaßen angreifen lassen, doch ohne ihn blutrünstig zu machen, da ihm bekannt ist, daß die Folter unzuverläßig und nicht immer ein wircksames Mittel sey. Denn einige sind so weichlich, daß sie bey dem geringsten Grade der Tortur alles, was man will, also selbst die Unwahrheit sagen würden; andre sind dagegen so hartnäckig, daß sie eher die schrecklichste Marter ausstehen, als die Wahrheit sagen würden. Andre bedienen sich der Zaubermittel, um sich wider die Schmerzen abzuhärten. Ist aber einmal auf die Tortur erkannt; so muß durch die Büttel gleich Anstalt dazu gemacht werden, jedoch kann der Bischof ihm vorher durch christliche Leute, die eifrig über den catholischen Glauben halten, zureden lassen, die Wahrheit zu sagen, auch wohl sich mercken lassen, daß ihm das Leben könne gerettet werden, wenn er's für rathsam hält. Hilft dies nicht; so kann er den

553 andern Tag, oder auch den dritten dazu ansetzen, mit der Folter zu continuiren; zu continuiren sag ich, denn wiederhohlen darf man sie nicht eher, bis sich neue Indicia wider Inquisiten hervorgethan haben, aber die Continuation ist nirgend verbothen. Zuvor aber läßt man auf's neue durch christliche Eiferer in ihn bringen, die Wahrheit freywillig zu gestehen; will er aber nicht bekennen, so mag man wohl, nach Beschaffenheit der Umstände, die Tortur verstärcken, neue Grade hinzuthun oder auch einige weglassen, sie folglich mildern. Verspricht er, die Wahrheit zu gestehen; so muß er gleich von der Peinbanck abgenommen werden, will er aber nicht bekennen; so muß er als ein überwiesener Ketzer geachtet und bestraft werden, vollends,

554 wenn er sich weigert, sein Laster zu bereuen, ob er gleich kein Rückfälliger ist.

Drey=

Drey und zwanzigste Frage. Ueber die vierte Art, eine Angezeigte zu verurtheilen, die einigen Argwohn wider sich hat.

Sind die Anzeigen wider einen der Ketzerey verdächtigen nur ganz geringe und unbedeutend, und fehlen alle triftige Beweise; so muß er zwar die ihm beygemessene Ketzerey abschwören, aber er kann nachgehends, wenn er in diese Ketzerey verfallen sollte, nicht als ein Rückfälliger bestraft werden, ohnerachtet er schwerer bestraft wird, als wenn er vorher nicht geschworen hätte. Ist sein Verdacht ein öffentliches Gerücht; so muß er auch den ihm beygemeßenen Irrthum öffentlich in der Kirche abschwören. Der von ihm zu leistende Eid ist folgender:

„Ich N. N. Einwohner zu N. N. bin vor dies Gericht und Euch, den Bischof N. N. gestellt worden, und da die heiligen Evangelia vor mir aufgeschlagen liegen, ich solche mit meinen Händen berühre; so schwöre ich, daß ich den heil. catholischen Glauben, den die heil. Römische Kirche glaubt, bekennt, prediget und beachtet, von Herzen glaube und mit dem Munde bekenne. Auch glaube ich und bekenne es mündlich: daß der Herr Jesus Christus *) nebst allen Heiligen die allerschlimmste Ketzerey der Hexen verfluche, und daß alle, die ihr Beyfall geben und anhängen, mit dem Teufel und allen seinen Engeln ewige Pein leiden werden in dem ewigen Feuer, wofern sie sich nicht besinnen und sich durch Buße wieder mit der heil. Kirche vereinigen. Folglich schwöre und leugne ich ab, und wiederrufe diese Ketzerey, der ihr Bischof, Official ꝛc. mich verdächtig gehabt hat, als habe ich mit Zauberern Gemeinschaft gehabt,

*) Wo Jesus das gethan habe, wird nirgend gesagt, aber auch er und selbst seine Apostel kennen keine eigentliche Zauberey, wohl aber das Giftmischen.

ihrem Irrthume unwissenderweise das Wort gesprochen, die Inquisitoren und Verfolger der Hexen gehaßt, oder ihre Irrthümer nicht entdeckt. Weiter schwöhre ich, daß ich vorgemeldete Ketzerey niemals geglaubt habe und auch jetzt noch nicht glaube, ihr niemals angehangen habe und ihr auch bis diese Stunde noch nicht anhange; sie nie glauben noch ihr Anhänger seyn werde, ich habe sie weder gelehrt, bin auch nicht gesonnen, sie zu lehren, und sollt' ich in Zukunft, (welches Gott verhüte), etwas dergleichen thun; so unterwerf ich mich willig aller gesetzlichen Strafe, die jeder verdient, der das ist, was ihr mich zu seyn geglaubt habt" u. s. w. Darauf wird der oder die von aller Schuld absolvirt und vor künftigem Unfall und Irrthum gewarnt, der abgeschwohren werden muß.

558 Vier und zwanzigste Frage: Ueber die fünfte Art, ein Urtheil über jemand zu sprechen, der sich schon in einem ziemlich hohen Grade verdächtig gemacht hat.

Es kann jemand nicht gehörig überführt seyn, nicht selbst bekannt haben, es können auch der Zeugen Aussagen in Form Rechtens wider ihn fehlen, und doch können so starke Anzeigen wider ihn vorhanden seyn, die das Gericht für wichtig genug hält, ihn für sehr verdächtig zu halten, daß er von dieser ketzerischen Bosheit nicht rein sey. In diesem Falle muß der Beschuldigte nicht allein den ihm schuld gegebenen Irrthum abschwöhren, sondern er wird auch nachher, wenn er darinn verfallen sollte, als ein Rückfälliger angesehen und dem weltlichen Arme zur Vollziehung der Todesstrafe übergeben. Zur Abschwöhrung wird der nächste Sonntag angesetzt, wo dem Beklagten die Sentenz vorher vorgelesen wird. Der Prediger hält eine allgemeine Rede, dann verliest der Notarius oder Gerichtsschreiber das-

dasjenige, was auf den Abschwöhrenden ist gebracht
worden, nebst andern Dingen, die ihn verdächtig ge=
macht haben. Dann wird er bedeutet, daß er sich
eben vorgelesener Dinge halben sehr verdächtig gemacht
habe, folglich schuldig sey, die ihm beygemessene Ke=
tzerey abzuschwören. — Ist er der Zauberey wegen
verdächtig; so wird folgende Clausel mit in den Eid
gerückt: „Ich schwöhre zu glauben, daß nicht allein alle
„bloße Ketzer und Abtrünnige (Schismatici) im höllischen
„Feuer ewige Pein werden leiden müssen, sondern auch
„insbesondre diejenigen, welche mit der Ketzerey der
„Hexen befleckt sind, die in die Hände der Teufel den
„in der heiligen Taufe erhaltenen Glauben abschwöhren,
„sich den Unflätherenen der Teufel ergeben, deren Bos=
„heit auszuüben, Menschen, Vieh, und den Feldfrüch=
„ten häufigen Schaden verursachen; folglich schwöre und
„leugne ich diese Ketzerey ab und wiederrufe sie, die viel=
„mehr ein Unglaube verdient genannt zu werden, fälsch=
„lich und lügenhaft vorgiebt: es gebe gar keine Hexe
„auf der Erden, es dürfe niemand glauben, daß
„sie durch Hülfe der Teufel Schaden thun kön=
„nen, da dieser Unglaube, wie ich jetzt einsehe, den
„Aussprüchen der heil. Mutterkirche, und der Doctoren
„ausdrücklich widerspricht, ja selbst wider die kayser=
„liche Gesetze streitet, die die Hexen zum Feuer ver=
„dammen.„

Auf immer werden solche ziemlich Verdächtige zwar
nicht eingekerckert, weil dies eine Strafe für solche ist, die
einmal wircklich Ketzer waren, und nachher sich wieder
bekehrten; sondern nur auf eine gewisse Zeit.

Fünf und zwanzigste Frage: Sechste Art, wie
wider eine äußerst Verdächtige zu verfahren.

Dies ist der Fall, wenn Inquisit zwar durch or=
dentliche Beweise nicht überwunden ist, wider ihn aber

der stärkste und äußerste Verdacht obwaltet, daß er dieser Ketzerey ergeben sey. Es ist z. E. jemand schon einigermaßen (leviter) der Ketzerey verdächtig, wenn er eins und das andere bedenkliche gesagt oder gethan hat, besonders wenn er wegen Glaubenssachen ein Jahr und wohl noch länger im Kirchenbanne gewesen ist, denn nun ist er vom Makel der Ketzerey nicht ganz mehr frey. Wird er aber vorgeladen, um sich gewisser Sachen wegen, die den Glauben betreffen, zu verantworten, und er weigert sich zu erscheinen, ohnerachtet in contumaciam wider ihn, im Ausbleibungsfalle, folglich auf die Excommunication, würde erkannt werden; so wird der Verdacht wider ihn schon stärker (vehementer) und läßt er's auf den Kirchenbann ankommen, und verharrt Jahr und Tag in demselben hartnäckig; so steigt der Verdacht aufs äußerste (violenter) wider welchen keine Defension mehr statt findet, und er wird als ein Ketzer verdammt.

564 Ein äußerst Verdächtiger kann vielleicht keinen Irrthum im Gemüthe noch Halsstarrigkeit im Willen haben; nichts destoweniger wird er, sehr starken Verdachts wegen als ein Ketzer verdammt, dem keine Defension zu statten kommen kann, und zwar zum Tode, 565 wenn er nicht umkehren, die Ketzerey abschwöhren und hinreichende Genugthuung geben will. Sucht er sich aber durch allerley Ausflüchte zu vertheidigen, und dem Richter kommt es vor, er verdiene die Feuerstrafe nicht; so muß mit der Untersuchung weiter verfahren werden, besonders mit der Folter. Sind nachher noch keine genugsame Indicia vorhanden; so darf Inquisit deswegen seines Verhafts noch nicht entschlagen werden, man behalte ihn wenigstens noch ein Jahr in einem schmutzigen, häßlichen Kerker zurück, wo er alles Elend zu ertragen hat, und examinire ihn fleißig, besonders an den Festtagen. Will dann der Richter noch immer=

nierfort aus Zärtlichkeit des Gewissens mit der Feuer=
strafe nicht verfahren; so muß er doch auf die Reini=
gung antragen, und da werden 20 bis 30 Zeugen er=
fordert. Kann Inquisit sich dann nicht reinigen; so
bleibt nichts mehr übrig, als die Feuerstrafe. Reinigt
er sich aber wirklich; so muß er die Abschwöhrung lei=
sten, und zwar unter der ausdrücklichen Warnung, daß
er im Betretungsfalle als ein wirklicher Rückfälliger be=
handelt werden solle und wolle. (Hier folgt die Abschwö=
rungsformel). Der Gerichtschreiber soll diesen Eid zu
Protocoll nehmen, und wohl dabey bemerken, wer der
Abschwöhrende gewesen, daß er im äußersten Verdachte
der Ketzerey geschwebt, und daß er, falls er in's künf=
tige als ein Abtrünniger sollte befunden werden, dem
weltlichen Arme übergeben werden solle.

Hierauf wird Inculpat gänzlich absolvirt, und
auch zugleich vom Kirchenbanne, in dem sich jeder
Ketzer befindet, losgesprochen. (Die Absolutions=
formel schenke ich meinen Lesern, doch muß ich noch
einige Umstände daraus anführen.)

Zuerst verurtheilen wir dich, daß du zur Strafe
über deine übrigen Kleider einen grauen Anzug tragen
sollst, gleich einem Mönchsscapulier, jedoch ohne Kap=
pe, mit safranfarbigten ledern Creutzen, drey Handbreit
lang und zwey breit. Diese Kleidung sollst du so und
so lange tragen, (wie es die Umstände erfordern) in
derselben an (zu bestimmenden) Festtagen vor der Kirch=
thür da und da stehen, und über dies sollst du (entwe=
der auf immer, oder auf gewisse Jahre) zu dem und
dem Kerker verdammt seyn. Indessen behalten wir
uns, nach den canonischen Rechten bevor, diese Pö=
nitenz zu lindern oder zu erhöhen, in Geldbuße zu ver=
wandeln, sie ganz aufzuheben, oder zum theil — wie
es uns gut deucht.

D 5 Sechs=

Sechs und zwanzigste Frage: Wie eine mit Grunde Berüchtigte zu behandeln sey.

571 Eine Verdächtige, die zu gleicher Zeit einen bösen Namen hat, die zwar nicht gerichtlich überwiesen ist, die aber ein böses Gerüchte, und Indicia wider sich hat, welche das Gerüchte bestärken; z. E. daß sie mit Ketzern vertrauliche Gemeinschaft gepflegt, muß sich auf gleiche Art von dem Verdachte wider sie canonisch reinigen.

572 Es wird noch oft darüber gestritten: ob ein canonisch Gereinigter, wenn er nachher in das nämliche Laster
573 verfällt, wovon er sich dismal gereinigt hat, als ein Rückfälliger am Leben dürfe bestraft werden? Nach den canonischen Rechten muß dies allerdings geschehen.

575 Sieben und zwanzigste Frage: Wie ein Ketzer zu behandeln sey, der zwar seine Ketzerey gestanden, aber sich auch bekehrt und Buße gethan hat.

Wenn Beklagter im Gerichte gestehet, daß er dieser oder jener Ketzerey eine Zeitlang sey ergeben gewesen, aber nach erhaltener beßerer Belehrung bereit sey und eidlich verspreche, in den Schoß der Kirche zurückzukehren, alle Ketzereyen abzuschwöhren, und sich diejenige Buße gefallen zu laßen, die man ihm aufzulegen für gut finden mögte, es findet sich auch, daß er vorher noch niemals in dem Falle gewesen sey, eine Ketzerey abzuschwöhren, wozu er jetzt bereit und willig ist; so ist folgendes zu beobachten. Ist Beklagter bereit, die gehegte Ketzerey abzuschwöhren und sich der von dem
576 Bischofe aufzuerlegenden Buße zu unterwerfen; so darf er dem weltlichen Arme zur Todesstrafe nicht übergeben werden, und ist es ein Ordensgeistlicher, so wird er nicht degradirt; sondern der Barmherzigkeit überlaßen. Er wird sodann zu ewiger Gefängnißstrafe verdammt,

dammt, wenn er vorher den Irrthum abgeschwohren hat. Die Abschwöhrung muß an einem Festtage in der Kirche vor allem Volke geschehen, da muß er seine Verbrechen mündlich, auf die Fragen des Officials bekennen. Darauf wird ihm das Absolutionsdecret vorgelesen, in dem es unter andern heißt: damit aber dein Vergehen nicht ungestraft bleibe, und du für's künftige vorsichtiger verfahren lernst; so condemniren wir dich auf ewig zum Kerker; damit du mit Brodt und Wasser des Trübsals gespeiset werdest, du sollst beständig Creuße tragen, damit auf der Treppe oder in der Kirchthür stehen, du wirst auf ewig zum Gefängniß bey Brodt und Wasser verdammt. Indessen verzweifle nicht, mein Sohn! wenn du dich geduldig in dein Schicksal ergiebst; so wirst du Barmherzigkeit bey uns finden.

Acht und zwanzigste Frage: Wie mit einer Person zu verfahren sey, die einmal ihre Ketzerey eingestanden hat, darauf wieder in dieselbe verfiel und es nun bereut.

Einem solchen sind, wenn er bemüthig darum bittet, die Sacramente der Buße und des Abendmals nicht zu verweigern, war aber die einmal abgeschwohrne Ketzerey die Zauberey, und er machte sich nachher derselben wieder schuldig, so muß er dem weltlichen Arme zur Todesstrafe übergeben werden. Dies geschieht aber nur, wenn er vor der Abschwöhrung auf diesem Laster selbst ertappt war, oder doch in dem äußersten Verdachte schwebte, nicht aber, wenn der Verdacht nur leicht war.

Neun

586   Neun und zwanzigste Frage; Strafe einer Person, die das Laster der Ketzerey eingestanden, niemals rückfällig geworden, aber unbußfertig ist.

Dieser Fall ist zwar selten, er ist uns Inquisitoren doch bisweilen aufgestoßen, und der Bischof oder sonstige Richter dürfen mit einem solchen Verbrecher nicht zu sehr eilen, sondern ihn gut verwahren, und einige Monathe dran wenden, ihn zu bekehren, und ihm vorstellen, daß er sonst nach Leib und Seele verdammt werden würde. Will er sich weder durch Glück noch Unglück, weder durch Drohungen noch Schmei-
587 cheley bewegen laßen; so muß er dem weltlichen Arme übergeben werden.

589   Dreißigste Frage: Wie derjenige zu bestrafen sey, der die Ketzerey eingestanden, aber rückfällig und unbußfertig ist.

Mit einem solchen wird auf eben die Art verfahren, als die vorhergehende Frage besagt.

592   Ein und dreyßigste Frage: Wenn jemand ertappt und überwiesen ist, aber alles leugnet.

Ein solcher muß in ein schreckliches Gefängniß geworfen, an Händen und Füßen fürchterlich geschlossen, oft von den Officialen, bald gemeinschaftlich bald einzeln besucht und zum Bekenntniß wie auch zur Buße
593 ermahnt werden. Wolle er aber nicht bekennen; so werde man ihn zuletzt dem weltlichen Arme überantworten, wo er der Todesstrafe nicht entgehen könne. Bleibe er beym Leugnen, so soll der Bischof oder Official bald den einen bald den andern Zeugen zu sich kommen laßen, und Acht geben, ob sie auch wohl die Wahrheit ausge-

sagt

sagt haben, man kann sie auch durch andere rechtschaffene Männer ausforschen laßen. Bleiben die Zeugen dabey, daß sie die Wahrheit ausgesagt hätten, Inquisit fährt aber fort zu leugnen; so darf er nicht zu geschwinde dem weltlichen Arme ausgeliefert werden, man muß noch mehr in ihn setzen, aber auch die Zeugen immer mehr prüfen, ob sie auch wohl ehrlich genug sind, um glaubwürdig zu seyn. Fängt ein Zeuge an zu wanken, oder ergeben sich andere Indicia, die ihn verdächtig machen; so darf auf seine Aussage keine Rücksicht mehr genommen werden. Es hat sich oftmals zugetragen, daß ein Verbrecher, der durch glaubwürdige Zeugen überwiesen ward, wenn er auch noch so lange geleugnet hatte, doch zuletzt die Wahrheit bekannte, besonders 594 wenn ihm versprochen ward, daß man ihn dem weltlichen Arme nicht übergeben, sondern Gnade vor Recht wolle ergehen lassen. Auch ist es oftmals geschehen, daß sich boshafte und rachsüchtige Leute mit einander verbunden haben, jemand der Zauberey wegen anzuklagen, nachher aber trieb sie ihr Gewissen an, ihr Zeugnis zu widerrufen. Mit einem leugnenden Verbrecher muß man sich also nicht übereilen, sondern wenigstens ein Jahr warten, ehe man ihn an die weltliche Obrigkeit ausliefert. Bekennt er nun endlich, und ist bereit, den Irrthum abzuschwören, und sich der Verfügung seiner geistlichen Richter zu unterwerfen; so ist er, wie oben bestimmt, zu behandeln. Hat er aber bekannt, ohne das Laster zu bereuen und Buße zu thun; so muß er der weltlichen Obrigkeit übergeben werden. Sollten 595 die Zeugen aber ihre Aussage widerrufen und gestehen, daß sie falsches Zeugniß gegeben; so müssen sie selbst als falsche Zeugen bestraft werden. Bleibt aber Beklagter ein ganzes Jahr und drüber beym Leugnen, und die Zeugen bey ihrer Aussage wider ihn; so muß ihn das geistliche Gericht an das weltliche überantworten.

Zwey

598 Zwey und dreißigste Frage: Was man in Absicht eines Ueberwiesenen, der sich aber durch die Flucht gerettet, oder contumaciter abwesend bleibt, zu thun habe.

599 Dieser Fall ist dreyerley. Entweder ist Beklagter der Ketzerey völlig überwiesen, auch mit durch sein eigenes Geständniß, ergreift aber sodann die Flucht, und weigert sich auf geschehene Citation wieder zu kommen. Oder wenn jemand angeklagt und seinetwegen die Untersuchung angestellt wird; so ist schon einiger Verdacht wider ihn. Nun wird er vorgeladen, seines Glaubens wegen Rede und Antwort zu geben, er erscheint aber nicht, er wird also excommunicirt, läßt den Kirchenbann halsstarrigerweise über sich ergehen und bleibt noch immer entfernt. Der dritte Fall ist, wenn jemand dem Urthel des geistlichen Gerichts gerade zu Hindernisse in den Weg legt, oder dazu mit Beystand, Rath, oder Gunst ist behülflich gewesen; so wird er excommunicirt, und verharrt er verstockter Weise in Kirchenbanne ein Jahr; so ist er als ein Ketzer zu verurtheilen. Im ersten Falle wird Beklagter als ein unbußfertiger Ketzer verdammt, im zweyten und dritten aber als ein bußfertiger Ketzer.

600 Bey solchen Fällen wird folgendes beobachtet: Beklagter wird von Bischofe und dessen Gehülfen in der Domkirche und andern Kirchen, wo er sich aufgehalten, besonders in derjenigen, von da er zuletzt entwichen ist, öffentlich citirt, und ihm ein peremtorischer Termin angesetzt, zu erscheinen und sein Urthel publiciren zu hören. Erscheint

602 er sodann, erbiethet sich, die Ketzerey abzuschwören, bittet demüthigst um Barmherzigkeit, und ist kein Rückfälliger;

603 so kann er auf oben besagte Art angenommen werden, abschwören und büßen. Ist er sehr verdächtig gewesen, so, daß er auf ergangene Citation sich wei-

weigerte zu erscheinen, in den Bann gethan ward und ein Jahr in demselben hartnäckiger Weise verharrte, und er bereut seinen Fehltritt, so kann er zur Abschwöhrung zugelassen werden. Stellt er sich aber ein, ohne abschwöhren zu wollen; so wird er als ein wirklicher unbußfertiger Ketzer dem weltlichem Gerichte überantwortet. Will der Citirte gar nicht erscheinen; so wird in contumaciam wider ihn erkannt.

Drey und zwanzigste Frage: Wie mit einer 606 Person zu verfahren sey, die von einer schon verbrannten oder noch zu verbrennenden Hexe angegeben worden.

Dreyzehn Fälle sind hier möglich, in denen sich 607. die Angegebenen befinden können, (wer mag sie alle abschreiben?) Kann auf Denunciaten nichts weiter gebracht werden, weder durch eigenes Geständniß noch durch Zeugen; so muß er absolvirt werden. Ist Angeklagter aber ohne das schon im ganzen Orte berüchtigt, so muß untersucht werden, ob nicht einige Stücke vorhanden sind, die Denunciaten wirklich graviren, denn der Hexe selbst, die wider ihn ausgesagt hat, 608 ist nicht zu glauben, da sie den Glauben verlohren, indem sie ihn dem Teufel in die Hände abschwuhr. *) Findet sich eins oder das andere wider ihn, so muß er sich canonisch von dem Verdachte reinigen (Je nachdem

übri-

*) Hin und wieder findet man Funken von Vernunft und Billigkeit in diesem Hexen Hammer, die sich aber in der nachfolgenden Anwendung gänzlich verlohren, wenigstens bey den Inquisitoren und den meisten protestantischen Criminalrichtern selbst. Wir werden es in der Folge sehen, daß ihnen die oft nur durch Folter oder Ueberredung herausgebrachte Denunciation einer Gefangenen oder wirklich schon Verbrannten genug war, eine unschuldige Person gefänglich einzuziehen und zu verdammen.

übrigens Denunciat viel oder wenig, nach vorhergehenden Fragen, wider sich hat, danach wird mit ihm verfahren, welche bereits bestimmte Fälle ich mit dem Verfasser nicht noch einmal wiederhohlen mag).

614 Vier und dreißigste Frage: *Wie mit einer Hexe zu verfahren sey, die wirklich Zaubermittel gebraucht hat, besonders mit zaubrischen Hebammen und Schützen.*

615 Hier ist nicht die Rede von Personen, die bezaubern, sondern entzaubern, und diese gebrauchen dazu entweder erlaubte, oder unerlaubte Mittel. Derjenige, welcher sich erlaubter Mittel bedient, ist kein Zauberer, sondern ein Verehrer Christi, von welchen erlaubten Mitteln bereits Anfangs dieses dritten Theils umständlich ist gehandelt worden. Wendet aber jemand unerlaubte Mittel an; so sind es diese entweder schlechtweg, oder in einer gewissen Rücksicht. (secundum quid) Schlechterdings unerlaubte Mittel sind es in doppelter Betrachtung, denn entweder gereichen sie andern Leuten zum Nachtheile, oder nicht, in beyden Fällen werden aber die Teufel dabey angerufen. In gewisser Rücksicht nur unerlaubte Mittel werden zwar ohne ausdrückliche, obgleich nicht ohne stillschweigende Anrufung des Teufels gebraucht, daher sie auch eher eitele Mittel pflegen genannt zu werden. Diese sind nicht allein zu dulden, sondern selbst zu empfehlen, weil es erlaubt ist, Vorwitz durch Vorwitz zu vereiteln. Jene aber, die mit Hülfe des Teufels gebraucht werden, darf man gar nicht dulden, besonders solche Entzauberungsmittel nicht, die dem Nächsten zum Nachtheile gereichen, z. E. wenn das Zauberübel von dem einen zwar weggenommen, einem andern aber wieder zugebracht wird, und wäre dieser

andere

andere auch die Hexe selbst, die den Menschen bezaubert hatte, oder ein andrer Mensch, oder irgend eine andere Creatur. Es fragt sich aber, was ein Richter machen solle, wenn vorgegeben wird, die Entzauberung sey durch erlaubte und keinesweges durch unerlaubte Mittel geschehen? Antwort, der Richter muß die verdächtige Person vorfordern, und sie befragen, welcher Mittel sie sich bedient habe? Irgend der Pfarrer, Caplan, oder Vicarius des Orts forsche gleichfalls fleißig nach, und findet es sich sodann, daß sie sich aberglaubischer Mittel bedient hat, wie dies gewöhnlich der Fall ist; so dürfen sie allerdings nicht geduldet werden. Freylich, versichern dergleichen Leute gemeiniglich, daß sie sich nur erlaubter Mittel bedient hätten, als gewisser Kräuter und des Gebets; allein durch fleißiges Nachforschen und Suchen kann man ihnen leicht auf die Spuhr kommen, denn die aberglaubischen pflegen sie aus Furcht versteckt zu halten. Man hat inzwischen verschiedene Merkmale, aus welchen man wissen kann, welche Entzauberer wirkliche Hexen sind, z. E. wenn sie verborgene Dinge offenbaren, welche sie ohne Eingebung böser Geister nicht wissen konnten, als da ist die Entdeckung der Ursache einer Krankheit oder eines Schadens, welche sie ohne Zuthun böser Geister nicht wissen konnten. Oder wenn sie nur gewisse Uebel heben können, andere aber nicht, wie jene Hexe zu Ofen, da ein Teufel dem andern nicht immer weichen darf oder will. Oder wenn sie bey solchen Curen gewisse Ausnahmen anzugeben wissen, in welchen Fällen ihre Kunst nichts vermöge, gleich jener Hexe in Speyer, die von einer ehrbaren Person, die am Schienbeine behext war, um Hülfe angegangen ward. Diese Entzauberin wohnte zwey Meilen weit von Speyer, und doch wußte sie, daß es der Bürgerin angethan sey, wer es gethan habe, wann und bey welcher Gelegenheit es geschehen sey, nämlich die Bezauberte habe sich an dem und dem Tage um die und die Stunde mit ihrer Nachbarin gezankt. Wenn keine Schuppen und Haare, sprach sie, in der Wunde sind, so kann ich alles übrige herausschaffen, sie that es, und die Behexte genas. Oder wenn sie sich endlich mit abergläubischen Ceremonien abgeben, oder drauf dringen, daß andere es thun sollen, z. E. vor Sonnenaufgang oder zu einer andern bestimmten Zeit zusammen zu kommen, oder wenn sie vorgeben, eine Krankheit, die eine gewisse Weite über Feld getragen sey, könne nicht mehr curirt werden, oder sie könnten das Jahr über nur zwey bis drey Personen helfen u. s. w.

618 Unter allen Hexen sind die zauberischen Hebammen die schlimmsten, deren eine so ungeheure Anzahl ist, daß kaum ein Dörfchen gefunden wird, wo die Hebamme nicht eine Hexe wäre. Die Obrigkeit sollte billig dahin sehen, daß nur geschwohrne Hebammen dies Handwerk treiben dürften. Die Zauberschützen, (Leute, die die Passauische Kunst, sich hart zu machen, verstehen wollen) sind in der großen Herren Häuser, und werden samt ihrer Kunst von ihnen geschützt und geehrt, diese Patronen sind aber gewissermassen noch verdammenswürdiger, als die von ihnen beschützten Zauberer selbst, denn man muß sie nicht allein als Ketzer, sondern als Erzketzer ansehen. (Auf wie vielerley Art sich diese Beschützer versündigen, und wie die Verfasser ihnen ein Bein unterzuschlagen suchen, kann p. 619. f. f. nachgelesen werden, wenn jemand Lust und den Hexenhammer hat).

623 Fünf und dreyßigste und letzte Frage des letzten Theils dieses Werks. **Wie man die Zauberer zu behandeln habe, die frecherweise, auch wohl aus gegründeter Ursache, an ein höheres Gericht appelliren.**

Merkt

Merkt der Richter, daß Inquisit zuletzt das Rechtsmittel der Appellation ergreifen dürfte; so muß er erwegen, daß solches bisweilen gerecht, oft aber auch ein muthwilliges, nichts geltendes Mittel seyn könne. In Glaubenssachen wird, wie mehrmals erinnert worden, nur summarisch inquirirt und verfahren. Verschiebt der Richter die Untersuchung, anderer häufiger Geschäfte wegen gar zu lange, oder glaubt Inquisit, daß ihm Unrecht geschehe, wird ihm alle Vertheidigung abge- 624 schnitten, oder maßt sich der Richter ohne Erlaubniß des Bischofs oder dessen Verwesers die Inquisition an; so ist die Appellation gerecht, sonst aber nicht. Muß der Richter die Appellation gestatten; so muß er sich Abschrift davon geben lassen, darauf mag er sich, nach vorhergegangener Protestation, noch 2 Tage Zeit zur Antwort und 30 Tage dazu nehmen, den Proceß abzugeben, oder die Acten zu verschicken. In dieser Zeit muß er die Beschwerden des Appellanten wohl prüfen, und findet sichs, daß er Fehler gemacht; so muß er sie sorgfältig zu verbessern suchen, dadurch 625 fällt die Appellation von selbst weg. Kann aber das Versehen nicht wieder gut gemacht werden, z. E. er hat Appellanten unbefugter Weise gefoltert, oder ihm vorgebliche verdächtige Sachen wegnehmen und verbrennen lassen, die folglich nicht wieder herbey geschaft werden können; so findet die Appellation statt. Obgleich der Richter sich volle 30 Tage nehmen kann, ehe er den Proceß durch Dimissoriales aus den Händen giebt, so thut er doch wohl, daß er den Termin früher ansetzt, es steht ihm sodann noch frey, ihn weiter hinaus zu schieben. Er braucht Appellanten auch vorhin nicht zu sagen, ob er an den bestimmten Tage die Appellation geschehen lassen wolle, oder nicht u. s. w. (Die Formeln zu diesen Bescheiden, die man Aposteln nannte, und bejahend, aufschiebend, entschuldigend,

P 2 oder

oder verneinend seyn konnten, meist nach dem Gutfinden des Richters selbst, der mit der Gerechtigkeit spielen konnte, wenn er Schurke gnug war, laß ich weg, weil sie uns nicht mehr interessiren.)

☞ Ende des Auszugs aus dem Hexenhammer.

Freylich kann man die Fabelhänse Sprenger und Institoris nicht füglich beschuldigen, daß sie all die Mährlein, die sie von den Hexen und den Zauberwesen erzählen, selbst erdichtet hätten; es war ihnen von alten und neuern Dummköpfen und Schwärmern reichlich vorgearbeitet *). Das Bündniß mit dem Teufel beweisen sie und Consorten aus Jes. 28, 15. „Denn ihr

*) In der dem Hexenhammer vorgesetzten Apologie sagen sie: cum ex nostro ingenio pauca et quasi nulla sint addita. Vnde non nostrum opus, sed illorum potius censetur, quorum ex dictis fere sunt singula contexta. Sie nennen ihre Gewährmänner auch ehrlich, Dyonisius den Areopagiten, Joh. Chrysostomus, Joh. Cassianus, Joh. Damascenus, Heraclides, Hilarius, Augustinus, Gregorius 1. Pabst Isidorus, das Itinerarium des Clemens, Remigius, Albert den großen, Thomas von Aquin, den Abt Bernhard, den Cardinal Bonaventura, Anton den Erzbischof von Florenz, Peter v. Bonaventura, Pet. Damianus, Nicolas v. Lyra, die Glossa ordinaria, Paulus Burgensis, den Magister historiarum, Magister sententiarum, den Vincentius Belvacensis, Wilhelm von Paris, Petrus de Palude, Petrus de Taranthasia, Scotus, Guido den Carmaliten, Alexander von Ales, Joh. Nider, Rabbi Moses, das Compendium theologicae veritatis, vitae sanctorum patrum, Concilia, Iura canonica, den Boetius, Hostiensis, Gratianus, Thomas den Brabänder, Raymundus, Ubertinus, Goffredus, Cäsareus, und Bernhard. Auſſer diesen haben sie gebraucht Michel Psellus de natura Daemonum; Mart. Plauscas, Bischof von Tübingen, de maleficiis, Astesanus den Minoriten Summa de casibus; Bartholomäus v. Spina, Prediger Ordens, de strigibus; und den Joh. Franz Picus Mirandulanus de Ludificatione Daemonum. Zeugen gnug, wenn sie nur was taugten!

„ihr sprechet: Wir haben mit dem Tode einen Bund „und mit der Höllen einen Verstand (Vertrag) ge= „macht". Wir Protestanten haben jetzt, glaub' ich, keinen Schulmeister mehr, der Dummkopf gnug wäre, in Ernst diese Stelle dahin zu zerren, und doch thun dies die Verfasser des Hexenhammers *). Pabst Johannes 22. bezieht sich in seiner Bulle: super illius specula ꝛc. gleichfalls auf diesen Schriftort **). Den wahren Sinn dieser Stelle faßt auch ein Kind, und daß sie hierhin nicht gezogen werden könne, hat unter andern Bekker gezeigt ***). Die Art und Weise aber, wie dies Pactum mit dem Teufel gemacht wird, ist fast so verschieden, als die phantastische Köpfe es sind, die diese Methode zu contrahiren, beschrieben haben. Darinn sind sie sich alle einig: „daß der „Mensch sich dem Teufel mit Leib und Seele nicht blos „auf gewisse Jahre, sondern auf immer ergiebt, er „verleugnet Gott und alles was heilig ist, entsagt ganz „und auf ewig der göttlichen Gnade, erkennet niemand „anders für seinen Gott als den Teufel, und verspricht „ihm, so viel Böses zu thun als nur in seinen Kräf= „ten steht. Dagegen verspricht ihm der Teufel, daß „ers gut bei ihm haben solle, er wolle ihm wider seine „Feinde schützen, zum Beystande kommen, wenn er ge= „rufen werde, und thun, was sein Bundesgenosse von „ihm verlange" †). Gewöhnlich pflegt der Teufel dem

P 3 Men=

---

*) S. Apologia auctoris in malleum maleficarum. — *Ex pacto enim cum inferno et foedere cum morte foetidissimæ servituti — se subjiciunt &c.*

**) *Quod cum morte foedus ineunt et pactum faciunt cum inferno.*

***) S. Bezauberte Welt. Buch 3 C. 11 N. 4 f. f. Band 3 S. 4 f. meiner Uebersetzung.

†) Del Rio (so wie alle andre) gründet das Pactum auf das Versprechen, so der Teufel Christo that: dies alles will
ich

Menschen Geld auf die Hand zu geben, und den Bund
durch fleischliche Vermischung zu bekräftigen, besonders
beym weiblichen Geschlechte, dem die Hexenfabrikanten die allerunnatürlichste Geilheit und die alleruner-
sättlichste Begierde zur Last legen; die Fordrungen auf
Seiten des Menschen pflegen aber auch nicht selten so
ungeheuer groß zu seyn, daß der Teufel alle Hände
voll hat, sie zu befriedigen, so sehr er auch Teufel ist.
Der Mensch muß den schriftlichen Contract mit seinem
eigenen Blute unterschreiben, der Teufel bezeichnet seinen neuen Bundesgenossen so dann mit einem Male,
das gegen den Stich mit einer Nadel oder Pfrime unempfindlich ist, und kein Blut giebt. Das auf die
Hand gegebene Geld verwandelt sich nachher gern in
Pferdemist oder Kinderkoth, auch betrügt der Teufel
gern mit Zahlen, da er eine Ziffer ausrabirt, eine geringere an die Stelle setzt, und dadurch den Termin
merklich abkürzt. Mit alten Weibern glückt ihn dieser
Pfiff gemeiniglich, Klügere sehen ihm aber auf die
Finger, und machen den Contract so bündig, daß Hans
Urian nolens volens Wort halten muß. Ein Beyspiel eines so bündigen Contracts liefert uns Joh. Heinrich Pott in seiner Streitschrift de nefando lamia-
rum cum diabolo coitu, Ienae 1689 *). „Eine vornehme

ich dir geben, so du niederfällst und mich anbetest. Ita nunc
Diabolus magis ait, *si te mihi addixeris, ulciscar te, cli-
sabo te &c.* quae Germana at perfecta est pacti formula. v.
Disquisit magic. L. II. Quaest. IV. pag. mihi 45. Ich besitze die folio Edition des Del Rio Disq. mag. Lugduni
apud Ioannem Pillenotte. 1612."

*) Man kann diese Fabel weitläuftiger lesen in meinen
Beyträgen zur Bildung deutscher Bürger. (Leipzig 1781)
S. 262 f. f. Von diesen Beyträgen, die der Herr Stadtdi-
rector Diederichs in Herford sammelte, und denen der Verleger den Namen gab, ist nur der erste Band erschienen,
theils

„nehme Standesperson in Frankreich, erzählt Port,
„bedang sich in dem Bündniß mit dem Teufel unter
„andern aus: 1. solle der Teufel gleich 100000 Livres
„auszahlen, 2. jeden ersten Dinstag des Monaths 1000
„Livres 3. 4. Das Geld solle gut und gangbar seyn, und
„sich nicht in Stein, Kohlen u. s. w. verwandeln oder gar
„verschwinden. 5. Sollte Contrahenten etwa eine starke Ex-
„traausgabe treffen; so solle der Teufel gehalten seyn, nicht
„etwa blos einen verborgenen und vergrabenen Schatz an-
„zuweisen, sondern er solle ihn auch selbst heben, und ihm
„diesen Schatz dahin bringen, wo er sich dasmal aufhalten
„würde. 6. Solle er, der Teufel, ihn Contrahenden
„nicht allein an seinem Leibe nicht beschädigen, sondern
„ihm seine Gesundheit vielmehr 50 Jahre lang vor aller
„menschlichen Schwachheit unversehrt erhalten. 7. Soll=
„te er doch etwa in eine unvermuthete Kranckheit ver-
„fallen; so solle der Teufel gleich die bewährtesten Ar-
„tzeneyen herbey schaffen. 8. Sollen die Jahre, auf
„welche geschlossen wird, ordentliche Jahre seyn, sich
„im Jahre 1676 anfangen, und an eben den Dato 1727
„endigen. 9. Nach Ablauf derselben soll ihn der Teufel
„ohne Schmerz und Qual, ohne Schimpf und Scha-
„de eines natürlichen Todes sterben lassen, und es
„nicht verhindern, daß er ehrlich begraben werde. 10.
„Solle er ihn beym Könige und allen Großen, bey
„Manns= und Weibspersonen beliebt machen *). 11.

Solle
theils, weil ich mich genöthiget sahe, mit dem Verleger zu
brechen, theils auch, weil ich mit der Wahl nicht Ursache
hatte, zufrieden zu seyn, die der Herr Herausgeber der
Verlagshandlung überlassen mußte.

*) Der Teufel pflegt dem Hauche eines solchen Verbün-
deten, wie man sagt, eine solche magische Kraft beyzulegen,
daß ihm kein Mädchen Widerstand thun kann, sondern ra-
send in ihn verliebt wird, so bald er sie so angeblasen hat,
daß sein Hauch ihre Nasenlöcher trifft. Diese Praxis ist indessen wo nicht in Frankreich erfunden, doch daselbst vorzüglich

„Solle der Teufel ihn an alle noch so entlegene Oerter der
„Welt unbeschädigt hinbringen, wohin er wolle, auch
„solle er ihn derselben Sprache sogleich dergestalt kun=
„dig machen, daß er sie vollkommen sprechen könne.
„12. Soll er ihn wider alles Geschoß und Gewehr vest
„machen, 13. ihm behülflich seyn, alle seine Feinde zu
„überwinden, 14. ihm einen Ring verschaffen, der ihn
„unsichtbar und unüberwindlich mache, 17. ihn alle
„Sprachen, die er verlangen werde, gut und perfect
„lesen, reden und aussprechen lehren, 18. ihm Klug=
„heit,

lich im Gange gewesen. Als der berüchtigte Jesuit Girard
seiner Cadiere einmal so nahe war, daß er sie anblasen konn=
te; hatte er sie im Netze; Setant baissé et ayant approché sa
bouche de celle de la Demoiselle Cadiere il lui jetta un soufle, qui fit une si grande Impression sur elle, que sur le
champ elle se sentit transportée d'amour pour lui &c. S.
*Factum pour Marie Catherine Cadiere contre le Pere Iean.
Bapt. Girard, Iesuite etc.* à la Haye 1731. pag. 6. Louis
Caufridy bekennt auch in seinem herausgefolterten und von
seinen Feinden vorgeschriebenem Bekenntisse. (S. Haubers
B. M. Stück 17 No. 58. S. 457) 4. l'aduouë que eleux
ou trois Iours apres la dite promesse, ce mesme Diable re-
tourna (comme il m' auoit promis.) et me dit alors, que
par la vertu de mon soufle j'enflammerois àmon amour
toutes les filles et femmes dont j'aurois enuie de jouyr,
pour ueu que mon soufle leur arrivast aux narines: et de-
lors je commençay à soufler toutes celles qui me venoient
à gré. 6 l'aduouë comme j'ai souflè mille filles et femmes, prenant un extreme de plaisir les voir enflammées de mon
amour. 7 Il soufla la Mere de Magdalaine de la Palud afin
qu'elle lui amenat sa fille, la quelle il baisat et plus etc.
10 l'aduouë que je Souflay ceste Demoiselle plusieurs fois,
car tant plus je la souflois, tant plus elle estoit desesperèe
de ma jouyssance etc. Diese Kunst, mit einem solchen Er=
folge, ein Frauenzimmer anzuhauchen, die freylich nicht vie=
le Lebensart verräth, soll auch Urban Grandier in Lodün
und viele andre französische Hexenmeister mehr verstanden ha=
ben, muthmaßlich ist sie in Frankreich noch nicht ganz ver=
lohren gegangen.

"heit, Witz und Verstand verleihen, von allen Sa-
"chen vernünftig zu discuriren und ein Urtheil darüber
"zu fällen u. s. w.

Man würde heut zu Tage in Verlegenheit gerathen, wie man an den Teufel kommen wollte, wenn man auch Lust hätte, mit ihm zu contrahiren; denn theils ist die Kunst verlohren gegangen, sich mit einem Geiste zu unterhalten, und ihn an Ort und Stelle zu bringen, theils läßt sich der Teufel auch gar nicht mehr sehen, und scheint alle Lust, zu capern, verlohren zu haben, vielleicht weil man's ihm zuletzt zu schwer machte. In der Hexenepoche kannte man aber dergleichen Schwierigkeiten gar nicht, mit dem Wunderbaren kam man leichter zu stande, als wir mit dem Natürlichen, und der Teufel ließ sich nie zweimal bitten, wenn ein Rebbes zu machen war. Man durfte sich damals nur an Kunstverwandte wenden, diese nahmen den Candidaten oder die Candidatin mit sich morgens früh in die Kirche, ehe noch das Salz und Wasser geweihet waren, hier fand sich der Teufel in Menschengestalt behaglich ein, und der Contract ward geschlossen, wie wir oben im Malleo maleficarum gesehen haben. Sobald aber Salz und Wasser geweiht waren, durfte der Teufel nicht mehr in die Kirche — ein herrliches und zugleich probates Mittel, seiner Waare Käufer zu verschaffen. Dieser Feyerlichkeit bedurfte es indessen nicht immer, die alten Werbehexen brachten ihre weibliche Recruten gewöhnlich mit dem Teufel zusammen, irgend in einem gewissen Hause, in Büschen und wo es nach der Abrede seyn mogte; da ward der Contract geschlossen, unterzeichnet, und durch die Arrha und den Beyschlaf bekräftigt und vollzogen. Hatte jemand unter dieser ehrbaren Sippschaft keine Bekannten, oder Zutrauen; so durfte er sich nur Sonntags vor Sonnenaufgang auf einen Creutzweg begeben, und den Teufel einladen;

so stellte er sich richtig ein, und die Sache ward mit
den gewöhnlichen Solennitäten zu Stande gebracht.
Immer bestand der Teufel auch nicht auf diese Formalitäten, er ging als ein wohlgeputzter Cavalier sehr oft
selbst auf die Freyte bei Weibern und Mädchen, that
ihnen Vorschläge, und man findet in den Inquisitions-
acten fast gar keine Beyspiele, daß er wäre abgewie-
sen worden. Der Contract war bey den dummen
Weibern gewöhnlich sehr lakonisch, sie versprachen ihm
treu zu seyn, er ihnen Wohlthaten, und die förmliche
Entsagung Gottes, die neue Taufe und die Anweisung
Böses zu thun, verspahrte der Teufel bis auf den nächsten Sabbath. Es gab auch Citationsformulare, ge-
druckte so gar z. E. D. Fausts Höllenzwang, die
man nur herlesen durfte; so erschien der Teufel. Der
obengedachte Geistliche Louis Gaufridy hatte von seinem
Onkel eine solche Zauberschrift geerbt, er las darinne,
etwa auch eine Citation, und gleich erschien Herr Urian,
wie ein Cavalier angezogen*). Der Contract ward, wie
gewöhn=

*) Damals war der Unterschied der Stände noch durch
besondre Kleider mehr sichtbar, als heut zu Tage, wo es
Perückenmacher= und Barbiergesellen und die geschniegelten
Cammerdiener, die die Ehre haben, dem gnädigen Herren die Schuh zu putzen und den Zopf zu machen, dem
Adel selbst zuvor thun. Gewöhnlich pflegte sich der Teufel
wie ein Edelmann zu tragen, vielleicht der Welt zu zeigen,
daß er wirklich edelen Ursprungs sey, ohnerachtet er dessen
vielleicht vollkommen so unwürdig war, als viele unsrer ar-
roganten Edelleute, die die Bürgercanaille so herzlich verachten, und doch nicht werth sind, eines so verdienstvollen
Mannes Schuh zu putzen, als vielleicht ihr Ahnherr war.
In unsern Tagen würde der Teufel muthmaßlich, wenn
ihm das Handwerk nicht wäre gelegt worden, die Chapeaux
in Gestalt einer Stiftsdame von 16 beschwohrnen Quartieren
versucht haben. Magister Christian Scriver, Pastor an
der St. Jacobskirche in Magdeburg, der bei unsern Vorfahren

gewöhnlich geschlossen, und von Seiten des Pristers Gaufridy folgendes versprochen: "Ich Ludwig Gott-
"fried thue Verzicht auf alle geistliche und weltliche
"Güter, die mir Gott, die heilige Jungfrau, alle
"Heiligen männlichen und weiblichen Geschlechts im Pa-
"radiese, besonders mein Patron, der heil. Johannes der
"Täufer und die heiligen Peter, Paul und Franciscus, ge-
"ben können, und ergebe mich dir hier gegenwärtigen
"Lucifer mit Leib und Seele und allen Gütern, die ich
"jemals besitzen werde, (das Verdienst der Sacramen-
"te ausgenommen, das denen zu gute kommen muß, die
"sie empfahen). Das vorgeblich von Gaufridy verführte Fräulein Magdalene de la Palud mußte schon um-
ständlicher contrahiren. "Ich bezeuge, heißt es, hiermit, daß ich in Gegenwart der hier gegenwärtigen
"Ludwig Gottfried und des Teufels Beelzebubs, mei-
"nem Theile an Gott und dem himmlischen Heere ent-
"sage. Ich entsage gänzlich, von ganzem Herzen, aus
"aller Kraft und Macht Gott dem Vater, Sohne
"und heiligem Geiste, der allerheiligsten Mutter Gottes,
"allen heiligen Engeln und insonderheit meinem guten
"Engel. Ich thue Verzicht auf das Leiden unseres
"Herrn Jesu Christi, auf sein Blut und alles Verdienst
"dessel-

ren ein so beliebter ascetischer Schriftsteller war, es bei vielen noch ist, und es zu seyn, in verschiedener Rücksicht verdient, ließ sich gleichfalls eine recht große Nase drehen. Ein
gewisser Landstreicher Peter Otte war dem Teufel in die Cral-
len gefallen, der sich ihm gleichfalls als ein Cavalier darstell-
te und mit ihm stipulirte. Scriver gab über diese Helden-
that, da er dem Teufel einen Schurcken entrissen hatte, der
keinen Schuß Pulver werth war, 3 Predigten nebst angehängten historischen Berichten, heraus: Das verlohrne
und wiedergefundene Schäflein 2c. Auf dem Tittelkupfer
erblickt man den Teufel ganz cavalierhaftiglich, außer, daß
er an Händen und Füßen mächtige Klauen hat. Peter Ot-
to legt seine Hand in diese Klauen, und gelobt dem Teufel
mit abgenommenem Huthe, Treue.

„desselben, auf meinen Theil am Himmel, auf alle Einge=
„bungen, womit Gott mich etwa künftig einmal begnadi=
„gen wollte, auf alle Fürbitten, die man etwa für mich
„thun mögte. Ich bezeuge auf das feyerlichste, daß
„ich mich gänzlich, aus allen Kräften, dem Teufel mit
„Leib und Seele, und allem, was mir gehört, ergebe;
„ich entziehe mich hiermit Gott ganz, und werfe mich
„dem Teufel in die Arme. Zu Urkund dessen habe ich
„dieses mit meinem eigenen Blute unterschrieben."

Man findet dergleichen läppische Erzählungen von dem Contrahiren beinahe in so vielfachen Modificationen, als Gerichte waren. H. W. von Laffert*) erzählt in seiner 12 Relation von einer gewissen Zimmermannschen, „daß sie in der Marter und am 3ten
„Tage auch nachhero weiter extra locum torturae aus=
„gesagt und bestätigt habe, daß sie vor zehn Jahren in
„ihrem Hause mit dem Teufel einen Bund gemacht,
„ihre Nachbarin A. B. wäre ihr darunter behülflich
„gewesen, indem sie ihr einen Apfel gegeben, wel=
„chen sie aufgegessen, worauf 3 Teufel, deren einer
„bunt, die andern beyde schwarz gewesen, zu ihr kom=
„men, solche hießen Hans, Jacob und Claus, welche
„oft mit ihr gebuhlet und bald als Katzen, öfters auch
„als Ratzen bei ihr gewesen u. s. w.

Sophie

*) S. H. W. v. L. vermehrte Relationes et casus criminales cum rationibus dubitandi et decedendi, ingleichen einigen dazu gehörigen Königl. Chur=(Hannöverschen) und fürstlichen Rescriptis sambt andern Beylagen und zugefügten Urtheilen. Herausgegeben von A. F. v. L. 4. Zelle 1781.

Diese Relationen sind selten, ich habe sie in keiner Bücherverzeichnung bis jetzt angetroffen, sondern einem Freunde zu dancken, der so gütig gewesen ist, sie mir zum Gebrauche zuzuschicken.

„Sophie Krügerin *) ein Bettelmädchen von „17 Jahren wollte zu Witstock von 2 Hufenern in be= „ren Häusern sie aus= und eingegangen, das Hexen ge= „lernt haben, als sie noch unmündig gewesen. Ihre Lehr= „meister gaben ihr einen weißen Stock in die Hand, von „dem die Rinde abgeschabt war, drauf mußte sie ih= „nen nachsprechen: **Ich greife an diesen weißen** „**Stock und verleugne Gott****), worauf ein langer „Mann mit dem schwarzen Rock gekommen, der sie „gefraget, ob sie ihn haben wolle? sie hätte mit Ja ge= „antwortet, worauf er oft mit ihr gebuhlet und Schan= „de getrieben, auch ihr ein Merkmahl an der rech= „ten Seite des Leibes gegeben u. s. w." In der 14 Re= lation wird von einem 10jährigen Mädchen gesagt: „Lischen, des Kuhhirten Weib hab ihr einsten ein But= „terbrodt gegeben, worauf etwas gestreuet gewesen, das „ganz süß geschmeckt. Wie sie das Butterbrodt auf= „gegessen, da habe sie ihr einen weißen Stock in die „Hände gethan, mit Begehren, sie müßte nachsagen: „**Ick fahr an diesem witten Stock, und verlat** „**unserm Herren Gott**: So bald sie dieses nachge= „saget, sey eine schwarze Katze zu ihr laufen kommen, „worauf das alte Weib gesaget: siehe, welchen glatten „Bräutigam kriegstu, he hett Isack, darmit sey das „alte Weib weggegangen, sie hätte sich mit der Katze „auf dem Stroh geleget, welche ihr den Rock aufgeho= „ben, und bey ihr geschlafen u. s. w.

Alle, hieß es bey den Ketzermeistern, haben kei= nen so ausdrücklichen, positiven Bund mit dem Teufel ge=

---

*) S. Relation 13 S. 58.

**) Nach einer andern Les'art hieß es:
„Ich faße an diesen weißen Stock
„Und verleugne Marien Sohn und Gott.
Man sieht leicht ein, das dies die lutherische oder protestan= tische Lesart sey.

gemacht, denn einige verbünden sich stillschweigend und implicite mit ihm, und das sind solche, die ohne bestimmtes Einverständniß mit dem Teufel Gemeinschaft pflegen und sich mit abergläubischen Dingen abgeben*).

Sobald der Contract in soweit geschlossen war, dies mogte nun mit vielen oder wenigen Feyerlichkeiten geschehen seyn, bestärkte ihn der Teufel auf das bündigste: und verwickelte seinen neuen Bundesverwandten dermaßen in sein Netz, daß er nicht mehr zurück konnte.

Das erste war gewöhnlich die fleischliche Vermischung, oder die teuflische Unzucht; voraus gesetzt, daß der neue Bundesgenoße weiblichen Geschlechts war, und dies war die meiste Zeit der Fall. Aber auch die Zauberer männlichen Geschlechts bekamen, wenn sie wollten, ihre Braut oder Buhle, einen Teufel

---

*) Wenn man die Fabeleyen der Ketzermeister und ihre rasende Lehren in nuce zusammen haben will; darf man nur Benedict Carpzows Practica criminalis nachsehen. P. 1. Qu. 48. 10. 11. bemerkt er diesen doppelten Bund. „Quos et „omnes cum Diabolo pactionem et consuetudinem habere „negari vix poterit, quamvis diversi modo hoc fiat, aliique „aliis fortius se se Daemoni obstringant, eiusque jugo subji- „ciant. Duplicem namque pactionem cum Satana contrahi, docent vulgo Theologi: Vnam *expressam*, quam faciunt Necromantici, et Magi, qui albo Veneficorum dant nomina sua, omnipotenti Deo, creatori suo renunciant, foedus baptismi rescindunt, et filium Dei abnegant, ejusque beneficia detestantur, e contra Diabolo homagium praestant, obsequium perpetuum promittunt, et se se, suasque animas et corpora in aeternam condemnationem tradunt. Hocque peculiaribus quandoque fieri ceremoniis atque solennitatibus ex confessione Veneficarum refert *Paulus Chirlandus* &c. — Alteram vero pactionem *tacitam* vel *implicitam* vocant, qua tenentur omnes alii, qui absque foedere expresso quid commercii ac consuetudinis habent cum Diabolo, quive scientes haerent superstitiosis observationibus.

fel in weiblicher Gestalt. Ohne Cörper können dergleichen Handlungen nicht geschehen, und der Teufel ist, bekanntermaßen, ein Geist ohne Cörper. Man trug Bedenken, dem Teufel die Macht einzuräumen, einen wircklichen menschlichen Cörper schaffen zu können, und wenn er einen haben wollte; so mußte er ihn vom Galgen borgen, denn über die todten Cörper in geweihter Erde hatte er keine Macht. Weil er ein Fürste dieser Welt ist, der in der Luft herscht; so kam man auf den Einfall, ihm sich einen Cörper aus Luft machen zu lassen, man sagte: daß er, als ein so mächtiges Wesen, die Luft so dichte zusammen pressen könnte, daß sie völlig sichtbar würde, und ein solcher Luftcörper die völlige Aehnlichkeit eines Cörpers bekäme, zu dem auch die übrigen Elemente mit verwandt sind. Ganz ohne Einwürfe konnte dies Lehrgebäude nicht aufkommen, es gab Leute, die diese Windfabricke nicht glauben konnten und wollten; allein man widerlegte sie ohne allen Aufwand von naturhistorischer Gelehrsamkeit. Wenn, sagte man, Gott es dem Teufel zuläßt; so kann er's wohl thun. Wollten sich die naseweisen Zweifler bey diesem Beweise noch nicht beruhigen; so hatte man noch einen triftigern, gegen welchen sich nichts mehr einwenden ließ, man nahm die Herren bey den Ohren, und steckte sie so lange in's Loch, bis sie einsehen gelernt hatten, daß ein Luftcörper ein so unebenes Ding nicht sey, oder man verbrannte sie, und damit hatte das Räsoniren ein Ende. Mit dem Luftcörper hätte es also seine Richtigkeit, und nun läßt sich das Verschwinden der Teufel und Gespenster auch ganz gut begreifen, der Teufel darf nur die zusammen gepreßte Luft wieder zerstieben lassen, und damit hat die Erscheinung ein Ende. Will der Teufel nun einen männlichen Cörper annehmen; so wird er ein Incubus,

cubus, ein weiblicher Teufel heißt Sucubus *). Es giebt indessen bey Erzählung dieser Schmutzereyen viele Varianten, die sich, ohne den Knoten zu zerschneiden, nicht gut mit einander würden vereinigen lassen. Die eine Hexe klagte über all zu große Hitze des umarmenden Teufels, die andre über zu große Kälte, die eine fand bey ihm ein weit größeres Vergnügen, als bey menschlichen Umarmungen, die andre klagt über Schmerz, hat Abscheu und Widerwillen, und würde längst gern Verzicht darauf gethan haben, wenn sie sich nur von ihm losmachen könnte. Gern würde ich den Vorhang vor diese Scene der äußersten Unfläthereyen ziehen, und sie vor keuschen Augen verbergen, wenn ich nicht Geschichtschreiber wäre, und als solcher eine wahre Darstellung liefern müßte. Ich bitte also um Duldung. Ehe ich aber weiter gehe, muß ich dieser Fabel noch erst bis an ihre Quelle nachforschen, und diese finden wir bey den Juden, von welchen sie die Kirchenväter, besonders Augustinus, borgten, und von diesen kam sie auf die neuern Zeiten, so wie fast alle Fabeln des Zauberwesens außer der christlichen Kirche entstanden sind, deren unwürdigste Diener sie nur ausflickten, ausputzten und sie für ihren Horizont stellten.

Daß die Kirchenväter zum Theil noch stark an jüdischen und rabbaitischen Fratzen hiengen, darf wohl nicht erst erwiesen werden. Die Platoniker sowohl, als auch die Rabbinen nahmen an, daß alle Sterne und Himmelscörper, eine vernünftige Seele hätten. Die Juden sind sich in Absicht der Geister nicht einig, der eine fabelt dies, der andre das, wer aber ein rechtgläubiger Thalmudist seyn will, glaubt alles, und schluckt die größten Widersprüche mit verschloßnen Augen ein. Philo bevölkert die Luft mit Geistern, und claßificirt sie in
die

---

*) Eigentlich Diabolus succubus, kurzweg sagte man auch wohl Succuba.

die Vollkommensten, die nie einen Cörper anneh=
men, in minder Vollkommene, die einen Cörper
haben, und ihn mit dem Tode ablegen und in die Vor=
treflichsten, die Engel nämlich. Die neuern Juden laßen die Engel Cörper aus den allersubtilsten Ele-
menten erhalten, wie R. Jhudah, (Cusri C. 4. §. 4)
andre laßen sie vom h. Geist ausgehen. Den Teufeln
geben sie unter andern folgenden Ursprung. Gott
schuf den Adam anfänglich doppelt, auf der einen
Seite ihn, das Männlein, auf der andern Seite die
Lilith, das Fräulein, so daß beyde mit dem Rücken
an einander gewachsen waren. Gott schied sie von ein=
ander, aber Lilith war eine so böse Sieben, daß Adam
sich von ihr scheiden mußte. Adam hat mit dieser Lilith
130 Jahr gelebt und lauter Teufel mit ihr erzeugt, sie
lebt noch, sagen die Rabbiner, hurt noch immer mit
den Teufeln, und bevölkert die Welt mit jungen Teu=
felchen *). Aus dem Geiste Cains ward bey seinem
Tode auch ein Teufelspaar, das Männlein hies Thu=
bal Cain und das Weibchen Naema. Beyde leben
noch und zeugen noch immer Teufel mit einander, auch
besucht Naema die Männer im Schlafe, buhlt mit ihnen,
und aus solchem Beyschlafe werden Teufel. Als Gott
die ersten Menschen schaffen wollte, widersetzten sich
ihm zwey Engel, Schamchusai und Usael. Gott
stieß sie im Zorne aus dem Himmel auf die Erde, sie
ergriffen den Engel Michael bey den Flügeln, um ihn
mit sich herunter zu ziehen, aber Gott half ihm noch
zur rechten Zeit wieder los. Diese beyden Teufel leb=
ten drauf unter den Menschen, so gut sie konnten, und
nah=

---

*) Einige geben der Eva auch schuld, daß sie mit einem
männlichen Teufel zusammen erschaffen worden sey; andre
laßen sie erst dann aus Adams Ribbe werden, als Adam der
Lilith satt hatte, und sich eine bessere Hälfte wünschte.

nahmen ihre Töchter zu Weibern. 1 Mos. 6, 2. Das Weib des Schamchusai hieß Istahar, sie war sehr schön, und mit ihr zeugte Schamchusai zwey Söhne, Sichon und Og*), die nachher zwey mächtige Könige oder Tyrannen wurden. Usael lebt noch, und verführt die Menschen noch immer zur Sünde, und muthmaßlich hurt er auch noch bis diese Stunde. Unter dem Namen Asasel ließ er sich von den Juden jährlich an einem gewissen Tage einen lebendigen Bock opfern. 3 Mos. 16, 10. R. Bachai schreibt, daß die Teufel mit den Menschen dreyerley gemein haben, sie essen

*) Meine Leser werden's wohl gehört haben, daß aus diesen Ehen ungeheure Riesen sollen entstanden seyn, und es wird ihnen, wie ich hoffe, nicht zuwider seyn, wenn ich ihnen einen Begriff von der Größe dieser Kinder der Söhne Gottes und Töchter der Menschen gebe. „Og, König zu Basan, griff die Israe„liten in ihrem Lager an, als sie durch sein Land wollten. (4 „Mos. 21). Die Umstände berichtet der Tractat Berachoth „im Talmud. Nach ihm riß er einen Berg von drey deut„schen Meilen (Parsoth) im Umfange aus der Wurzel, und „wollte ihn auf das Lager der Israeliten werfen; aber weil „er den Berg auf dem Kopfe trug, schuf Gott eine unge„heure Menge Ameisen, die fraßen ein Loch darein, daß sein „Kopf hindurch gieng. Zu gleicher Zeit wuchsen seine Zähne „zu einer entsetzlichen Länge, daß der Berg daran ste„cken blieb, und er ihn nicht los machen konnte u. s. w. „Im Tractate Sopherim wird gemeldet, daß Og täglich „tausend Ochsen und eben so viele Stücke Wildprät ver„zehrt und 1000 (מורירת) Maßen Getränck's getrun„ken R Saul erzählt im Tractate Nidda: ich war ein „Todtengräber; dergleichen Handwercker waren oft die Rab„biner, doch legten sie zuweilen ihre Handwerke nieder\ Ich „lief einmal einem Reh nach, und kam in die Höhle eines „Schienbeins von einem Todtengerippe. Ich verfolgte es „drey Meilen weit durch diese Höhle, und der Knochen „hatte noch kein Ende, worauf ich wieder zurückkehrete. Und „man sagte mir, daß es ein Knochen Ogs, Königs von Ba„san wäre S. Critische Geschichte des Chiliasmus Th. 1, „S. 72. 73.

essen und trinken, zeugen Kinder und sterben. Noa nahm, nach der glaubwürdigen Versicherung dieses Rabbi, ein paar Teufel mit sich in die Arche, daß sie nicht in der Sündfluth umkämen, und daran that er sehr wohl, denn womit hätten sonst so viele jüdische und christliche Rabbiner spielen sollen? Nach einer andern Legende behaupten die Rabbiner, daß Gott des Freytags Nachmittags die Teufel erschaffen habe, der Sabbath sey ihm aber zu früh überkommen, daß er keine Zeit übrig behalten habe, ihnen Cörper anzuerschaffen, wie den guten Engeln. Nach dieser Meynung sollte man denken, sie hätten gar keine Leiber, könnten folglich auch keine cörperliche Handlungen verrichten. Allein ein Rabbi weis zu allem Rath. „Die Teufel, sagen „sie, sind zum Theil Seelen der Gottlosen, zum Theil „Mißgeburthen, die aus Engeln und Menschen erzeu= „get worden. Sie sind fähig ihres gleichen zu erzeu= „gen, und sind theils männlichen, theils weiblichen Ge= „schlechts. Sie essen und trinken. Die von Men= „schen Erzeugten sind sterblich; viele sagen, daß alle „Teufel sterblich seyn" *). Josephus **) behaup= tet: daß alle Dämonen Seelen böser Menschen wä= ren, die von den Lebenden Besitz nähmen, und sie um= brächten, wofern ihnen nicht geholfen würde. Dies war die allgemeine Meinung zu Christi Zeiten, und daraus lassen sich die vielen Dämonischen erklären, die im neuen Testamente vorkommen. Ich ver= weise

---

*) S. Crit. Gesch. des Chiliasmus, Th. 1. S. 83.

**) De bello Iud. L. VII. C. 6 §. 3. Unsre Bibelüberse= tzer kannten diesen Ursprung der Dämonen nicht, sonst wür= den sie für Teufel einen andern Namen gesucht haben. Die Juden kannten zur Zeit Jesu, der sich nach ihren Sprach= gebrauch richten mußte, zwar Mißgeburthen einer wilden Einbildungskraft gnug, aber unsern Teufel, wie er jetzt aussieht, kannten sie noch nicht.

weise hier meine Leser auf Bekkers bezauberte Welt, Semlers Streitschrift de Daemoniacis etc. und Hugo Farmers Abhandlung über die Dämonischen des N. T. Schriften, die sehr weit bringen, ohnerachtet sie vielleicht noch nicht alles erschöpft haben. Gnug, die meisten Kirchenväter hatten mit den jüdischen sehr cörperlichen Begriffen, die um nichts richtigere Ideen der Platoniker vereinigt, oder noch richtiger, die Theorie der Juden, die kurz vor Christo, zu seiner Zeit und nach ihm lebten, war eigentlicher Platonismus mit rabbinischen Träumen durchwebt. Von dieser so genannten Philosophie konnten und wollten sich die Christen nicht losmachen, denn die gelehrten Kirchenväter waren entweder Juden oder Heyden, folglich auch Platoniker gewesen, oder sie stammten von ihnen her, und fanden die Luft und alle Winckel der Schöpfung voller Geister mit Cörpern. Mit dieser Philosophie im Kopfe glengen sie zur Bibel, und machten's, wie es noch bis diese Stunde alle Sektirer machen, sie fanden ihre Meynungen in der Bibel ganz unbezweifelt wieder, oder sie accommodirten so lange, bis sie paßten. Daher bekam der Teufel gerade die Gestalt in ihren Schriften, die sie sich vorher, aus den unsichersten Quellen, in ihrem Kopfe entworfen hatten, und war dies Bild vorher nur Skize gewesen; so ward es nun aus biblischen Stellen ausgemahlt. Die Dämonen und Heroen der Griechen hurten mit den Töchtern der Menschen, Jupiter, der geilste Bock des ganzen Olymps, war ursprünglich weiter nichts, als ein Dämon, und Venus, diese Generalhure, war die vergötterte Seele irgend einer berüchtigten Thais eines griechischen Bordells. Vorausgesetzt, (und dies setzte man wirklich ohne weitere Critik voraus) die Söhne Gottes (1. Mos. 6; 2). waren Engel; mußten sie da nicht Cörper haben, um sich Weiber unter den Töchtern der Menschen nehmen

und

und Nephilim oder Rephaim mit ihnen erzeugen zu können? Die spätern Christen nahmen den bösen Geistern zwar ihren eigenthümlichen Cörper wieder; dafür schufen sie ihnen aber die Macht an, sich, so oft sie Lust hatten, einen Cörper zu schaffen, und ihn in einem Augenblicke verwandeln zu können; denn, um männlichen Samen zu erhalten, mußte der Teufel erst Succuba, ein weiblicher Teufel, werden, und mit einem Manne zu thun haben; sobald er aber das semen virile in seiner Gewalt hatte, ward er Incubus, ein männlicher Teufel, und damit die Spiritus vitales nicht verdampften, mußte gleich eine Hexe zur Hand seyn, die das Semen wieder annahm, und dies alles mußte fast in demselbigen Augenblicke vollbracht werden *). Weil man eben nicht schwierig war; so ließ man auch wohl Semen frigidum zu, jedoch nach dem Hexenhammer, bloß in dem Falle, wenn die Hexe wider das Schwangerwerden protestirte **).

Es hat immer Männer gegeben, die Kopf genug besaßen, die Unmöglichkeit und Ungereimtheit dieser Fabel einzusehen; die Art aber, wie man diese Männer widerlegte, kann man sich wohl nicht läppischer dencken, und wenn man sie auch dummen Mönchen verzeihen könnte; so kann man es doch protestantischen Gelehrten in Ewigkeit nicht vergeben, daß sie kindisch genug waren, diese so genannten Beweise für erheblich

---

*) Was der Hexenhammer davon lehre, kann P. I. Q. III. IV. das weitere nachgesehen werden; denn im Auszuge hab ich mich mit Fleiß der Kürze bedient, besonders, da hier nicht blos von eines, sondern von aller Autoren damaliger Zeit Meinungen die Rede seyn mußte, wenigstens von einem sehr großen Theile, denn freilich kann sie wohl niemand alle besitzen, eben so wenig er sie alle lesen könnte.

**) Dies Semen frigidum ward anfangs nur delectationis causa angenommen, späterhin entstanden Elben daraus.

zu halten. Es ist möglich, sagt man, daß die Teufel durch gestohlnen oder auf oben beschriebene Art erhaltenen Samen ihre Buhlinnen schwängern können, denn man hat ja Beyspiele, daß eine Frau bloß durch eine lebhafte Einbildungskraft schwanger ward. Magdalene von Aiguemariere, Gemahlin des Hieronymus Augustinus von Montleon, der mit dem Cardinal Valette nach dem Elsaß gereiset war, und nicht wieder heim kam, ward nach einer vierjährigen Abwesenheit ihres Mannes schwanger, und gebahr einen Sohn. Ihres verstorbenen Mannes Brüder wollten sich diesen Bastard nicht unterschieben lassen, und die Sache kam zum Processe. Die Dame behauptete: es sey eine schöne Sommernacht gewesen, das Fenster habe offen gestanden, das Deckbette sey abgeworfen gewesen *), und ihr habe geträumt, ihr Gemahl sey zurückgekommen, die Umarmung sey feurig gewesen u. s. w. Die Aerzte zu Montpellier gaben ihr recht, und behaupteten: die Einbildung vermöge dergleichen sehr wohl, und fünf Hebammen sagten eidlich aus, daß ihnen vordem dergleichen selbst begegnet sey — und doch verlohr die arme Dame ihren Proceß in der ersten Instanz. Sie appellirte an das Parlament

---

*) Man hat an Virgilio einen sehr glaubwürdigen Zeugen, daß der Westwind, wenn er, wie hier, portam apertam findet, dergleichen Streiche wohl spielen könne, wie er's mit den Portugiesischen Stuten macht:

Ore omnes versae in Zephirum stant rupibus altis,
Exceptantque leues auras: et saepe sine ullis
Coniugiis vento grauidae. — — —
GEORGIC. L. III. 273.

Folglich kann auch eine reine Jungfer aus dem großen Naturforscher Ovid (Fast 5) sagen:

Cur ego desperem fieri sine coniuge mater,
Et parere intacto, dummodo casta, viro?

ment zu Grenoble, nahm die Richter burch ihre unbefangene Dreistigkeit ein, und stellte einige Weiber als Zeugen dar, denen sie sich gleich nach gehabtem Traume, und als sie gemerckt, daß sie wircklich schwanger sey, entdeckt habe. Das Parlament cassirte 1637. Das Urthel des Untergerichts, erklärte die Mutter für unschuldig und ihren Sohn für den rechtmäßigen Erben ihres verstorbenen Gemahls.

Averrhoes *) erzählt, ein junges Weib habe sich da gebadet, wo kurz vorher ein junger Mensch gebadet und die Sünde Onans begangen hatte, wodurch die junge Frau wircklich schwanger geworden. Zu Thessalonien erzählt Amatus Lusitanus, waren zwey türckische Weiber, die mit einander sehr oft solcher Gestalt ihre Unzucht getrieben, daß eine dabey des Mannes und die andre Weibes-Stelle vertreten. Eine war eine Wittwee, die andre aber hatte ihren Mann. Da es nun dereinst der geilen Wittwe ankam, daß sie gern ihre schändliche Lust gebüsset und die Verehlichte eben zu der Zeit, da sie ihrem Manne kaum ehelich beygewohnet hatte, ihr darinn zu gefallen zu leben vermochte, geschahe es, daß bey dieser unmenschlichen Unzucht die Bährmutter der wohllüstigen Wittwee, die bazumal ein Weib agirte, den Samen, welchen jene kurz zuvor von ihrem Ehemanne empfangen, mit solcher Begierde an sich zog, daß sie davon schwanger ward u. s. w.

Q 4 Sim=

---

*) Diese, die vorhergehende und die folgende Erzählung findet man in Joh. Kleins, L. U. D. juristischer Untersuchung, was von der Hexen Bekenntniß zu halten, daß sie aus schändlichem Beyschlafe mit dem Teufel Kinder gezeuget, zusammen. In der Lateinischen Dissertation giebt sich Niklas Pütter aus Stralsund für den Verfasser aus, der Prof. Klein hätte aber die Materialien hergegeben, und sie pflegt auch nur unter seinem Namen angeführt zu werden; ohnerachtet die Zusammensetzung dem N. Pütter wohl unstreitig gehört.

Simbaldus erzählt: es sey eine (römische) Ehefrau zu der Zeit, da sie kaum von der Gemeinschaft mit ihrem Ehmanne aufgestanden, ihrer Schwester (Schwiegerin) die sie ausserordentlich geliebt, so nahe kommen, und hanc impraegnasse, matrice viraginis semen fratris, incubae adhaerens, auidiue attrahente. Auch erzählt derselbe a. a. O: Viduam quanquam, se omni posthabito viri consortio ex impie ejaculato ab Affine iuuene semine ex hoc solo grauidam factam fuisse, quod aluum exonerandi gratia latrina consedisset, effuso dicti Iuuenis spermate polluta. Eben so glaublich ist die Geschichte, die uns Del Rio aus dem Thomas von einer schwangern Tochter erzählt: hanc cum patre in eodem lecto iacentem ex pollutione nocturna patris concepisse *). Leichter konnt' es einer Geschwächten nicht gemacht werden, mit Ehren Mutter zu werden, ohne einen Mann zu haben, und Hypothesen auf solche Voraussetzungen zu bauen, und nach diesen Hypothesen tausende von Menschen, von völlig unschuldigen Menschen zu verbrennen, war doch wohl Raserey, an die noch keine gereicht hat? Alles ist hier Widerspruch, und man wollte ihn nicht fühlen; es gab einsichtsvolle Männer, die diesen Widerspruch zeigten und völlig handgreiflich darthaten, daß dieser vorgebliche Beyschlaf unmöglich und die größte Absurdität sey; allein sie predigten tauben Ohren.

Einige behaupteten, daß die Hexen gar keine Wohllust bey dieser teuflischen Unzucht empfänden, son=

---

*) Die treffendste Persiflage solcher obscönen Dummheiten ist die des vorgeblichen D. Abrah. Johnsons Lucina sine concubitu: d. i ein Brief an die Königl. Societät der Wissenschaften, worin auf eine unwidersprechliche Art, sowohl aus der Vernunft als aus der Erfahrung bewiesen wird, daß ein Frauenzimmer ohne Zuthun eines Mannes schwanger werden, und ein Kind zur Welt bringen könne. Aus dem Englischen übersetzt. Franckf. und Leipzig. 8. 1751.

sondern Schmertz und Widerwillen, und würden dessen gern überhoben seyn, wenn sie nur könten; andre behaupteten das Gegentheil nach Aussage verschiedener namhafter Hexen, die den Umgang mit den Teufeln der Gemeinschaft mit ihren Männern unendlich vorzögen. Zu den ersten gehört Nikolaus Remigius in seiner Daemonolatria, P. I. C. VI. S. 16. f. f. der deutschen Uebersetzung, der darin mit den meisten übrigen Fabelhänsern einig ist: daß des Teufels angenommener Leib eiskalt sey, folglich muß es auch alles Zubehör seyn. Ich will ihn selbst erzählen lassen, muß dabey aber erinnern, daß ich an seiner schmutzigen Offenherzigkeit keinen Theil nehme, ohnerachtet ich nicht umhin kann, meine Documente unverfälscht vorzulegen. „Es bekannte auch Ponseta Esselina, welche zu „Lecherio wegen Zauberey verurtheilt worden, gleich„förmige Händel, nämlich daß sie allezeit, wenn ihr „Geist bey ihr gewesen, und ihr mit der Hand unter „das Schurtztuch gegriffen, wie der Brauch hält, seine „Hand so hart und so kalt wie Marmelstein befunden „habe. —

„Aber alle diejenigen, so uns von dergleichen „Wercken berichtet haben *), es treffe Manns- oder „Weibs-Personen an, welche sich mit den Geistern „vermischen, bekennen einhellig, daß nichts kalters noch „unlieblichers als dergleichen Werck könnte erdacht wer„den. Petronius Armentarius sagt, daß sobald er „seine Bulschaft Abrahele umfangen hätte, wären „alle seine Glieder erstarrt. Hennezelius bekannte, „er hätte nichts verrichten können, sondern es wäre ihm „gewesen, eben ob er in einem kalten Loche voll Wass„sers gesteckt hätte, derohalben er seine Bulschaft Scua-
„Be-

*) Remigius war Richter in Lothringen, und hatte in 15 Jahren eine ungeheure Anzahl von Menschen, als Zauberer und Hexen verbrennen lassen.

„„zebutz hätte müssen fahren lassen. So bekennen auch
„alle Hexen: daß das männliche Glied, wie sie meinen,
„an ihren Geistern also beschaffen sey, daß sie ohne gro-
„ßen Schmertzen, wegen der Größe und der Kälte*)
„nicht mit ihnen können zu thun haben. Es sagte die
„Alexia Dragäa, ihre Bulschaft hätte einen so starcken
„ꝛc. ꝛc. allezeit gehabt, wenn ihm gestanden, und so
„groß, als ein Ofengabelstiel, desgleichen sie zugegen
„zeigte, denn ohngefehr eine Gabel zugegen war, sagte
„auch, wie sie kein Geleuth weder Hoden noch Beutel
„daran gemerckt hat. Claudia Selläa sagte, wie
„sie oftmals versucht hat, daß ihr Geist wäre ge-
„staffirt gewesen, wie eine Spindel, forn und hin-
„ten spitz, und so dick in der Mitten, daß ein Weib,
„wie weitläuftig sie auch beschaffen, denselbigen ohne
„großen Schmertzen nicht habe erleiden mögen. Mit
„dieser stimmet Nicolea Morelia überein, welche
„sich beklagt, daß so oft sie von dergleichen elendigem
„Handel abgeschieden wäre, daß sie sich alsdenn wieder
„habe zur Ruhe niederlegen müssen, gleich als wann
„sie sich durch ein langwieriges und hastiges Abtreiben
„und

---

*) Carpzow Pr. Cr. P. I. Q. L. No. 29. Läßt die Mühl Lehna erzählen: Sie hätte sich auch mit dem Teufel, welcher in Gestalt eines Menschen und kleines Männleins, so oft sie ihn haben wollen, zu ihr kommen, unmenschlicherweise vermischt, welches ohngefehr zwantzigmal geschehen, allzeit wenn er zu ihr kommen, hätte er es zweymal gethan und jedesmal eine halbe auch wohl gantze Stunde gewähret, er hätte ein großes D. als ein Esel gehabt, und wann sie gleich das Creutz vor sich geschlagen, sey er doch nicht von ihr gewichen. — Und es hat die Gefangene ferner dieses bekannt und ausgesaget, daß der Teufel in der Nacht, als ihr Mann nicht daheim gewesen, in Gestalt eines schwarzen Männichens zu ihr kommen, ihr das Bette aufgehoben, sich zu ihr gelegt, und sich ohngefähr dreymal mit ihr vermischt, wann er mit ihr zu thun gehabt, wäre es nicht anders gewesen, als wann er ein kalt Hörnichen dazu gebraucht.

„und Jagen übermühet hätte. Didacia Miremon=
„tana sagte auch, ob sie wohl viel Jahr in der Ehe
„gelebt und wohl versucht wäre, jedoch so hätte sie ihr
„Geist jedesmal dermaßen ausgedehnet mit seinem unge=
„heuren Penal, daß sie ihre aufgedeckte Tücher allezeit
„ganz blutig gemacht hätte; und sie klagen fast alle
„insgemein, daß sie ganz und wider ihren Willen mit
„den Geistern in diesem Fall müssen zu schaffen haben,
„und es helfe sie nichts, sie wehren sich auch gleich,
„so sehr als ihnen möglich ist"*).

Obgleich fast alle Hexen vor Gericht ausgesagt
haben, oder auf die dummen dahin zielenden Fragen
und durch die Mitwirkung des Mstr. Hämerling haben
aussagen müßen, daß ihre Buhlschaften ganz kalt
wären; so sind sie sich doch in Absicht der Empfindung
bey dieser Handlung gar nicht einig. Die Hexen des
Remigius überließen sich mit Furcht und Abscheu den
Umarmungen ihrer Geister, andre thaten es mit innig=
stem Wohlgefallen, und zogen ihre Juncker ihren ei=
genen

---

*) Es sey mir erlaubt, hier aus Bodini Daemonomaniae
L. II. C. VII. p. 251 noch einige Beyspiele anzuführen, doch
lieber in lateinischer Sprache.

Margarita Bremontia vxor Noelis Laureti dixit, se die
lunae proxima nocte ineunte cum matre Maria in conuen-
tum, qui apud Franquisanum pristinum prope Lognium in
prato habebatur, iuisse; matrem inter femora scopas haben-
tem dixisse (verba hic placet omittere) et statim vtramque eo
exportatam esse, vbi invenerunt &c. eodem sex diabolos hu-
mana specie aduenisse, aspectu horridos etc. facta saltatione
diabolos concumbentes rem cum ipsis habuisse: eorum vnum,
qui saltantem duxerat, cepisse eam, *bis osculatum esse, et
amplius semihoram cum ipsa concubuisse, perfrigidumque semen
ejecisse*. Ioanna Guillemina huius assentitur dictis, semihoram fuisse copulatos fassa et *perfrigidum ab eo excreatum*. —
p. 253. In historia S. Bernardi legimus, sagam exstitisse,
quae marito suo nec percipienti accubans saepe numero diabolo commiscebatur.

genen Männern unendlich vor, Gehaus *) erzählt von einer Hexe das Geständniß: daß der Teufel die zweite Nacht nach ihrer Hochzeit, nachdem sie die erste Nacht sich ihrem Manne Preis gegeben gehabt, zu ihr gekommen sey und mit ihr zu thun gehabt, und zwar adeo potenter, daß sie nachher niemals wieder an den Umarmungen ihres Ehemanns Vergnügen hätte finden können. Niklas Pütter erzählt in der obengedachten Streitschrift (Examen juridicum judicialis Iamiarum confessionis se ex nefando cum satana coitu prolem suscepisse humanum. Praeside Ioanne Klein.) aus gewissen Acten, die an die Rostocker Juristenfakultät gelangt waren, und zwar im October 1698. Inquisitin habe bekannt: „daß des folgenden Tages, „wie den Tag vorher die N. N. sie das Zaubern gelehrt, „und einen Bräutigam, Namens Hans, ziemlichen „Alters, zugefreyet, NB. um Vormittag, wie keiner zu „Hause gewesen, gemeldter Hans in schwartzem Habit „zu ihr vor die Thüre gekommen, und sich gemeldet, „daß er der von der alten N. N. ihr angewiesener Bräu=„tigam sey, welchen sie angenommen, und mit ihm in „die Cammer gegangen und daselbst auf dem Bette mit „ihm Bulschaft getrieben, und wäre sie damals erst 12 Jah=„re alt gewesen. Item: wie sie ohngefähr 15 Jahr alt gewe=„sen, zum andernmale wieder von dem N. N. zaubern ge„lernt, und er ihr abermahlen einen andern Bräutigam, „Namens Hans zugefreyet, hätte sich dieser Bräutigam „sogleich bey sie auf der Heide, woselbst sie die Kühe „gehütet, nachdem ihr Lehrmeister nur nach Hause gegan=„gen, eingefunden, auch noch darauf im Felde mit ihr ge„buhlet, auch nach 2 Tagen des Abends in der Küchen wie„der zu ihr gekommen und daselbst den Beyschlaf, unter „Versprechung eines schwartzen Tuchs, (welches er aber „nicht gehalten) wiederhohlt. Dieser Geist wäre allezeit in

*) In Decisionibus illustrium quaest. vsu freq. Q. 3.

"einem bunten Sammitschen Rocke von weiß, roth und
"schwarzen Streifen, mit grauen Strümpfen, schwarzen
"an beyden Enden aufgeschwänzten Hute, mit einem sey=
"denen schwartzen Bande, zu ihr gekommen, und dieser
"Bräutigam sey ihr angenehmster Geist gewesen.
"Addit: Mit diesem hätte sie öfters gebuhlet, und
"wenn sie rechte Lust dazu gehabt, hätte nur gesaget:
"Komm Kaster und knastre mie; so hätte sich ihr
"Geist bald eingefunden, da sie denn von solcher teufli=
"schen Vermischung ihre Lust empfunden, welches Inqui=
"sitin mit Lachen erzehlet) doch wäre der Geist sehr kalt,
"und was von ihm gangen, kalt und roth gewesen;
"Et porro: Wie sie zum drittenmahl von der alten M.
"M. unter dem Versprechen, daß sie ihr noch mehr Künste,
"als sie bereits wüste, lehren wolte, Zaubern gelernet,
"hätte auch die ihr einen Bräutigam, Nahmens Da=
"vid, zugesellet, der sich auch gleich des Nachts dar=
"auf eingefunden, auch im Bette mit ihr gebuhlet,
"mit diesem hätte sie auch am Tage genug, und noch
"im Gefängniß diese unmenschliche Unzucht wiederhoh=
"let; dieser wäre in männnlicher Statur und in schwar=
"zen Habit ihr allemal erschienen, sähe aber sehr häß=
"lich aus und hätte solche tolle Hände und Füsse, als
"Pferde=Füsse, und dieser wäre ihr sehr hart gewesen,
"auch von Natur ganz kalt ꝛc. ꝛc."

Man hatte freylich selten Gelegenheit, Kinder aus diesem Handel zu sehen, jedoch gab es einige Bey= spiele, um die Ehre der Hypothese zu retten, es kam nur drauf an, ob der Richter solche Entdeckungen lieb= te, in welchem Falle er Mittel in Händen hatte, sie zu machen, und die Theorie bey Ehren zu erhalten. Ni= colaus Pütter erzählt in mehr gedachter Streitschrift: Präses, J. Klein habe ihm aus den Acten erzählt, die in Sachen einer gewissen Hexe an die Juristen=Fa= cultät nach Rostock gekommen, N N. habe gestanden,

"daß

„daß aus solchem getriebenen schändlichen Beyschlafe ihr
einsmals ein schwarzer, rauher Windwurm abgegangen *). Den sie auf ihres Geistes Davids Angeben
bey einem kleinen gemachten Feuer zu Pulver verbrannt,
welches Pulver der David weggenommen, folgendes
Tages in einem grauen Crämerhäußchen (Düte von
Löschpapier) ihr wieder zugebracht, und ihr Vieh damit umzubringen gelehret. Item, daß ihr nachgehends
wieder eine Frucht in Gestalt eines Mägdgens von
einem Pott-Krug groß, abgegangen, welches sie
zwey Tage bey sich gehabt, des Tages in ihr Bette
verwahrt, des Nachts aber zu sich genommen, auch
mit ihren Brüsten gestillet, und gemercket, daß
es gesogen, ihr Geist David aber hätte es ihr nach
zweyen Tagen weggenommen: Et porro: Zum brittenmale hätte sie wieder ein Mägdgen mit ihrem andern
Geiste Hansen, den sie am liebsten leiden mögen, und
mit welchen sie auch im Beyschlaf die meiste Lust empfunden, eine Zeitlang darnach gebohren, welches ihr
Geist aber gleich weggenommen, und wie sie eine geraume Zeit darnach von eben demselben ein Knäbgen
zur Welt getragen, hätte ihr Geist ihr denselben nicht
lassen wollen, sondern auch gleich weggenommen. —
Et tandem: daß noch in dem Gefängniß ihr Geist
Hans und David mit ihr zweymal gebuhlet, und sie
von solcher Vermischung am 21 September dieses jetzt
laufenden 1698ten Jahrs des Abends im Schummern,
(Dämmerung) nachdem sie den Tag vorher der Frauen, bey der sie gefangen gesessen, daß ihr so schlimm,
angst und bange sey, geklaget, auch die Examinatores
ihr wohl anmercken können, daß sie grosses Leibes,
Spiritu suo obstetricante, eine Frucht in Gestalt eines
Mägdgens zur Welt gebracht, welche sie auch in ihren

Hän=

*) Dergleichen Geburthen nannte man die Elben oder
bösen Dinger, wovon unten noch mehr vorkommen wird.

Händen gehabt, und gesehen, wie es sich mit Kopf, Händen und Füssen geregt, auch endlich gehöret, wie es geweinet, und da es ganz kalt gewesen, an ihre Brust gehalten und säugen wollen, aber der Geist David hab es anfänglich nicht haben wollen, endlich es zwar zugegeben, da sie denn eigentlich mercken und empfinden können, daß es von ihr Milch gesogen, welche aber anjetzo verschwunden, doch eine halbe Stunde darauf es ihr genommen, und damit sich weggemacht, welches sie gern behalten hätte."

Nur halber Menschen-Verstand zeigt hier den Widerspruch in jeder Zeile, besonders bey der letzten Scene im Gefängnisse, wo sich der Richter leicht vom Gegentheile hätte überzeugen, oder eine gemeine Hure und Kindermörderin entdecken können; so weit sah aber damals ein durch Vorurtheile verblendeter Priester der Gerechtigkeit nicht. Luther, der um kein Haar klüger war, als seine Zeitgenossen, wenn die Rede vom Teufel und dem vorgeblichen Spektakel desselben war, blieb auch hier auf der allgemeinen Heerstrasse. In seinen Tischreden *) S. 213. Frankfr. Ausgabe hat

---

*) Seine Tischreden sind freylich nur eine zusammen gebrachte Sammlung von Aeußerungen, die er selbst nicht authorisirt hat, und manches mag auf seine Rechnung mit unterlaufen, woran er vielleicht nie gedacht hat, oder das er doch nicht so sagte, als es ihm die Compilatoren sagen ließen. In Rücksicht auf den Teufel aber dürfte ihm kein Unrecht geschehen, die Reden sind mit seinem Geiste nur zu kenntlich bezeichnet, und selten schien er sich die Zeit zu nehmen, über dergleichen Volcksmeynungen nachzudencken. Wer kann aber auch überall Original seyn? und da die Philosophie damals nur Kinderey, und durch Fabeln völlig entstellt war; so kann man's ihm verzeihen, daß er sich auch hier nicht einen neuen Weg bahnte. Er that so mehr, als man von einem einzeln Manne je hätte erwarten dürfen, und mit unsern jetzigen Kenntnissen würde er noch manches umgestoßen haben, das er in seinem Zeitalter und in seiner Verfassung stehen lassen mußte.

hat er eine recht treuherzige Fabel dieser Art unter der Aufschrift: Wie der Teufel die Leute betriegen, und Kinder zeugen kann.

D. M. Luther sagte, heist es hier; daß er selbst von H. Joh. Friedrich, Churfürst zu Sachsen eine Historie gehört hätte, daß ein Geschlechte vom Adel im Teutschlande gewesen, dieselbigen wären gebohren von einem Succubo, denn so nennet mans, wie denn die Melusina zu Lucelburg auch ein solcher Succubus oder Teufel gewesen ist.

Es wäre aber also zugangen: Ein Edelmann hatte ein schön jung Weib gehabt, die war ihm gestorben, und auch begraben worden. Nicht lange darnach, da liegt der Herr und Knecht in einer Kammer bey einander, da kompt des Nachts die verstorbene Frau, und lehnet sich über des Herren Bette, gleich als redete sie mit jm. Da nun der Knecht sahe, daß solches zwier nach einander geschahe, fraget er den Junckern, was es doch sey und ob ers auch wisse, daß alle Nacht ein Weibsbild in weissen Kleidern für sein Bette komme? Da saget er nein, Er schlafe die ganze Nacht aus, und sehe nichts. Als es nun wieder Nacht ward, giebt der Juncker auch Acht drauf, und wachet im Bette, da kompt die Frau wieder für das Bette, der Juncker fraget, wer sie sey? und was sie wolle? Sie antwortet, sie sey seine Hausfrau. Er spricht: Bistu doch gestorben und begraben. Da antwortete sie, Ja, sie habe seines fluchens halben und umb seiner Sünde willen sterben müssen, Wölle er sie aber wieder zu sich haben, so wolte sie wieder seine Hausfrau werden. Er spricht Ja, wenns nur seyn kundte, aber sie bedinget auß, und vermanet jn, er müste nicht fluchen, wie er denn einen sonderlichen Fluch an jm gehabt hatte, denn sonst würde sie bald wieder sterben. Dieses sagte Jr

der

der Mann zu, da bliebe die verstorbene Fraw bey jm, regirete im Hause, schlieff bey jm, isset und trinket mit jm und zeugete Kinder. Nu begibt sichs, daß einmal der Edelmann Geste krieget, und nach gehaltener Mahlzeit, auf den abend, das Weib einen Pfefferkuchen, zum Obst, aus einem kasten holen solte, und bleibt lange aussen, da wird der Mann schellig, und fluchet den gewönlichen Fluch, da verschwindet die Fraw von stund an, und war mit ihr auß. Da sie nun nicht wieder kam, gehen sie hinauf in die Kammer, zu sehen wo die Fraw bleibe, da liegt ihr Rock, den sie angehabt, halb mit den Ermeln in dem Kasten, das ander Theil aber heraussen, wie sich das Weib hat in Kasten gebückt vnd war das Weib verschwunden und sidder (seit) der Zeit nicht gesehen worden.

Iam est quaestio, Ob das rechte Weiber seien? und obs rechte Kinder seien? davon sind das meine Gedancken, daß es nicht rechte Weiber seyn können, sondern es sind Teufel, und gehet also zu, der Teufel machet ihnen die geplerr (Gaukeley) für die Augen, und betreuget sie, daß die leute meinen, sie schlafen bey einer rechten Frawen, und ist doch nichts, desgleichen geschichts auch, wenns ein Mann ist, denn der Teufel ist kräftig bey den Kindern des Unglaubens, wie S. Paulus sagt.

Wie werden aber die Kinder gezeuget? Darauf sage ich also, daß diese Söhne sind auch Teufel gewesen, haben solche leibe gehabt, wie die Mutter. Es ist warlich ein greulich schrecklich Exempel, daß der Satan so kan die leute plagen, daß er auch Kinder zeuget. Also ist es auch mit den Nixen im Wasser, der die Menschen zu jm hinnein zeucht, als Jungfrawen und Mägde, mit welchen er darnach zuhält und Teufelskinder zeuget. Denn sonst Kinderzeugen allein ein göttlich Werck ist, und da muß unser Herr Gott Schö-

Hexenprocesse, I. Band. R pfet

pfer seyn. Denn wir nennen jn ja allzeit Vatter und muß auch die Conceptio per constituta media et per homines in einem momento geschehen, denn er gebraucht zur Schöpfung der Menschen, als ein Mittel, und durch dieselbe wirckt er alleine, vnd nicht durch den Teufel. Darumb so müssens gestolene Kinder seyn, wie denn der Teufel wol Kinder stelen kann, wie man denn bisweilen wol Kinder in Sechswochen verleuret, oder müssen Suppositicii seyn, Wechselkinder, die denn die Sachsen nennen Kilkropff *).

Man findet beynahe gar keine Acten, besonders wenn's eine Hexe betraf, in welchen nicht auch dieser Artikel mit vorkäme; dies beweist aber weiter nichts, als daß alle Hexenrichter diese unnatürliche Unzucht einmal für allemal voraussetzten, und keine Hexe eher von der Folter losließen, bis sie auch dies fabelhafte Verbrechen gestanden hatten. Freilich thaten sie es gemeiniglich sehr umständlich; allein ihre Bekenntnisse sehen sich doch im Grunde alle sehr gleich, einige unwesentliche Nebenumstände abgerechnet, man kann daraus schließen, daß die Fragen der Richter, die schlechterdings und wie man wollte beantwortet werden mußten, und der einmal allerwärts vestgesetzte Volksglaube hier die Antworten und Bekenntnisse bestimmten. Remigius z. E. hatte sich es nun einmal in den Kopf gesetzt, daß die Hexen, an der Vertraulichkeit der Geister keinen Geschmack fänden, und nun dürfen wir doch wohl nicht weiter fragen, warum die Lothringschen Hexen und Teufel anders dachten, als die Hexen und Teufel in Niedersachsen.

Die

*) Der gute Luther dachte wohl wenig daran, daß man ihn selbst einmal zu einem solchen Teufelskinde machen würde, und doch behauptet Fontanus (in Historia de statu religionis) daß seine Mutter sich ihn aus der Umarmung mit dem Teufel aufgelesen habe. S. Del Rio Disquisit. magic. L. II. Q. XV. pag. mihi 75 colum. 1.

Die meisten Hexen der neuern Zeit gebahren keine Kinder mehr, sondern Elben, die man auch die bösen Dinger und Unholden nannte. Man sieht aus dem Namen, was wohl sehr muthmaßlich unter den Deutschen das meiste mit zu dieser Fabel beygetragen habe, nämlich der Alp, der noch bis diese Stunde so manches abergläubische Frauenzimmer drückt, und ihr Gewissensangst gnug verursacht, als hätten sich böse Leute oder der Teufel selbst über sie hergemacht. Diese Elben hatten bald die Gestalt rauher Würmer, bald der Hummeln, u. s. w. und entstanden entweder aus dem Beyschlafe mit dem Teufel, oder er fabricirte sie auch wohl ohne die Hexen brevi manu. Die Hexen verbrannten diese Geburthen bald zu einem Pulver, mit dem sie ihre Feinde krum, lahm auch wohl gar todt herten, oder sie wiesen sie den Leuten in natura zu, in einen Arm, an's Bein, oder wohin sie wollten; die Elben waren folgsam, und so ward der durch die Elben gezüchtigte Mensch lahm, oder was man sonst wollte. Dies nannte man jemanden die Elben zuweisen. Gicht und Pobagra, Spasmus, Pleuresie und fallende Sucht waren damals keine natürliche Krankheiten mehr, es waren die Elben, und man glaubte sie nur durch Enthexen curiren zu können. Die Inquisitin, die zu des Pütters Streitschrift Gelegenheit gegeben hatte, bekannte auch: „daß aus solchem getriebenen schändlichen „Beyschlafe ihr einsmals ein schwarzer, rauher Wind-„wurm abgegangen, den sie auf ihres Geistes Ange-„ben bey einem kleinen gemachten Feuer zu Pulver ver-„brannt, welches Pulver der David weggenommen, „folgendes Tages in einem grauen Kramerhäußchen „ihr wider zugebracht, und ihr das Vieh damit umzu-„bringen gelehrt".

Ein gedruckter Hexenproceß von 1737 ohngefähr, wenigstens aus der ersten Hälfte dieses Jahrhunderts, (dessen

(dessen Hauptperson Anna Wettermacherin (die Zunahmen sind freylich erdichtet) geheißen, ihr Vater Kunz Wettermacher, die Mutter Gese Gabelreuterin und die Grosmutter Blocksbergs-Else) an dem mir der Tittel fehlt, läßt die Hauptperson bekennen (S. 19). „Von der Vermischung mit ihren „Buhlen Hansen habe sie vielmals Elben, die bösen „oder zehrenden Dinger, die von allerhand Couleur, „wie Raupen ausgesehen, spitzige Schnäbel und schwar=„ze Köpfe, auch theils Flügel gehabt, gebohren, und „zwar allemal 10, welche sie in Töpfe gethan, und ihnen „Brodt zu fressen gegeben *). Diese Dinger habe sie „in

*) Andere Hexen pflegten sie unter einen Hollunderbaum oder Strauch lebendig zu vergraben, und zwar mit Ceremonien. Sie gaben ihnen ein Bischen Wachs, Flachs, Käse und Brodt mit in's Grab, und sprachen dabey: da! Wringet das Wachs, spinnet das Flachs, esset das Bischen Käse und Brod und lasset mich ohne Noth. Darauf waren sie hingebannt und durften nicht wieder zu ihrer Mutter zurück. S. des Herrn Prof. Elias Casper Reichards vermischte Beyträge zur Beförderung einer nähern Einsicht in das gesammte Geisterreich III. St. S. 369. Kam jemand diesem Elbengrabe zu nahe; so hatte er die bösen Dinger im Leibe. Davon erzählt Eberhardt Gockel, M. d. D. in seinem Tractate von dem Beschreien und Verzaubern S. 66 aus Senuerts Pract. L. 6 P. 3 C. 6 eine erbauliche Geschichte. „Schiermeister eines Schneiders Sohn, 13 Jahr alt, setzt sich, um seine Nothdurft zu verrichten, bey einer Hollunderstaude nieder, fällt plötzlich, unter schrecklichen Gichtern zur Erde, und that unmittelbar vorher einen lauten Schrey. Die Mutter lief darauf zu ihm, und trug ihn für todt ins Haus, wo er bis an den dritten Tag wie sinnlos lag. Darauf fühlte er grausame Schmerzen und Gichter in den Lenden, Füßen und Waden. Zuletzt fielen ihm tiefe Löcher in dem dicken Fleische des Hintern, durch welche alles, was er gegessen und getruncken hatte, ausfloß, am Leibe zehrte er ganz ab. Nach 4 Jahren, unter welcher Zeit ihm ein Wundartzt ohne Nutzen vielerley Medicin

„in den 50 Jahren, da sie das Zauberwesen getrieben,
„sehr vielen Leuten, die ihr was zu leide gethan, zu=
„gebracht, theils nur eine Zeitlang, sie damit zu quä=
„len, theils aber gar zu tödten, welches letztere an ei=
„nen (einem) ihrer Nachbaren, so ihr Land abgepflü=
„get, und nicht wiederum zurück geben wollen, wie
„auch an einem Weibe, so sie eine Hexe und Drachen=
„hure geheissen, und an einem Wochenkinde verübet.
„Wenn sie jemanden solche anmachen wollen, habe sie
„1. 2. oder mehr Paar, nach ihrem Gefallen aus den
„Töpfen gelanget, in die Hand gesetzet, und in des
„bösen Feindes Namen solche zu dem, welchem sie sel=
„bige zugedacht, mit Benennung dessen Namen, fort=
„gewiesen. Zuweilen hätten die Leute andere Hexenmei=
„ster gebraucht, dieselben zu vertreiben, wenn sie aber
„nur gesagt: *Ihr Elben sitzet feste, weicht nicht
„aus eurem Neste,* habe es nichts geholfen; so bald
„sie aber nur angehoben: *Ihr Elben ziehet fort,
„weicht bald an andern Ort,* wären sie den Leuten
„bald abgethan gewesen. Sie habe auch durch einen
„Segen, oder wenn sie nur ihren Urin vor jemands
„Thür, oder auf dem Mist im Hofe gelassen, die El=
„ben den Leuten zubringen können. Dies nannte
„man mit dem damaligen Kunstnamen: *mit den El=
„ben umgehen können*"**). Die unten in der No=
te angeführte Sentenz des leipziger Schöppenstuhls

R 3 ver=

dicin gegeben hatte, giengen ihm eilf Würmer ab, eines
halben Fingers lang, mit schwarzen Köpfen, und unzähl=
baren Füßen. Als die Mutter die Bettücher, in welchen
sie herum krochen, ausschüttete, verschwanden sie in Ge=
genwart aller Zuschauer, der Pursche blieb aber all sein Le=
benlang ein armseliger Tropf. Zwey Hexen haben bekannt,
daß sie ihre mit dem Teufel erzeugten Elben eben unter die=
se Hollunderstaude begraben hätten, freylich nur zwey Paar,
aber diese konnten ja geheckt haben".

*) S. Carpz Pract. Crim. P. I. Q. L. p. 335. Sent III.

verbreitet über diese Sache noch mehr Licht, man wird's mir also verzeihen, wenn ich sie in so weit, als sie hierhin gehört mittheile. „Ist die Gefangene W.
„V. A. nachgelassene Wittib von einem Weibe, die
„Michalsche genannt, so vor wenig Tagen zu Gröbzigk
„verbrannt, bezüchtiget worden, daß sie mit den Elben
„umgehen könnte, und sie hätte sie dem jungen Jobst
„von Wulcknitz zugebracht, und als sie darauf in gu=
„tem bekannt, daß sie vor drey Jahren gemelten von
„Wulcknitz die Elben dadurch eingebracht, daß sie ihren
„Urin auf den Mist gehen lassen, und den Knaben
„dreymal darüber geführet, do hätte er derselben Elben
„zwey paar bekommen, darvon er denn Eurem Berich=
„te nach, so krank, daß er bisweilen darnieder fällt, und
„zum armen Menschen worden ist. (Die fallende Sucht
„bekommen hat). Und als ihr sie ferner durch Rich=
„ter und Schöppen befragen lassen, von weme sie die
„Elben hätte, hat sie selber freywillig bekannt, daß
„sie vor dreyen Jahren auf dem Anger vor Beindorf
„der Gänse gehütet hätte, do wäre der Teufel in ei=
„nes Mannes Gestalt, in einem schwarzen Rock be=
„kleidet, zu ihr kommen, der hätte ihr angemuthet, sie
„sollte bey ihm schlafen, darauf hätte sie geantwortet,
„was er an ihr ersehen, oder er theils an ihr hätte. Als
„er aber ferner bey ihr angehalten, hätte sie sich nieder=
„gelegt, und also seines Willens gepflogen, und das
„wäre das erstemahl, daß sie mit dem Teufel zu schaf=
„fen gehabt, darnach wäre er zum andernmal vorm
„Jahre im Sommer zu ihr kommen, und hätte da=
„selbst abermals Unzucht mit ihr getrieben, sie hätte
„aber von ihme gar nichts zu Lohne bekommen, und
„könnte wohl erachten, daß sie die Elben von niemand
„anders, als vom Teufel hätte, weil sie zweymal mit
„ihme gebuhlet."

M. E:

M. E. Bl. deren ganzen Inquisitions = Proceß Johann Reiche seinen unterschiedlichen Schriften von Unfug des Herenprocesses in der ersten Abtheilung mit geliefert hat, bekannte ad Articulos S. 771.

"(Artik. 17). Ob wahr sey, daß sie von "dem Beyschlaf mit dem Teufel Würme "gezeuget?

"Ja.

"18. Wie viel auf einmal?

"Ich habe sie nicht gezehlet, ob 6 oder 7 gewesen.

"19. Wie sie gestalt gewesen?

"Es waren weisse Würmen mit schwarzen Köpfen, "eines Gliedes von Finger lang.

"20. Ob wahr, daß sie davon vor den neuen "Thore, in den Fahrweg gescharret?

"Ja.

"21. Ob wahr, daß sie dadurch dem Herrn "Diacono Sch. ein Pferd todt geheret?

"Ich habe die Würmer dahin gescharret, ob aber "eben des Caplans Pferd darüber gegangen, weis "ich nicht.

"24. Ob wahr, daß sie H. eine Kuh, dem "Brauer eine Kuh, Gr. eine Kuh todt ge= "heret?

"Ja, mit Würmen hab ich sie um das Leben ge= "bracht, das erstere Stück so darüber geht, dem "schadet es, aber Gr. Kuh hab ich eine Oblate "in einen Eymer Wasser geworfen.

"S. 774. Quaest. Ob denn der Teufel ihr Hen= "rich bey ihr gewesen, als sie auf der Stu= "be gefangen gesessen?

"Illa. Nein, auf vielfältiges Zureden hat sie gesa= "get, ja! einmal.

"Quaest. Was er bey ihr gethan?

"Illa

„Illa. Er hat mit mir zu thun, was sonst ein Mann
„zu thun pflegt mit seinem Weibe.
„Qu. Ob sie denn von dem Beyschlafe Lust
empfunden?
„Illa. Ja!
„Qu. Wie es beschaffen gewesen?
„Illa. Wie ein Mann.
„Qu. Ob denn der Teufel ihr Henr. oft mit
„ihr zu thun gehabt habe?
„Illa. Ja! fast alle Nachte."

Die Zimmermannsche gestand, in v Lafferts Relationibus, S. 54. „daß sie vor 10 Jahren in ihrem
„Hause mit dem Teufel einen Bund gemachet, ihre
„Nachbarin A. B. wäre ihr hierunter behülflich gewesen,
„indem sie ihr einen Apfel gegeben, welchen sie aufge=
„gessen, worauf drey Teufel, deren einer bunt, die an=
„dern beide aber schwarz gewesen, zu ihr kommen, sol=
„che hiessen Hans, Jacob und Claus, welche oft mit
„ihr gebuhlet, und bald als Katzen, öfters auch als
„Ratzen bey ihr gewesen, die Mißgeburthen, so sie
„von selbigen zur Welt gebracht, wären Poggen,
„(Frösche) Ratten und Mäuse gewesen *), (eine ganz
neue

---

*) Heinrich Rimphof, Domprediger und Superintendent des Stifts Verden hat in seinem Drachen=König (8v. Rindeln 1647) noch eine andre Art von Elben „Im Kloster Lockum, sagt er S. 85, ward eine Hexe gebrant, N. N. genannt, die das Hexen aus grosser Armuth umb eines Kopstücks willen gelernet, die hat vier Wochen hernach vom Sathan einen graußsamen Schnacken (Schlange) fünf viertel lang geboren, dafür sie sich heftig entsetzet, vnd diesen scheußlichen Wurm alsfort auff den Misthauffen getragen, und darinnen verscharret, der Satan hat sie so lange gepeitschet und geschlagen, biß sie solches Thier auß dem Misthausen wieder gesuchet, hats müssen am Fewer wie ein Kind wärmen, und ein Milchseimer setzen, vnd hat dem unfreundlichen Gast müssen täglich zur Speise Milch geben, so bald sie diesen Schnacken an=
grü=

„neue Lesart), die sie hin und wieder auf dem Felde „und in den Höfen, da man das Vieh hinaus treibet, „vergraben ꝛc." Man pflegte solche Elben auch die guten Kinder zu nennen, versteht sich freylich in der Hexensprache und nur hin und wieder, denn fast jede Provinz hatte ihre eigene Lesarten und besondere Meynungen, die einem Kennicot Arbeit gemacht hätten, wenn er ein Variantencabinet darüber hätte zusammen bringen wollen. In der vierten Sentenz des Leipziger Schöppenstuhls (S. Carpz. Pr. crim. P. J. Q. L. S. 335.) „hat C. T. in scharfer Frage bekannt und aus „gesagt: daß sie mit dem bösen Feinde Gemeinschaft „gehabt, und zu etlichen malen Unzucht getrieben. „Item, daß sie vor drey Jahren Mathes Herman zwey „paar gute Kinder, wie sie es nennet, oder Elben „zugebracht, derowegen, daß er ihr einen Scheffel „Korn verweigert, auch ferner der Hantmanschin zu „Denstadt, so ihr ein Schock Flachs versaget, drey „paar weisse und schwarze, die reisende guten Kin„der genannt, in die Augen gebracht, und ihnen noch„mals wieder geholfen u. s. w.

In der Hexensprache wurden solche Dinger auch die guten Holden (S. Sent. VI.) die fahrenden Dinger genannt. (S. Sent. VIII). Unter den von Carpzow angehängten 36 Urthelssprüchen gedencken 17 der Elben ausdrücklich, ein Beweis, daß man einmal angenommene Meynungen nicht so leicht fahren läßt, und die Kunst verstand, heraus zu foltern, was man wollte.

Daß die bösen Geister sich, nach der Regel, einen Cörper aus Luft zusammensetzen mußten, haben wir schon gesehen. Die Luft ward, um es mit dem bischen übrig gebliebenen Menschenverstande nicht ganz zu ver-

der=
gerüten, sind ihr die Hände geworden, als weren sie aussetzig hat auch solche ungesunde Händ biß zum Gerichte behalten u. s. w.

derben, mit einem Zusatze von erdichten, und wässerichten Theilen zusammen geknetet, um nicht so leicht aus dem Verbande zu gehen, der Cörper blieb aber kalt, denn eine solche Masse von zusammengepreßter Luft kann eben nicht warm seyn. Man hätte freylich auch einen starken Zusatz von schwefelichten Theilen zu Hülfe nehmen und eine starke Friction bewirken können, das hieße aber dem damaligen Zeitalter Kenntnisse unterschieben, die es nicht besaß. Vielleicht kann irgend ein Verfechter der Zauberey, wie man sie damals glaubte, in Pohlen, Tyrol, Glarus *) oder Spanien diesen Winck nutzen, und dem die Menschheit entehrenden Aberglauben wieder auf die Beine helfen. Jener Windcörper hatte oft die Eigenschaft, daß er nur den Hexen sichtbar und fühlbar war, nicht aber andern Leuten. Deswegen traf man bisweilen Hexen auf dem Felde oder in Büschen auf dem Rücken liegend und aufgedeckt in voller Arbeit an, ohne den Stuprator selbst zu sehen, höchstens stieg bey der Ueberraschung ein dicker Dampf von ihnen in die Höhe, bald in einer menschenähnlichen Gestalt, bald ohne sie, und dies Phänomen verdampfte geschwinde, wie jeder durch die Luft zertheilte Dampf zu thun pflegt. So häßlich auch der Galan seiner Buhlschaft, besonders wenn diese zum Pöbel gehörte, wie dies gewöhnlich der Fall war, zu seyn pflegte; so verstand er doch auch die Kunst, wenn das Liebchen von Stande war, seinen Pferdefuß zu verbergen, und sich zu adonisiren. „In regione Mar-
„rhaea

---

*) In Glarus ist, bekanntlich, noch in diesem 1783 Jahre eine so genannte Hexe hingerichtet worden, die ein Kind behext und gesterbet haben soll. Nach den Zeitungen widerfuhr das nämliche Schicksal in diesem nämlichen 1783 Jahre einer Frauen in Spanien, die Eyer soll gelegt haben. Dies Eyerlegen ist ein wahres Costüm jener finstern Zeiten, doch aßen die Hexen ihre gelegten Eyer nicht selbst, sondern sie verkauften sie auf dem Markte.

„rhaea (soll, nach Erasmi Francisci Meynung Marry
„in Schottland seyn) ist, wie Boethius aus dem Car=
„danus erzählt, eine Jungfrau schwanger befunden,
„und als die Aeltern wissen wollten, wer sie geschwächt
„und geschwängert hätte? hat sie geantwortet, sie wür=
„de bey Tage und Nacht von einem schönen Jünglinge
„besucht, wiewohl unwissend, von wannen er käme.
„Ob sie nun solcher ihrer Antwort schlechten Glauben
„zwar zugestellt; seynd sie nichts desto weniger, am drit=
„ten Tage hernach, auf Anzeigung der Magd, daß der
„Jüngling wäre wiederkommen, nach geschwinder Auf=
„sperrung der Thür, hinein getreten in die Schlafkam=
„mer, mit Fackeln und Windlichtern, und haben ein
„greuliches Ungeheuer in ihrer Tochter Umfahung ange=
„troffen, worauf nebenst den Nachbarn auch der Prie=
„ster selbiges Orts zugeloffen, und solchen Scheusal
„mit angeschauet. Dieser soll das Evangelium Johan=
„nis recitirt, und, als er an die Worte, *und das Wort*
„*ward Fleisch*, gekommen, der Teufel alles Bett=
„werck angezündt, hernach einen schrecklichen Knartzer
„(crepitum ventris) gehen lassen, und sich also davon
„gemacht. Folgenden Tags hat die Tochter ein Mon=
„strum oder abentheuerliche Mißgeburth gebohren" *).
Eben dieser leichtgläubige Fabelhans Francisci erzählt
a. a. O. aus dem Torquemade noch ein paar ähnli=
che Mährchen. Eins mag hier noch seine Stelle fin=
den. „Zu Calaris in Sardinien ward eine sehr schöne
„Edelfrau von 17 oder 18 Jahren durch eine Zauber=
„vettel so weit verreitzt, daß sie mit einem Teufel Ge=
„meinschaft und Verständniß machte, und derselbe sau=
„bere Galan kam bisweilen zu ihr, in Gestalt eines schön
„gebildeten Junggesellen, darunter er sie betrog, und
„seines Gefallens so lang mißbrauchte, bis sie heftig
„in ihn verliebt ward".

Um

*) S. Erasmi Francisci höllischer Proteus S. 841.

Um dem Teufel nicht immer die Mühe zu machen, sich einen Luftcörper zu schaffen, erlaubte man ihm, fremde, entseelte Cörper anzuziehen, besonders die Cörper gehängter Diebe, gewaltthätiger Weise um's Leben gekommener Bösewichter, auch las er sich bisweilen ein Aas vom Schindanger auf, und putzte es so schön aus, daß ihm der Betrug gelang. Wilhelm der Pariser erzählt uns eine erbauliche Legende letzterer Classe von einem Soldaten, der bey einem recht schönen Mädchen zu schlafen glaubte. Des andern Morgens fand es sich, daß seine Buhlschaft das abscheulich stinkendste Aas eines Esels und das Bette ein schmutziger Misthaufe gewesen war. So kam auch der Teufel einst als ein galanter Cavalier gekleidet nebst einem standesmäßigen Gefolge fleißig zu einem Wirthe in Rothenburg an der Tauber, und freyte um seine Tochter. Das Mädchen war bildschön, und dessen bediente sich der vorgebliche Cavalier zum Vorwande, um seine Heurath unter seinen Stand zu beschönigen, denn er war nicht allein, wie er sagte, ein vollbürtiger Edelmann, sondern hatte auch viele Güter, und war sehr reich. Der Wirth war wider die Mesalliancen vielleicht eben so sehr eingenommen, als Hermes bey Gelegenheit der Caricatur in Haberstroh, seine Vorstellungen schröckten aber den Liebhaber nicht ab. Der Wirth, welcher Lunte roch, bat den Prediger des Orts mit darzu, dieser fieng mit dem vorgeblichen Freyer an, fleißig aus der Bibel zu reden, wogegen der sogenannte Bräutigam protestirte, mit dem Vorgeben, daß es jetzt nicht Zeit und Ort sey, davon zu sprechen. Der Wirth, der nun in seinem Argwohne völlig bis zur Evidenz gekommen zu seyn glaubte, wies die sauberen Gesellen mit Ungestüm zum Hause hinaus, die sich zwar strichen, aber drey stinkende Cörper neulich gehängter Diebe zurück ließen.

Völlig

Völlig so widernatürlich und unglaublich, als die teufelische Buhlschaft jedem unbefangenen Zeitgenossen, der eben Menschenverstand hatte, seyn mußte sind es auch die Gabelreuterey, oder die Wahlfarthen der vorgeblichen Hexen nach dem Brocken- oder Blocksberge. Der Broken war nur für die Hexen deutscher Nation der Versammlungsort in der Walpurgisnacht am ersten May, als dem feyerlichsten Sabbathe des ganzen Jahres, und zwar nur für Niedersachsen und Westphälinger, denn die Hexen aus andern Ländern, besonders auch aus dem südlichen Deutschlande hatten wieder andere Oerter, wo Generalrevue gehalten ward. Die übrigen weniger wichtigen Zusammenkünfte wurden in der Nähe jedes Ortes gehalten, am liebsten auf Schindangern und dem Galgenfelde, wenn Gelegenheit dazu da war; denn daß der Teufel einen etwas schweinischen Geschmack habe, mag er leugnen, wenn er das Herz hat. Ich erinnere mich's noch deutlich gnug, daß in meiner Jugend in meiner Aeltern Nachbarschaft in einem dunkeln Haine Nacht vor Nacht Hexenassemblee war, wo auf Pferdeköpfen aufgespielt ward. Nähe bey einem volkreichen Dorfe ward in einem Thale, oberhalb einer Lohmühle, und nahe bey einem Wege, der häufig gebraucht ward, gleichfalls stark commercirt, und ich besinne mich noch recht gut auf die landkündige Erzählung, daß man bey einer solchen Versammlung des Richters Frau wollte auf dem Kopfe stehend gesehen haben, deren Posteriora statt eines Leuchters sollten gedient haben. Ich wüßte mich auf niemanden zu besinnen, dem die Sache Mühe gekostet hätte, sie zu glauben, mich, kleines Duodezmännchen, allein ausgenommen, und aller Muthmaßung nach wird sie dort noch nicht vergessen seyn und bis jetzt geglaubt werden. Zur Generalrevue mußten meine Landsmänninnen indes

des auch nach dem Blocksberge, zu dessen Inspection sie gehörten, ohnerachtet der Weg ein wenig lang war. Ich werde künftig, wenn ich meine Hexenprocesacten bekannt machen werde, Gelegenheit haben, von dem Locale der Privatzusammenkünfte nach Orts Gelegenheit zu reden. In dem 4ten Buche von Bekkers bez. Welt C. 29 S. 621 meiner Uebersetzung, wird der Ort der Schwedischen Hexenassemblee Blocula genannt, ein Ort, den die Hexen allein wußten, und wenn sie dahin wollten, so durften sie sich nur an eine gewisse Grube stellen, und dreimal sagen: Antesser, komm und führ uns nach Blocula. Was dieser Antesser für ein sauberer Pursche gewesen sey, darf ich wohl nicht erst sagen? Gewöhnlich erschien er ihnen auf ihre Einladung in einem grauen Rocke, rothen Beinkleidern und blauen Strümpfen, mit einem rothen Barth und hohem Huthe mit vielen Bändern geziert u. s. w. Es gab verschiedene Meynungen der damaligen Gelehrten über diese Hexenfahrten, denn einige stritten dem Teufel als einem Geiste die Macht ab, Cörper, die oft nicht leicht waren, durch die Luft zu führen; und da man Beyspiele anführen konnte, daß Leute, die sich mit der Hexensalbe beschmiehrt hatten, wie betäubt zur Erde fielen und liegen blieben, beym Erwachen aber Stein und Bein schworen, sie wären da und da auf dem Hexentanze gewesen, und hätten das und das gesehen; so erklärten sie die ganze Sache für Phantasie einer in Unordnung gebrachten Einbildungskraft. Del Rio *) nennt Luthern, Melanchthon, Ponzinibius, Porta, Alciatus u. a. m. als Anhänger dieser Meinung, die jedoch, in so weit noch zu ertragen waren, weil sie zu gleicher Zeit eine Illusion des Teufels mit annahmen, um der Sache doch nicht mit einemmale alles Wunderbare zu nehmen. Del Rio gesteht zwar einige dergleichen

---

*) Disqu. mag. L. II. C. XVI.

chen Beyspiele, folglich auch die Möglichkeit einer solchen teufelischen Verblendung, ein, verbittet sich aber durch allen ihm möglichen Zauber der Rhetorik den Schluß: daß folglich alles Betrug der Phantasie seyn müsse — denn er hatte Bekenntnisse (freylich ausgefolterte) der Hexen für sich, daß sie, wie sie leibten und lebten, auf dem Hexentanze gewesen wären.

Die andere Meynung hielt zwischen der Orthodoxie und Heterodoxie das Mittel, und nahm nur an, daß der Teufel bloß die Seelen seiner Clienten zum Tanze führe, die Cörper blieben aber zu Hause in einer Art von Betäubung und Leblosigkeit liegen. Das war freylich eine besondere Art von Seelenlehre, die aber doch ihre Liebhaber hatte. Eigentlich war es ein aus Noth erfundenes System; denn der Theorie der Ketzermeister durfte man nicht geradezu widersprechen, und mit der gesunden Vernunft wollte man es auch nicht ganz verderben, wenigstens gab's unter der Hand noch gescheidte Köpfe, die sich aber ohne Gefahr nicht zeigen durften. Del Rio*) macht wenigstens dem Bodinus, der diesen Mittelweg einschlug, ein schiefes Maul, bleibt weislich auf dem einmal gebahnten Heerwege, und räumt alle Steine des Anstoßes wenigstens seiner Meynung nach, vollends weg. Nach dieser Meynung der Orthodoxen beschmierten sich die Hexen am ganzen Cörper mit einer dazu gemachten Salbe, murmelten ein paar Worte in den Bart**), und flogen auf und davon. Einige behaupten,

*) Fatemur enim tunc animas non emigrare ex corporibus, et Bodinum id ausum asserere, detestamur. v. Del. R. l. c. Wir werden weiter unten sehen, daß sich Del Rio nicht beym Worte nehmen ließ.

**) Simon Majolus hat uns in seinem Tom. II. dierum canicularum, Colloq. III. p. 629. eine dieser Formeln aufbehalten: Oben aus und nirgend an. Kann man sich ei-

ten, daß die Zaubersalbe nothwendig zu den Hexenfahrten erfordert werde, andere sehen sie und das Beschmiehren mit derselben für eine bloße Cäremonie an, z. E. Del Rio, die der Teufel, um den Hexen die Furcht vor den Fallen zu benehmen, gut heist. Wierus schreibt dieser Salbe eine betäubende schlafmachende Kraft zu. (L. III. C. XVII). Er beschreibt a. a. O. aus des Ioan Bapt. Porta Magia naturali diese Salbe: es nehmen nämlich die Hexen (oder wer Lust dazu hat, sich selbst zu betrügen) Kinder, (ungetaufte von ihnen umgebrachte), kochten sie mit Wasser in einem Kessel, schöpfen das Fett ab, und lassen es gerinnen. Dasjenige, was sich nach dem Kochen als Bodensatz unten im Kessel befindet, samlen sie und heben es zu ihrem Gebrauche auf, und vermischen es mit Eppich (Eleoselinum) Wolfswurzel, Münchskappen, Pappeln und Ruß. Man hat mehr Arten von Recepten so wohl zu der Hexensalbe als auch zu andern geheimen Mitteln, Betäubung und Schlafsucht, zu erregen, und die Phantasie zu reitzen; ich mag sie aber nicht samlen, denn es lohnt gewiß der Mühe nicht. Gnug die Hexen beschmierten sich mit einer gewissen Zaubersalbe, so bald ihr höllischer Cicisbeo ihnen das unter ihnen verabredete Zeichen giebt, daß es Zeit zur Fahrt sey, sie sprechen ihre Beschwörungsformel, nehmen ihren Gaul zwischen die Beine, und reisen gewöhnlich durch den Schornstein ab. Wo es keine Schornsteine giebt, reuten sie durch zerbrochene Fensterscheiben oder andre kleine Oefnungen, andre setzen sich auch auf ihren Teufel, der in der Gestalt eines Ziegenbocks oder eines andern Thiers vor der Thür auf Fracht wartet, ohne sich an die Observanz mit dem Schornsteine zu kehren. Es wird eben kein Thier zu dieser Reise erfordert, denn die mei-

ne einfachere Segensprecherey gedencken? und doch thut sie mehr, als Mongoulfiers ärostathische Maschine.

meisten Hexen ritten auf Besemstielen, Ofengabeln, Spinnrocken, Spindeln u. s. w. Die Schwedischen Hexen ritten gewöhnlich auf Ziegen und Böcken, und wenn sie noch Kinder und andere Gesellschaft mitnehmen wollten, so steckten sie dem Bocke hinten eine Stange hinein, auf welche sich die Reisegefährten setzten, und eben so gut über Weg kamen, als die Vorreiterin. War das Instrument leblos, z. E. ein Besem, so mußte es gleichfalls mit Zaubersalbe beschmiert werden, vielleicht um nicht stätisch zu werden, oder den Koller zu bekommen. War die Hexe verheurathet, und ihr Mann gehörte nicht mit zum Bunde; so mußte sie schon sorgfältig seyn, daß er ihr nicht auf die Schliche käme. Um dies zu verhüten, tunkte sie entweder mit den Fingern in ihre Salbenbüchse, und griff darauf mit diesen schmiehrigen Fingern dem Manne an's Ohrläppchen, und nun schlief er wie ein Murmelthier, und wachte nicht eher wieder auf, bis sie wieder da war, oder sie legte ihm eine Stellvertreterin in's Bette, einen Besen oder dergleichen, das dem etwa erwachenden Ehemanne seine Frau zu seyn schien; auch ließ sich wohl mitunter ein Subalternteufelchen dazu commandiren, der Frauen Gestalt anzunehmen und dem betrogenen Manne ab interim Gesellschaft zu leisten, bis der rechte Bettgeselle wieder heim kam. Diese Heimkunft geschahe gewöhnlich gegen zwey Uhr nach Mitternacht, denn die Tanzgesellschaft wartete nie bis zum Hahnengeschrey, ein Ding, das der Teufel und seine Anhänger um alles in der Welt willen nicht ausstehen konnten. Bisweilen vergaß auch wohl eine Hexe diese nöthige Vorsicht, ihrem Manne das Aufpassen zu verbiethen, ward ertappt, und selten ging's dann ohne schlimme Folgen ab. Ein paar Beyspiele solcher Ueberraschung werden meine Leser hier an der rechten Stelle finden.

Paul Grillandus und aus ihm Remigius erzählen von einem Sabinischen Bauren, ohnweit Rom, daß er im Jahre 1526 des Nachts gemerckt habe, wie sich seine Hälfte nackend mit einer gewissen Salbe gesalbet und darauf vor seinen Augen verschwunden sey. Des andern Tages gab's Prügel, bis das Weib bekannte und um Verzeihung bat. Der Mann verzieh ihr unter der Bedingung, daß sie ihn das nächstemal mit zum Tanze nehmen solle, denn der gute Schlucker dachte wenig dran, daß der Teufel mit im Spiele sey, sondern glaubte nur an die Wunderkraft der Salbe. Des andern Tages salbte sich das Weib, es gab dem Manne die Büchse, daß er sich auch salbe, und so eingeschmiehrt setzten beyde sich auf Böcke, ritten wie ein Pfeil davon, und langten bald auf dem Balle an. Dem Manne hatte das Weib vorher wohl eingebunden, bey Leibe nicht den Namen Gottes zu nennen, wenn es nicht aus spöttischer, schimpflicher Absicht oder Gotteslästerung geschehe. Als beyde glücklich an Ort und Stelle gekommen waren, befahl das Weib dem Manne, ein wenig auf die Seite zu gehen, bis sie dem Fürsten des Festes ihr Compliment würden gemacht haben. Dieser Fürst der Finsterniß war, wie der Bauer sahe, in prächtigster Galla, um ihn stand eine große Menge von Männern und Weibern, welche ihm wie Vasallen huldigten, worauf der Tanz begann. Man tanzte bey solcher Gelegenheit mit angefaßten Händen in einem runden Kreise herum, das Angesicht auswärts gekehrt, und zwar, wie vorgebliche Kenner wissen wollten, aus der Ursache, damit eins dem andern nicht in's Gesichte sehen und seine Moitie bei Gelegenheit verrathen könnte. Zu dem Ende trugen auch viele Masken, vorzüglich die Reichen und Vornehmen, und wenn man noch keine Geschichte unsrer Maskeraden hat: so dürfte dieser Fingerzeig einem künftigen

Ge=

Geschichtschreiber derselben nicht so ganz gleichgültig seyn. Der Bauer mußte auf den Rath seines Weibes dem Fürsten Beelzebub gleichfalls den Hof machen, worauf ihm erlaubt ward, sich mit zur Tafel zu setzen. Weil das Essen nicht gesalzen war, (und das war es bey solcher Gelegenheit niemals) sich auch auf den Tischen kein Salz sehen ließ; so forderte der Bauer ziemlich oft und ungestühm Salz, bis welches angeschaft ward. Gott sey Lob und Dank, daß einmal Salz da ist, sprach er, — und weg waren Teufel, Zauberer, Tische und Speisen, der arme pudelnackte Schlucker aber sah sich ganz alleine, an einem völlig unbekannten Orte, im Finstern, und froh, wie ein Schneider. Als es Tag ward, sah er einige Hirten in der Nähe, die er fragte: wo er denn in der Welt sey? Er befand sich in der Grafschaft Benevent, unter einem großen Nußbaume, über 100 Italienische Meilen von Hause, Kleider und Brodt mußte er sich erbetteln und 8 Tage unterweges seyn, ehe er wieder heim kam. (Bodinus *) erzählt von einem Spanier, der mit unserm Sabiner gleiches Schicksal hatte, daß ihn der Bock in einem Augenblicke so weit getragen habe, daß er nachher drey Jahre brauchte, ehe er wieder heim kam). Er that seinen ersten Gang zum Richter, ihm den Possen zu klagen, den ihm seine Frau gespielt hatte; diese ward eingezogen, verhört, bekannte und ward lebendig verbrannt.

Ein gleiches Schicksal hatte 1535 ein 13jähriges Mädchen im Herzogthum Spoleto, die sich von einer alten Vettel zum Tanze führen ließ. Als sie all den ungewöhnlichen Spektakel sahe, rief sie aus: hilf allmächtiger Gott! was ist das? Verschwunden war alles. Des Morgens fand ein Bauer das arme, einsame Mädchen, Alte brachte es nach Hause — und die ward verbrannt.

---

*) De Mag. Daemonom. L. II. C. IV. p. 214.

In Lion war eine vornehme Dame kurz vorher, ehe Remigius es uns erzählte, die in Abwesenheit ihres Mannes ihren Galan bey sich im Bette hatte. Des Nachts stand sie auf, schmiehrte sich ein, und gieng auf Reisen. Der Galan stand auch auf, suchte sie mit dem Lichte, und fand sie nicht, wohl aber ihre Salbenbüchse. Er salbte sich eben so ein, wie er's seine Dame hatte thun sehen, und der Erfolg war derselbe. Als er sich recht umsahe, war er auf dem Hexentanze in Lothringen, betete in der Angst fleißig zu Gott, und die Versamlung verschwand. Bey seiner Heimkunft verrieth er den ganzen Handel — und die Dame ward verbrannt. Daß der Näscher frey ausgieng, versteht sich — denn Lion liegt in Franckreich. Daß die Ofengabel, der Besemstiel, oder worauf die Hexen sonst etwa reuten *), nicht das eigentliche Vehiculum sind, mittelst dessen sie weggebracht werden, hab' ich schon gesagt, das eigentliche Reutpferd war jedesmal derjenige Teufel, der der Hexe oder dem Zauberer zugeordnet war, und diese waren gewöhnlich aus der untersten niedrigsten Classe der bösen Geister. Unterstand sich nun Jemand daran zu zweiflen, ob auch solche Geister Curirpferde seyn könnten; so hatte die ortho=

---

*) Ein Reisemantel war gleichfalls ein, freylich nur den berühmtesten Zauberern erlaubtes, bekanntes Fuhrwerck. Einige breiteten ihn auf der Erde aus, setzten sich drauf, und kamen hin, wohin sie wollten, ohne daß es schien, daß sie von der Stelle kämen, wovon Remigius Th. 2 S. 38 eine ihm glaubwürdige Erzählung liefert. Diese Kunst nannte man das Mantelfahren, in der Doctor Faust gleichfalls Meister soll gewesen seyn, doch weis ich nicht, ob er nicht zu derjenigen Classe von Mantelfahrern gehörte, die hoch durch die Lüfte dahin fuhren. Von Hexen erinnere ich mich gar nicht gelesen zu haben, daß sie auf Mänteln wären transportirt worden, sie mußten sich mit Katzen, Besemen, Böcken und dergleichen begnügen, vielleicht weil sie nur Weiber waren.

orthodoxe Parthey die Bibel für sich, wenigstens glaubte man es. Denn nahm nicht der Engel Gottes den Propheten Habacuc beym Schopfe, und führte ihn wie ein Wind gen Babel, um dem Daniel den Brey zu bringen? Das war immerhin aus Judäa eine artige Reise. Führte nicht der Teufel Christum leibhaftig mit sich durch die Luft auf die Zinne des Tempels? Dergleichen Beweise gab's noch mehr, gegen welche heut zu Tage die Bibelerklärer ein und das andere dürften zu erinnern haben, weil es der orthodoxen Parthey an Scheiterhaufen fehlt, sie zurechte zu weisen.

Sobald die Gesellschaft zusammen war, ward dem Teufel der Hof gemacht. Gewöhnlich saß er in Gestalt eines fürchterlich stinkenden Bockes auf dem Throne, mit dem Hintern nach der Versamlung gekehrt, jeder fiel vor ihm nieder, küßte ihn in den Hintern, entsagte aufs neue Gott und seiner Gnade, und wer die gesegnete Hostie beym Abendmale aus dem Munde genommen und aufbewahrt hatte, warf sie hier, dem Teufel zu Ehren, zur Erde und trat sie mit Füßen. Die zum erstenmale mitgebrachten Kinder wurden hier ins Teufels Namen umgetauft und bekamen andre Namen. Wer sich dem Teufel noch nicht recht vest und bündig verbündet hatte, that es hier. War es Generalrevüe, so ward nachgesehen, wie viel böses jede Hexe gethan hatte. War es nicht genug, so gab es lästige Prügel und der Teufel war ein äußerst ungnädiger Herr; hatte aber eine sich mit Behexen, Morden und auf der Werbung patriotisch ausgezeichnet; so ward sie gelobt, andern zum Beyspiele vorgestellt, hatte auch wohl die Ehre, daß Beelzebub allerhöchst selbst mit ihr tanzte und bey ihr schlief. Bey Tische gieng es oft traurig her, denn es fehlte Salz und Brodt. Die Speisen, so groß auch der Ueberfluß war, waren schlecht zubereitet,

tet, und man gab dem Teufel gar schuld, daß er sie
vom Schindanger aufgelesen habe, so sehr stancken sie.
Mit dem Getränke ging es um kein Haar besser, des⸗
wegen pflegten die Reichen kalte Küche und Wein oder
Bier selbst mit zu bringen, andre schlichen durch das
Schlüsselloch in die Speisekammern und Keller der Rei⸗
chen und Großen, und entschädigten sich daselbst *).
Die Schwedischen Hexen wurden in Blocula (ist viel⸗
leicht unser alter ehrlicher Blocksberg) auf Kohlsuppe
mit

*) Del Rio erzählt davon einen allerliebsten Spaß a. a.
O. Ein gewisser Ferrarischer Kohlenbrenner erfuhr so un⸗
ter der Hand, durch dienstbefließene Nachbaren, daß seine
Frau auch zum Tanze gehe, wie man die Hexenfahrten zu
nennen pflegte. Um hinter die Wahrheit zu kommen, stellte
er sich die folgende Nacht an, als wenn er recht tief schliefe.
Das Weib durch seine Verstellung getäuscht, stand auf, schmier⸗
te sich — und war weg. Der Mann stand nun auch auf,
ergriff die Pflaster oder Salben⸗Büchse, schmierte sich auch,
und ward durch den Schornstein weggeführt, durch den er
vorher seine Frau hatte abreisen gesehen. Er ward in dem
Weinkeller eines gewissen Grafens abgesetzt, wo er seine Frau
und noch andere Gesellschaft vorfand. Kaum sahe das Weib
diesen ungebetenen Gast, als es schon der Gesellschaft ein ge⸗
wisses Zeichen gab, und alle sich davon machten Des an⸗
dern Morgens fanden die Bedienten des Grafen den armen
Teufel im Keller, und machten ein mächtiges Geschrey, weil
sie einen Dieb erhascht zu haben glaubten. Der Köhler ver⸗
langte aber Gehör bey dem Herrn des Kellers, erzählte das Fa⸗
ctum unbefangen, und kam los. Seine Frau ward er⸗
griffen — und verbrannt. D. Faust muß sich's gleichfalls
bis diese Stunde nachsagen lassen, daß er sich bisweilen
in den Weinkellern der Bischöfe und Geistlichkeit mit guten
Freunden lustig gemacht habe, ohne sich vorher Erlaubniß
oder den Schlüssel dazu auszubitten. Rimphof erzählt in
seinem Drachenkönige S 68 — andern haben sie die Wein⸗
fässer geleret und weitlich daraus gesoffen, wie N. N.
ein gantz Ochs⸗Haupt (1½ Ohm in einer Nacht mehren⸗
theils ausgeschlucket. Das nenn ich doch Appetit! Aber
Herr Rimphoff! ubi iudicium?

mit Speck, Haferbrey, Butter, Milch und Käse bewirthet, es ward aber auch bey ihnen geklagt, daß die Speisen nicht immer wohlschmeckend wären. An einigen Orten ward vor dem Essen getanzt, die meisten tanzten aber nachher, und wenn der Tanz das Blut in Wallung gebracht hatte, gieng jedes mit seinem Teufel auf die Seite, um der Wollust zu pflegen. War die Gesellschaft ziemlich vermischt, und es fehlte nicht zu sehr an Chapeaux, so nahm jeder Zauberer diejenige Hexe, mit der er getanzt hatte, für sich, und gieng mit ihr auf die Seite. Ueberhaupt scheint jedes Land seine eigene Weise gehabt zu haben, es giebt also oft Widersprüche in der Geschichte dieser Thorheiten, an die ich keine Mühe verwenden mag, sie mit einander zu vereinigen. War nun die Zeit da, aus einander zu gehen, so theilte der Teufel der Gesellschaft Giftpulver aus, Menschen und Vieh damit umzubringen und die Früchte auf dem Felde u. s. w. zu verderben, ermunterte sie dazu auch durch Drohungen und Versprechungen, und entließ sie. Die Zurückreise geschahe eben so, wie die Hinreise, es schien kein neues Einbalsamiren nöthig zu seyn, um den Weg wieder durch den Schornstein zu finden, und die Männer hatten insgemein die Abwesenheit ihrer Hälften nicht bemerkt. Nur des andern Tages bemerkten es einige, die Weiber waren träge und abgemattet, wie ein altes Postpferd, schliefen gewöhnlich auch zu lange, und da die Ketzermeister und übrigen Pfaffen nicht ermangelten, die Ehemänner auf diese Umstände aufmerksam zu machen; so entstand darüber mancher häusliche Krieg, und manche müde, Schlafliebende, dem Manne zu lange lebende Frau ward dadurch zu einer Hexe und dem Scheiterhaufen erhoben, die bey mehrerer Munterkeit, Jugend und Schönheit es nicht so weit würde gebracht haben.

Es leugnen aber auch die Ketzermeister jener finstern Zeiten nicht, daß es Fälle gegeben habe, wo die Hexen bloß in Entzückung fielen, wie todt und entseelt da lagen, und beym Erwachen steif und vest behaupteten, auf dem Hexentanze, weit, weit von da gewesen zu seyn, und viele wunderbare Dinge gesehen zu haben, ohnerachtet sie den Cörper nach nicht von der Stelle gekommen waren. Del Rio ist der Meinung, daß dies sich ad modum Ezechielis Prophetae begeben habe, der C. 8, 3. von sich erzählt: Und (der Herr) reckte aus gleich wie eine Hand, und ergriff mich bey dem Haar meines Haupts. Da führte mich ein Wind zwischen Himmel und Erden und brachte mich gen Jerusalem in einem göttlichen Gesichte zu dem innern Thor u. s. w. Es könnte, wie Del Rio glaubt, sich ganz wohl zutragen, daß eine Hexe nur im Geiste sey entzückt worden und selbst nicht wisse, daß es eine bloße Entzückung gewesen und ihr Cörper zurück geblieben sey. Es erzählt uns davon Ioannes Baptista Porta Neapolitanus in seiner Magia naturali eine artige Historiam. Es sey nämlich ein altes Weib zu ihm gekommen, und habe ihm versprochen, in kurzer Zeit Nachricht von einigen seinen Sachen von weit entlegenen Orten zu bringen. Darauf hieß sie jeden aus der Stube gehen, bestrich ihren ganzen Leib mit einer Salbe, welches die Zuschauer durch eine Ritze in der Thür mit ansahen, und fiel darauf nieder und in einen tiefen Schlaf. Die Zuschauer gingen darauf in die Stube, und fanden sie nackend und ohne alle Empfindung da liegen. Nun entfernten sie sich wieder, um sie austräumen zu lassen. Nach einiger Zeit, wie die Kräuter ihre Wirkung gethan hatten, (aus welchen nämlich die Salbe bestand) kam sie wieder zu sich selber, rief den Porta und seine Freunde in die Stube, erzählte allerhand Possen, die sie über Berg und

Thal

Thal wollte gesehen haben, brachte auch von Porta's Sachen Nachricht, es war aber alles Wind. Man konnte sie nicht bereden zu glauben, daß sie nicht von der Stelle gekommen sey. Eben so lassen sich die Finnen und Lappen auch im Geiste viele hundert Meilen weit verschicken, um sich nach den ihnen aufgetragenen Dingen zu erkundigen, sie bringen auch Nachricht, ob sie aber wahr sey, mag derjenige untersuchen, der sie ausgeschickt hat, der aber selten oder nie wieder zu ihnen kommt. Daß es betäubende Kräuter gebe, die in eine Salbe gebracht eben sowohl auf die Einbildungskraft wircken, als es betäubende und hitzige Geträncke thun, verlang' ich nicht zu leugnen, und daß mancher in Entzückung liegender Mensch sich wohl selbst mag eingebildet haben, er sehe, erfahre oder empfinde wircklich etwas, das doch nur in seiner Seele, folglich nicht ausser ihm, da war, wird durch Beyspiele gnug bezeuget, und wir dürfen uns nur unserer eigenen lebhaften Träume erinnern, deren ieder Mensch doch wohl einige wird gehabt haben; so wird uns diese Erscheinung, die weiter nichts, als ein überaus lebhafter Traum ist, nicht mehr befremden. Das weibliche Geschlecht hat reitzbahrere Nerven, als die Männer, es läßt sich also von der Phantasie leichter fortreissen, und jemehr diese auf Unkosten des Verstandes geübt wird, um desto stärker und lebhafter muß sie werden. Dies war der Fall zu der Zeit, als Hexenfahrten über Berg und Thal, Erscheinungen und Verwandlungen das tägliche Gespräch waren, kein Wunder also, daß manches Weib eine Kraft bey sich zu verspühren glaubte, die nicht da war, und zu einer Betrügerin ward, ohne die Absicht zu haben. Je unwissender und abergläubischer ein Zeitalter und Volck ist, um desto höher cursirt das Wunderbare, und es konnten nicht so viele vorgebliche Hexen verbrannt werden, daß die Sucht, von ihren Künsten etwas zu wissen, nicht noch hin und wieder sollte übrig geblieben seyn. Ja man entdeckt Spuhren gnug, daß die vorgeblichen, losen Künste der Zauberey in ungleich größern Ansehen standen, als man es von dem sehr gemeinen Haße wider das Zaubergesindel sollte erwartet haben, der sich doch eigentlich nur auf den Hexenpöbel erstreckte, in so weit man ihn sich als boshaft, schädlich, beschreyend und beherend vorstellte. Trithemius, Faust, Agrippa von Nettersheim, Albert der Große u. a. m. waren nicht so allgemein verhaßt, die Großen der Erden schäßten sie, ohnerachtet man sie für Erzhexenmeister hielt. Zauberer, die im Rufe standen, die Bezauberungen wieder aufheben, oder verborgene Dinge entdecken zu können, lebten hin und wieder ganz ruhig und unverfolgt, ohnerachtet man ihnen einen nähern Umgang mit dem Teufel eben so wohl zur Last legte, als jeder gemeinen Hexe, und die meisten sogenannten Teufelsbanner waren selbst Mönche und Priester. Man darf sich also nicht wundern, daß es Betrüger gab, die ihren guten Namen dran wagten, um sich das Ansehen eines geheimen Umgangs mit den Geistern zu geben, denn dies Handwerck brachte was ein, und es gaben wenige Fürsten, so sehr in ihren Ländern auch gebrannt ward, die nicht Leute dieses Gelichters öffentlich um sich geduldet, sie geehrt und belohnt hätten. Aus dieser Ursache bothen sich nicht selten sogenannte Hexen zu langen Reisen an, um Nachrichten einzuziehen, die gut bezahlt wurden, ohnerachtet sie nicht allemal Phantasten, sondern vorsetzliche Betrügerinnen waren, und so verdiente sich, trotz aller Folter und Scheiterhaufen, manche mit Nachweisen, Segensprechen und Entheren ihr Brodt, und war noch wohl obendrein so glücklich, eines natürlichen Todes zu sterben. Es wurden nach und nach viele Beyspiele von Hexen bekannt, die es selbst eingestanden, daß sie

am

um die und die Zeit auf dem Sabbath gewesen wären, und zwar leibhaftig, ohnerachtet man Beweise beybringen konnte, daß sie gerade um die Zeit in ihren Betten gelegen und geschlafen hatten. Man hatte manche beym Schmieren belauscht, hatte sie in Entzückung fallen und liegen bleiben sehen, ohnerachtet sie selbst nachher behauptete, auf der Fahrt gewesen zu seyn; das alles änderte aber nichts in der einmal angenommenen Proceßordnung ab, man glaubte nichts destoweniger noch immer das Unglaubliche und bestrafte vor wie nach unmögliche Laster.

Zu den Hexenfahrten ließ sich der Teufel, wie wir gesehen haben, häufig in der Gestalt eines Ziegenbocks gebrauchen, um seine Vasallen über Weg zu bringen, er stand aber auch in der nämlichen Qualität seinen Freundinnen zu Dienste, wenn sie ihre Buhlen wollten zu sich gebracht haben, besonders dann, wenn der Galan anfieng, kaltsinnig zu werden und seine Aufwartungen einzustellen. Man kann sich von dieser Extrapost keinen deutlichern Begriff machen, als durch die vorgebliche Facta selbst, deren ich wieder einige mittheilen will. Francisci *) fabelhaften Andenckens erzählt uns ein Stückchen von einer Frau Oberstin in oder bey Danzig, die ihren Mann verlohren und gern einen wieder gehabt hätte. Ein junger Officier besuchte sie bisweilen aus Achtung für das Andencken an ihren seligen Mann, sie aber hätte es lieber gesehen, daß er's blos aus Achtung für sie gethan hätte, wozu er keine Ohren hatte. Man glaubt, daß sie ihm zuletzt ein Liebesträncklein beygebracht habe, denn er sehnte sich nach ihr, wenn er abwesend war, war er aber bey ihr; so war sie ihm zuwider, er haßte sie sogar. Diese Sehnsucht in der Abwesenheit war so starck, daß er einstmals mitten in der Nacht fort

*) S. Höll. Proteus, N. XXII. S. 182.

fort mußte, er setzte sich zu Pferde, ritt hin, ritt wieder heim, stürzte in einen Graben, und wäre um ein Haar ein Kind des Todes gewesen. Dieser Vorfall bewog ihn, seine Besuche ganz einzustellen, ein Entschluß, der ihn wenig kostete, mit dem seine zudringliche Donna aber nicht so allerdings zufrieden war. Einsmals kam in der Nacht ein großer, schwarzer Bock vor sein Bette, weckte ihn mit den Hörnern, und wollte ihn nöthigen, aufzustehen. Der Officier rief seinen Knechten, die in der Kammer neben an schliefen, überlaut; aber er konnte keinen wecken, wofür der Bock schon zum voraus schien gesorgt zu haben. Er empfahl sich also Gott, sprang zum Bette hinaus, in der Absicht, seine Leute zu wecken, aber so weit hatte der Bock nicht Lust ihn kommen zu lassen, er stellte sich ihm in den Weg, und gab sich alle mögliche Mühe, den jungen Herrn aufzuladen. Endlich ergrif er eine an der Wand stehende Partisan, geht dem Bocke mit der Spitze zu Leibe, treibt ihn in die Enge, worauf dieser schrecklich an zu meckern fieng und verschwand. So wohlfeil kamen wenige davon. Ein Handwercksmann, erzählt Scherertzius und nach ihm Francisci, hatte sich mit einem alten Weibe heimlich verlobt, sein Geschmack änderte sich aber, und er nahm eine Junge. Ehe er seine Brautnacht feyerte, fielen ihm einige Drohworte der getäuschten Alten ein, Höllenangst überfiel ihn, und er bat einige Gäste, unter andern auch den Prediger zu sich, diese Nacht bey ihm zu bleiben, weil er einen Streich vom Teufel befürchte. Um Mitternacht kam der Bock richtig an, und verlangte, daß sich der Bräutigam aufsetzen mögte. Er fieng fleißig an zu beten, der Pfarrherr auch, und endlich mußte der Bock sich ohne Fracht streichen. Nun hielt sich der junge Ehemann für sicher, mogte auch des andern Abends seinen Abendsegen, wie Francisci dafür hält,

nicht

nicht so feurig gebetet haben, als er seine Liebes = und
Kuß = Andacht verrichtete, gnug um Mitternacht kam
Herr Asmodi, genannt Bock wieder, riß den jungen
Mann aus dem Bette, lud ihn auf, reiste ab, und lies der
jungen Frauen das Nachsehen. Nachdem er den Mann
nun gnug in der Welt herumgeführt und geängstigt
hatte, setzte er ihn endlich oben auf das Haus, neben
den Schornstein nieder, wo man den armen Schlucker
des Morgens nackend und halb todt wieder fand, und
einige Schindeln abdecken mußte, um seiner wieder
habhaft zu werden. Hierauf lag er einige Monathe
kranck, und bey wieder erhaltener Gesundheit lebte er
mit seiner Frauen unglücklich und in beständigem Hader;
Warum betrog er aber auch die Alte? Schererzius
(De spectris C. 2. De hirco nocturno) versichert, er
kenne viele Leute, die in ihrem Alter es bekannt und be-
reuet hätten, daß sie sich in ihrer Jugend durch einen
solchen Bock oft etliche Meilen weit durch die Luft zu
ihren Geliebten hätten hinbringen lassen. Lerchheimer
erzählt uns in seinem Bedencken vom Bock = und
Gabelfahren, es habe ein gewisser Saltzknecht zu N.
in Pommern ein altes Weib gehabt, die eine Hexe gewesen. Er fand keinen Gefallen mehr an ihr, und weil
er ein Hesse von Geburth war, so gab er vor, er wolle
einmal wieder nach seinem Vaterlande reisen, und zu
sehen, was seine Freundschaft mache. Seine alte
Hälfte willigte nicht ein, denn ihr ahndete nichts gutes, der Mann reiste aber nichts desto weniger ab.
Als er einige Tagereisen zurückgelegt hatte, kam auf
dem Wege von hinten zu der Bock, schlüpfte ihm
zwischen die Beine, hub ihn in die Höhe und brachte
ihn in wenigen Stunden über Berg und Thal wieder
bis vor das Thor, wo er ihn eben nicht in den beßten
Umständen niedersetzte. Seine Frau hieß ihn mit den
Worten willkommen: Schau! bist du wieder da?

So

So soll man dich lehren, daheim bleiben. Im Jahre 1621. ließ auch eine Hexe einen gewissen Bauren Urban Volcken, per Bock zu sich hohlen, daß er bey ihr schliefe, woraus aber nichts ward. Wahr muß es ja wohl seyn, denn die Hexe hat es nachher in scharfer Frage selbst bekannt und Benedict Carpzow (In jurisprudent. Forens. Rom. 6. P. 4 Cons. 2 Def.) hat es geglaubt, und was Benedict Carpzow glaubte, war unter den Rechtsgelehrten und durch ganz Deutschland protestantischer Confession lange Zeit, wie vom Himmel herab geredet. Diese letzte Art von Bockfahrt scheint indessen jüngern Ursprungs zu seyn, ich halte sie für ein deutsches Product der Protestanten, denn in ältern päbstlichen Schriftstellern, wenigstens in so weit ich sie gelesen habe, entdecke ich keine Spuhr davon.

Auch von den Verwandlungen, wo nicht allein die Zauberer selbst in allerhand Thiere verwandelt werden, sondern auch andre Leute, die keine Zaubrer sind, in Thiergestalten umschaffen, muß ich hier noch eins und das andre zur Ergänzung des Hexenhammers und des alten Fabelnsystems mitnehmen. Die Erfinder und Ausflicker dieses Systems schöpften aus den verdächtigsten Quellen, und daß zu dem Fabelngebäude von den Verwandlungen in Thiere, Ovids Metamorphosen den Umriß so wohl, als auch die Materialien hergegeben, ist eine nicht zu verkennende Wahrheit. Daß sich z. E. die Zauberer in Wölfe verwandelten, die großen Schaden unter den Heerden anrichteten, war allgemeiner Volcksglaube, und diese Wolfmenschen nannte man Wehrwölfe, Behrwölfe, Wöhr=Böhr=Währ=Bähr=Wölfe. Die bey den alten und neuern Zauberscribenten allgemeine Benennung für diese Sache, Lycanthropia, führt uns auf die Quelle zurück, und diese ist die Erzählung Ovids im ersten Buche seiner Metamorphosen, daß

Jupiter

Jupiter den Lycaon, König der Arcadier, seiner Laster wegen in einen Wolf verwandelt habe. Dieser Lycaon war ihnen wenigstens eben so wichtig und brauchbar, als die Fabeln von der Erzhexe Circe, die die Gefährten des Ulysses in Thiere verwandelte, und kann man nicht alles, was nur abgeschmackt heißen mag, von diesen Hexenfabrikanten erwarten, da sie sich wirklich und in allem Ernste auf solche Mährchen als auf unbezweifelte Facta berufen *)? Einige, die entweder noch ein bischen Achtung für den schlichten Menschenverstand hatten, oder ihn fürchteten, drehten und wanden sich wie Sprenger, und nahmen die Verwandlung zum Scheine zwar nur als ein Blendwerck des Teufels an, im Herzen waren sie aber einer wircklichen Verwandlung des einen Wesens in das andere nur gar zu gewogen. Andere machten schon weniger Umstände mit der gesunden Vernunft, und schufen aus den Menschen wircklich leibhaftige Wölfe, Hunde, Katzen u. s. w. ließen sie ganz nach ihrem jetzigen Stande handeln, dencken und begehren, und man hatte es

noch

*) Daß sie aus λυκος und ανθρωπος auf die eigentliche, moralische Bedeutung der Fabel hätten zurückschließen sollen, wäre von Dummköpfen dieser Größe zu viel gefordert, und mich wundert, daß sie nicht auch daraus, daß Jesus den Herodes einen Fuchs nennte, eine neue Fabel geschmiedet haben. Der goldene Esel des Apulejus, die Erzählung des Plinius, daß Demarchus, nachdem er die Eingeweide eines geopferten Kindes gekostet, in einen Wolf sey verwandelt worden, die Posse des Lucians, der in Thessalien sich ein Weib mit Hexensalbe beschmieren und in einen Raben verwandeln sah, selbst aber nach geschehener Einbalsamirung zum Esel, und erst durch das Fressen der Rosen wieder entesselt ward, die Stimme des h. Augustinus für die Wahrhaftigkeit solcher Verwandelungen und vollends das unrecht verstandene Beyspiel des Königs Nebucad Nezars haben den Leuten die Köpfe so herzlich verdreht, daß die gesunde Vernunft den Eingang nicht wieder finden konnte.

noch als eine große Herablassung anzusehen, wenn sie dem nunmehrigen Wehrwolfe die menschliche Seele ließen, welches jedoch nur unter der Bedingung geschah, daß er keinen Gebrauch davon machen durfte *); es war Seelenwandrung, gröber als Pythagoras sie sich je erträumt hatte.

Man hatte einmal angenommen, daß die eingeschmierten Hexen durch den Schornstein, zerbrochene Fensterscheiben, Ritzen, und Schlüßellöcher abreisten. Natürlicherweise ging das eben so wenig an, als es der Landpriester von Wäkefield möglich machen konnte, das Familien-Gemählde in die Stube zu bringen, weil es größer war, als die Thür; man muste also Anstalten machen, die Hypothese auf den Beinen zu erhalten, denn damals gab man eben so wenig, als heut zu Tage deswegen eine Hypothese auf, weil sie nicht paßte, sondern man behobelte sie, oder flickte etwas dran, um sie gerecht zu machen.

Nicolas Remigius ist freylich der Meynung, weil es die in der Präfectur Regni Austri captivirten Hexen so bekannt hatten, daß sie sich in Katzen verwandeln könnten, wenn sie Lust hätten, sich in frembde Häuser einzuschleichen, um daselbst ihr Zauberwesen zu treiben, und daß dies fuglich geschehen könnte, weil es mehrmals geschehen sey. Deswegen habe sich *Barbelina Rayel*, ihrem eigenen Bekenntniß nach, in eine Katze verwandelt, damit sie desto bequemer in Johann Ludwigs Haus kommen und in demselben herum hausen konnte. Einstmals war sie in dieser Maske in besagtem Hause, fand des Ludwigs zweyjähriges Kind alleine darinn, bestreute es mit Zauberpulver, welches sie, als Katze zwischen ihre Klauen gefaßt hatte; wovon das Kind starb. Wenn *Petronius Armentarius* sich mit einem seiner

*) Es gab aber auch hier Ausnahmen, wie wir in der Folge sehen werden.

Nachbaren zankte, welches oft der Fall gewesen seyn soll, so warf er einen tödlichen Haß auf ihn, sprach etliche Segen, verwandelte sich darauf in einen Wolf, und zerriß seiner Feinde Vieh, ohne daß sich's seine Nachbaren träumen ließen, daß Petronius Armentarius der böse Isegrim gewesen sey. Sagt doch Virgil, dieser höchst glaubwürdige Zeuge in der neunten Ekloge:

>Vidi saepe lupum fieri et condere sylvis
>Moerin etc. —

welches der Verdeutscher der Dämonolatrie des Remigius zierlich so übersetzt:

>Ich sah die Möris oft zu einem Wolf sich machen,
>Der lief drin im Wald mit aufgesperrten Rachen.

Remigius weis dergleichen Histörchen noch mehr, alte und neue, besonders hat er selbst viele von lothringischen Hexen erfahren, da er sich rühmt, 16 Jahre lang dem Halsgerichte beygewohnt zu haben, in welcher Zeit nicht weniger als acht hundert Zauberer und Hexen durch das dortige Duumvirat wären überzeugt und zum Tode verurtheilt worden, diejenigen nicht mit eingerechnet, welche entweder entwichen waren, oder die Tortur, ohne zu bekennen, glücklich überstanden und dadurch das Leben gerettet hatten *).

Der Jesuit Caspar Schott, ein Physicus, wofür er sich ausgab, weil er eine Physica curiosa, so dicke, wie eine doppelte Postille, geschrieben und darinn wo möglich den Vater Plinius noch an Lügen und Leichtgläubigkeit übertroffen hat, giebt L. C. XXIV. p. 81.
die

---

*) S. seine Dämomolatrie, Th. I. L. XV. S. 74. 75. der deutschen Uebersetzung

die Erzählung des Remigius von den Lothringischen Hexen und ihren Verwandlungen ohne viele Complimente für fabulosum omnino et mendax aus, denn der eine Cörper könne nicht in den andern dringen, ohne mehr Raum einzunehmen, das müßte aber geschehen, wenn Hexen sich in die kleinsten Thierchen verwandeln und bey geschlossenen Thüren und Fenstern doch fortkommen wollten. Remigius bezog sich auf Facta, darauf bezog sich jedermann, und Caspar Schott, der es mit dem Aberglauben nicht Lust hatte zu verderben, mußte auf einer andern Seite Luft machen. Der Teufel, sagt er, p. 82, geht vor den reisenden Hexen her, öfnet ihnen unvermerckt Fenstern und Thüren, und schließt sie auch eben so unvermerckt wieder zu, wenn er sie aus- oder eingelassen hat, er spielt ihnen durch ihre eigene Phantasie auch wohl den Streich, daß sie sich selbst betrügen, und sich für solche kleine Thierchen halten, wie er's nach Grillands Erzählung, de Sortil. L. II. Qu. 8. mit den Italienischen Hexen gemacht hat. Das Thür- und Fensteröfnen kann er so leise verrichten, daß es andere Leute, die in eben der Kammer schlafen, gar nicht mercken können noch davon aufwachen, wie es ein guter Engel machte, als er dem gefangenen Apostel Petro die Thüren des Kerckers öfnete, ohne daß es die Wache merckte. Aber die Hexen behaupten doch auch, daß sie bisweilen durch die kleinste Oefnung oder Ritze in der Mauer schlüpfen, und das kann doch nicht füglich angehen, wenn ihr Cörper nicht so sehr zusammen schrumpft, daß er durchgeht? Hier schafft Del Rio Rath: (L. II. Q. 17) der Teufel nimmt in größter Geschwindigkeit so viele Steine weg, daß der Cörper durch kann, und ist er durchpassirt, so mauret er die Oeffnung eben so geschwinde und unvermerckt wieder zu, so, daß man es nicht mercken kann, daß ein Loch da gewesen; denn dafür ist er ja ein Tausend-
künst-

künstler. Caspar Schott kann diese Maurerey doch so recht nicht glauben, und bleibt lieber dabey, daß alles Gaukeley und Augenverblendung des Teufels sey, und damit kam er auch wircklich noch am weitesten, ohne es mit der Physik und den alten Mauren ganz zu verderben, wenigstens nahmen seine Zeitgenossen für lieb, besonders da er im Nothfalle auch Thüren und Fenster öfnen ließ. Daß er aber L. III. C. XX. nichts desto weniger die allerlächerlichsten Historien, in Thieren verwandelten Menschen erzählt, darf uns nicht wundern, denn seine Hypothese von Teufels Gaukeley scheint ihm eben nicht stark am Herzen zu liegen. Da soll nämlich einst ein Priester oder Mönch nach Medien gereist und aus Mangel an Herberge des Nachts einmal im Walde bey einem Feuer unter einem Baume zugebracht haben, wo ihm nur ein kleiner Knabe Gesellschaft leistete. Unvermuthet kam hier ein Wolf zu ihnen, und noch unvermutheter rief er ihnen zu, sie sollten sich nur nicht bange seyn lassen, er wolle ihnen nichts thun. Der Priester beschwohr ihn aber doch noch zum Ueberflusse, und verlangte seiner Person wegen nähere Auskunft. Wir sind von einem gewissen Volke, Ossyrier genannt, versetzte der Wolf, und alle sieben Jahre müssen unsrer zwey, eine Manns- und eine Weibsperson auf die Bitte eines gewissen heiligen Abts, Natalis, aus unsrer Gegend weg, und Thiersgestalt annehmen, und namentlich die Gestalt der Wölfe. Wer diese sieben Jahre überlebt, wird von andern abgelöst, und kommt wieder in sein Vaterland und zu seiner Freundschaft. Meine arme Gefährtin an der Wolfsschaft liegt nicht weit von hier, wie ich fürchte, in den letzten Zügen, ich wollte dich also ersuchen, ihr mit dem Troste der Kirche beyzustehen. Hierauf folgte der zitternde Priester dem Wolfe bis zu einem hohlen Baume, in dem er eine scheußliche Wölsin antraf, die recht menschlich seufzte und stöhnte. Kaum er-

erblickte sie den Mann Gottes, als sie ihm auch schon ein ziemlich artiges Compliment auf menschliche Art machte; und Gott dankte, daß er sie nicht ohne geistliche Zubereitung wolle sterben lassen. Der Priester leistete ihr alle möglichen Dienste, die bey solcher Gelegenheit gebräuchlich sind, bis auf das Abendmal, um welches die Wölfin auch bat, das er aber abschlug, weil er, wie er sagte, nicht mit allem, was dazu erforderlich ist, versehen sey. Der männliche Wolf, der nur ein wenig auf die Seite gegangen war, vielleicht um die Beichte nicht mit anzuhören, kehrte nun wieder zurück, und zeigte dem Priester, daß er ja gesegnete Hostien auf der Reise in seinem am Halse hängenden Handbuche bey sich führe, und um ihm allen Skrupel zu benehmen, ergrif der Wolf die Wölfin mit seinen Tatzen, zog ihr die Haut bis auf den Nabel über die Ohren herunter, und siehe da, es war eine alte Frau. Der Priester reichte ihr nun den sogenannten letzten Zehrpfennig, und das alte Weib nahm mit der wieder über den Kopf zurückgezogener Haut (der Wolf half auch bey der Toilette) ihre vorige Wolfsgestalt wieder an. Der Wolf war sehr dankbar und dienstwillig, führte den Priester auf dem rechten Wege aus dem Walde heraus, und versprach ihm, er werde sich schon erkenntlich erzeigen, wenn er seine Wolfsschaft würde abgelegt haben, denn es sey schon mehr als zwey Drittel der bestimmten Zeit vorüber u. s. w.

Schotts Gewährsmann bey der Wolfsgeschichte war *Nierembergius* de Mirabilibus Europae C. 42. Dieser giebt uns unter andern noch eine andere Geschichte von einem Tyrannen, Cerelicus genannt, zum besten, der zu seiner Zeit Herr über Wallis war, die Christen heftig verfolgte und allerley Grausamkeiten verübte. Der heil. Patricius hatte ihm zwar, aber ohne Frucht, schriftliche

liche Vorstellung deshalb gethan, und weil alle Hofnung zur Besserung verschwunden war, so bat er den lieben Gott, daß er doch diesen abscheulichen Menschen auf eine exemplarische Art strafen und vom Erdboden vertilgen mögte. Mitten am Tage war der Tyrann in vieler Menschen Gegenwart auf dem Marckte, fiel nieder, und ward in einen Fuchs verwandelt. Der Fuchs lief vor den Leuten Hals über Kopf davon, und soll noch wieder kommen. Jocelinus, dem Nierembergius diese Geschichte zu dancken hat, versichert, daß es nun keinem mehr Mühe kosten werde, die Verwandlungen der Dame Lotts und Nebucad Nezars zu glauben, woran er allerdings Recht hat; denn wenn seine Walliser Geschichte wahr ist; so ist die Geschichte mit der Saltzsäule und der Ochsenschaft des Königs Nebucad Nezars gleichfalls buchstäblich wahr. Die ganz ehrlich von Remigius geglaubten und erzählten Metamorphosen fallen etwas starck in's Komische, jedoch ohne des Erzählers Schuld, der zwar kein Blatt vor das Maul nahm, aber an komische Laune keinen Anspruch macht. Ich will lieber Remigii Rubricken beybehalten, weil sie schon einige Parade machen.

Der in einen Esel verwandelte Bräutigam. (S. Th. 2. S. 95.)

Zwey Meilen von Görlitz liegt das Städtchen Brück, aus diesem Städtchen hatte eines Bürgers Sohn Kriegsdienste unter den Schweden genommen, deren Heer damals in Deutschland lag. Im Jahre 1645 lag dieser Soldat in einer Schlesischen Stadt bey einer Wittwe im Quartier, verlobte sich mit ihrer Tochter, und pränummerirte bey ihr bona fide, vielleicht, weil ihm der Trauschein nicht geschwinde genug gegeben ward, noch muthmaßlicher aber, weil er sie auf gut militärisch nur ad tempus verlangte. Das Mädchen ward schwanger, die Besatzung und mit ihr der Bräutigam mußten die Stadt verlassen, er versprach aber der Mutter und Tochter, daß er kommen und seine Verlobte abhohlen wolle. Das alte Weib befürchtete Betrug, sagte es ihrer Tochter, und beyde wurden eins, daß die Alte den Löffeler in einen Esel verwandeln wolle, und man ließ sich nicht ganz undeutlich gegen ihn merken, daß er dieser Strafe werth sey, wofern er schelmisch an dem Mädchen handeln würde. Unterwegs mußte er, einer natürlichen Verrichtung wegen, vom Pferde steigen, kaum aber hatte er den Fuß auf die Erde gesetzt: so gieng die Verwandlung vor sich, andere dazu gekommene Reuter nahmen das Pferd zu sich und versilberten es gelegentlich, den Esel aber verkauften sie an einen Müller. Dieser lud ihm einen Sack auf, der muthwillige Esel aber warf ihn ab: er lud ihm also zwey Säcke auf, aber auch diese wurden abgeworfen. Weil der Müller dies Thier also nicht gebrauchen konnte, verkaufte er's wieder. Der Menschenesel führte sich bey seinem zweyten Herren um kein Haar besser auf. Dieser Müller hatte mit der Magd eine Zusammenkunft im Stalle verabredet, der muthwillige Esel ließ beyde nicht weiter kommen, schrie mächtiglich, und schlug mit seinen Hinterfüßen so eselhaftig auf die Liebenden los, daß sie unverrichteter Sache aus dem Stalle mußten. Er ward zum drittenmale verkauft, und zwar gerade in die Stadt, wo er sich seine Verwandlung in einen Esel als Bock verdient hatte. Hier gieng er einst mit seinem Sacke vor dem Hause seiner Geliebten vorüber, die gerade mit ihrer Mutter vor der Thür stand und ausrief: ey Mutter, seht da unser Eselchen! sollt' er nicht wieder ein Mensch werden können? o ja, sprach die Mutter, wenn die Lilien blühen, und er frißt davon. Dies nahm sich der Menschesel ad notam, sahe gelegentlich Lilien auf eines Apothekers fers Fensterladen in Töpfen stehen, stieg mit seinen Vorderfüßen heran, fraß, und ward augenblicklich wieder ein Mensch, freylich pudelnackend, ohne alle Draperie. Der Obrigkeit konnte dieser Vorfall nicht unbekannt bleiben, Mutter und Tochter wurden eingezogen, bekannten und kamen auf den Holzstoß. Der gewesene Esel besuchte seinen gewesenen Herren, den Müller mit der Magd wieder, und drohte ihre Geheimnisse auszuplaudern, wenn man ihn nicht durch viel Geld das Maul zubände. Der Müller hielt das letzte für das beste, der gewesene Esel equipirte sich dafür, kehrte zum Regimente zurück, hielt sich tapfer und ward zuletzt noch Leutenant. Wundre dich nicht darüber, lieber Leser! es haben's wohl Esel noch höher gebracht, ohne durch Lilienfressen zu Menschen geworden zu seyn. S. 97. Kommt abermals ein Soldat vor, der blos dadurch, daß er sich mit der unrechten Salbe geschmiert hatte, zum Esel ward, Eselsfutter fraß und Prügel wie ein Esel bekam, dabey jedoch seinen völligen Verstand behielt, doch ohne reden zu können. Er bekam aber durch den Geruch der Rosen seine menschliche Gestalt wieder, also noch wohlfeiler, als Lucian, der die Rosen erst fressen mußte, ehe er entesent werden konnte.

Die in Löwen= und Tygers=Gestalt kämpfende Zauberer. (S. 100.)

In dem Dorfe Pinola im Spanischen Westindien, erzählt uns Thomas Gage in seiner Reisebeschreibung, L. 3. C. 21. gab es zu seiner Zeit eine Menge Zauberer und Hexen unter den Indianern, ohnerachtet sie sich äußerlich zum Christenthume bekannten. Juan Gomez, ein 80jähriger Greis, der vornehmste im Dorfe, und von guter Familie, ward krank, Thomas Gage, damaliger Priester des Dorfs Mixico hörte ihm

Beichte, (wobey sich der Kranke recht gottesfürchtig anstellte), und gab ihm die letzte Oelung. Bey dieser Gelegenheit entdeckte der Geistliche beym Kranken, der bald darauf starb, daß er im Angesichte und sonst stark geschwollen war und viele blaue Flecken hatte. Drey Spanier sagten dem frommen Gage bald nachher, woher sich Juan Gomez diese Flecken geholt hätte, er habe, als ein Erzhexenmeister sich oft in einen Wolf verwandelt, Berg und Thal durchstrichen und vielen Schaden angerichtet, diesmal aber sey er mit seinem ärgsten Feinde Sebastian Lopez, einem alten Indianer eines andern Stammes, der gleichfalls meisterhaft hexen konnte, und gerade jetzt eine Promenade als Tyger machte, in Collision gekommen, beyde hätten heftig als Löwe und Tyger mit einander gekämpft, Löwe Gomez habe aber den Kürzern gezogen, und Tyger Lopez sitze bereits im Kerker.

Gage hat das Costume bey dieser Lüge nur nicht sonderlich betrachtet, denn Löwe und Tyger baren sich nicht, wie Engländer, sondern machen blutrünstig; er hätte also die Beulen und Contusionen in Wunden verwanden sollen, um einigermaßen glaubwürdig zu bleiben.

In Preußen, Liefland und Littauen, sagt Remigius und vor ihm Olaus der Große (L. 18. C. 45.) soll es, wenigstens damals, eine ungeheure Menge von Hexen und Hexenmeistern gegeben haben, welche in der Christnacht an einem gewissen Orte ihre menschliche Gestalt ablegten und Wolfsgestalt an sich nahmen, dann die Wildnisse durchstrichen, den Bauren in die Häuser kamen, sich in die Keller schlichen, um daselbst Bier- und Weinfässer auszuleeren und erwürgten auch das Vieh. Zwischen Littauen, Samogitien und Curland gab's damals noch eine Mauer von einem zerfallenen alten

alten Castele, bey welcher sich jährlich auf eine bestimmte Zeit etliche Tausende solcher Wehrwölfe versammelten, und sich im Springen übten. Derjenige, der nicht über diese Mauer springen konnte, ein Unfall, der die Corpulenten gewöhnlich betraf, ward von dem Präsidenten dieses Wolfscongresses weiblich durchgepeitscht. Bodinus hat Nachricht von einem Generalzauberer Aegidius Garnier, der zu Dole 1573 verurtheilt ward, und als Wolf viele häßliche Streiche auslaufen ließ. So hatte er z. E. am Michaelisfeste ein zehn- oder 12jähriges Mädchen ergriffen, es mit den Zähnen zerrissen, das Fleisch von Armen und Beinen aufgefressen, und seiner Frauen von diesem Fraße auch noch etwas mitgebracht. Einen Monath darauf zerriß er als Wehrwolf ein anderes Mädchen, drey dazu gekommene Männer verhinderten ihn aber, es aufzufressen. 14 Tage später speißte er einen 10 jährigen Knaben, und einige Zeit nachher ermordete er in gleicher Absicht einen 13 jährigen Knaben, nicht als Wehrwolf, sondern in seiner eigenthümlichen menschlichen Gestalt, er ward aber verhindert, ihn zu fressen, wie er dies alles frey und ungezwungen soll bekannt haben. Seine Geschichte ist zu dreyen malen und an drey verschiedenen Orten damals gedruckt worden, und er? Nu! er ward lebendig verbrannt. Heinrich Rimphof erzählt in seinem Drachenkönige, S. 124. aus dem D. Schultheiß eine Geschichte, die wieder anders aussieht: „Obgemel=
„dter D. Schultheiß erzehlet, daß zu Geske ein Wahr=
„wolff mit seiner Frawen ausgegangen, Holtz zu suchen,
„so habe der Mann sich absentirt und habe darauf in Ge=
„stalt eines Wahrwolffs seine Fraw selbst angefallen, der
„zwar nichts thun können, nur ihr bloß ihren anhabenden
„rothen Rock zerrißen, und darnach sich bald wieder in
„menschlicher Gestalt sehen lassen, und habe der Mann
„noch im Barte die Fäselein ihres rothen Rockes be=
fun=

„funden, sey hiermit justificirt, und alles in Wahrheit befunden worden. Das war bey dem allen ein dummer Spaß; man sieht aber daraus, daß die Wehrwölfe ihre eigenthümliche Gliedmaßen beybehielten, viele Wahrscheinlichkeit also, das die ganze Metamorphose nur Blendwerck war. Wurden sie z. E. als Wölfe an einem Theile ihres Cörpers verwundet: so hatten sie die Wunde auch als Menschen noch an eben demselben Flecke, wovon uns Remigius eine erbauliche Historiam mittheilt. „Als der„maleins ein Edelmann in Churland aufs Feld gieng, „ward er nahe bey seinem Dorfe von einem greulichen „Wolff angefallen, wider den er sich zur Wehr stellen „muste, und also dieses Thier mit einem Schuß in „die Lenden traf, welcher darauf hinckend davon „lief. Des andern Tages ging dieser Edelmann aufs „neue widerum aus, den Wolf langs den niedergetröpfelten Blut nach zu spühren; diese Spuhr leitete „ihn gerade zu der Thür eines seiner Bauren, da er „nun bey der Frau nach ihren Mann fragte, wo er „wäre, berichtet sie ihm, daß er den vorigen Tag in „einem Wirthshause durch vieles Biersaufen in Trun„ckenheit gerathen, und weil er also mit einem andern „in Zanck und Streit gerathen, wäre er darüber „schwerlich verwundet worden: Denn dieses hatte er „sich mit ihr also beredet. Hierauf forschte der Edel„man genauer der Sache nach, und drang endlich den „Bauer so weit, daß er gestund, daß er der Wolf ge„wesen, der ihm gestern auf dem Felde begegnet wäre". Die Sache würde freylich mehr Wahrscheinlichkeit haben, wenn der Edelmann der Wolf gewesen wäre, und den Bauren angegriffen hätte. Aber noch weit wunderbarer ist die Geschichte zweyer Hirten Michael Verdung und Peter Burgott, die sich, nach Bodini Erzählung, nicht allein in Wölfe verwandelten, als Wölfe Menschen und Vieh erwürgten, sondern

sich

sich auch mit wahren Wölfinnen paarten — sind leben=
dig verbrannt worden. In diesem Falle mußte die
Illusion etwas stark seyn, sonst solte man glauben,
müsten die Wölfinnen doch Unrath gemerckt haben,
oder war es wahre, wirckliche Transsubstantiation?
Bodinus hat Nachricht von einem Vorfalle zu Vero=
na, wo sich eine unglaubliche Menge Hexen in Katzen=
gestalt in einer alten Burg zu versammeln pflegten.
Vier oder fünf Männer wagten es einst, hier die Nacht
zuzubringen, die Katzenarmee that einen förmlichen
Angriff auf sie, einer der Waghälse blieb auf dem
Platze und die übrigen wurden verwundet. Indessen
verkauften diese Männer ihre Haut doch auch theuer,
viele Katzen bekamen reichliche Hiebe und Püffe, wur=
den obrück in Weiber verwandelt, und starck ver=
wundet befunden. Weil indessen die Sache unglaub=
lich zu seyn schien, setzt Bodinus hinzu; so schwiegen
die Gerichte. So unglaublich kam dergleichen Katzen=
metamorphose weiland dem Doctor und Burgemeister
Pelzer in Osnabrück nicht vor, der blos durch einige
Katzen, die sich in seinem Hofe lustig machten, deter=
minirt ward, den Hexenproceß einzuführen. Von
seiner Tyranney und seinem Schicksale werde ich wei=
ter unten Gelegenheit haben, zu erzählen. In den
Morgenländern soll indessen dergleichen Verwandlung
weit häufiger geschehen, als in den Abendländern.
Als Sultan Solymann im Jahre 1542 die Regierung
antrat, war Constantinopel so voll von Wehrwölfen,
daß Solymann mit einem Kriegsheer wider sie in's
Feld rückte und ihrer 150 erlegte, als so viele Bürger in
Constantinopel vermißt wurden.

Wer alle diese Verwandlungen verdauen kann,
wird auch keine Mühe haben zu glauben, daß Weiber
und Mädchen in Mansspersonen verwandelt werden
kön=

können, wie Bodinus beym Hippocrates, Plinius, Gellius, und Amatus Lusitanus will gelesen haben, ein Ding, das wenigstens eben so möglich ist, als die Ablatio membri virilis, vielleicht ist sie ganz nahe damit verwandt.

Daß die Hexen an den Feldfrüchten, am Vieh und selbst an Menschen großen Schaden thäten, besonders durch Erregung heftiger Ungewitter, war von jeher die größte Klage wider sie. Schon die alten Römer klagten über solche Beschädigungen und hatten ein Gesetz wider dergleichen Leute (XII Tabul. T. VII. Lex 3). Qui segetes alienas, frugesve cujuscunque generis, incantationibus, artibusque magicis quin crescerent, obligaverit, vel in alium agrum pellexerit (cereri necator). Was die Römer unter *Incantationibus* und *artibus magicis* verstanden, weis ich nicht genau und umständlich, eben so wenig ich entscheiden kann, ob die Paraphrase den eigentlichen Sinn des Fragments, Quei Fruces ecscantasit geliefert habe, oder ob das Fragment auch recht gelesen worden, und Junccius es richtig wieder hergestellet habe. Ich will indessen doch annehmen, daß der damalige Aberglaube wircklich glaubte, es gebe böse Künste, vermittelst deren gewisse Leute die Feldfrüchte ihrer Feinde verheeren könnten; so war es doch die Zauberey der Christen noch nicht, es mischte sich noch kein Teufel mit in's Spiel, kein Haufe verworfener Geister, sondern die Hauptperson war irgend eine dienstwillige, feindselige Gottheit, die man durch Zaubergesänge auf die Erde zu kommen zwang, durch Opfer willig machte, und die als Schutzgottheit sich ihres Clienten wider seinen Feind annahm, um dessen Schutzgott oder Schutzgöttin, mit der sie nicht im besten Vernehmen stand, dadurch

durch zu kränken. Homer schildert uns in der Iliade die pöbelhaften Balgereyen der Götter unter einander, und wie der eine dem andern zuwider arbeitet, seine Absichten zu vereiteln *). Dies könnte, ohne Dazwischenkunft des Teufels, unter Päbstlern (die ich sorgfältig von Katholicken zu unterscheiden bitte) noch einmal der Fall seyn; denn wenn sichs z. E. der heil. Ignatius von Loyola als Schutzpatron einfallen lassen sollte, seinen Pflegbefohlnen wider einen Pflegbefohlnen des heil. Dominicus, oder des heil. Franciscus von Assisi zu vertreten; so hat er's sich selbst beyzumessen, wenn sich diese mit Zuziehung des heil. Thomas von Aquin über ihn hermachen, und am Ende würde doch der Ignatianer die Zeche bezahlen müßen. Die Griechen und Römer konnten durch Hülfe ihrer Gottheit nothdürftig hexen, einer dem andern Schabernack gnug

*) Seneca, der Philosoph Nat. Qu. L. IV sieht das Gesetz in den 12 Tafeln als eine Folge eines alten Aberglaubens an: Rudis adhuc Antiquitas credebat, et attrahi imbres *cantibus* et repelli; quorum nihil posse fieri, tam palam est, ut huius rei causa nullius philosophi Schola intranda sit. Wie kräftig dergleichen Carmina oder Zauberlieder waren, lehrt uns Virgil (Eclog. 8)

Carmina vel coelo possunt deducere lunam
Carminibus Circe socios mutavit Vlyssis.
Frigidus in pratis *cantando* rumpitur anguis.

Die Hexe beym Ovid, Metam L. I. 7. rühmt sich,

Cum volui, ripis ipsis mirantibus amnes
In fontes redire suos: concussaque sisto;
Stantia cancutio *cantu* freta etc.

und Tibul zeugt von einer:

Hanc ego de coelo ducentem sidera vidi,
Fluminis ac rapidi *carmine* vertit iter.
Haec *cantu* finditque solum &c.

gnug anthun, wenigstens mußten die Götter ihre Büberey nur zu oft mit auf ihr eigenes Kerbholz nehmen. Incantare hieß bey den Alten Carmina (magica, conjurationes) cantare, Zaubergesänge, Beschwörungen absingen, und dadurch die Götter auf die Erde bannen, um das zu thun, was man wollte, das sie thun sollten. Porphyrius hat uns einige Göttersprüche aufbehalten, wo unter andern eine erscheinende Göttin zum Bescheide giebt: „Ich bin hieher gekommen, weil mich deine „Reden dazu genöthigt haben, welche die Sterblichen „auf Angeben der Götter erfunden haben. An einem „andern Orte *) heist es: Hekate, was hat dich ge= „drungen, hieher vom Himmel zu kommen? Antw. Die „himmlischen Götter werden durch die menschlichen Ge= „bete besiegt und gezwungen, auf die Erde zu kommen, und „die künftigen Schicksale anzuzeigen". Diese menschlichen Gebete waren doch wohl weiter nichts, als Beschwörungsformeln, die in Fausts Höllenzwange, Trithemii Steganographia, den Claviculis Salomonis und wer weis in wie vielen andern ähnlichen Beschwörungsformularen, mutatis mutandis, noch fortdauren, und an vielen Orten des Pabstthums noch bis diese Stunde Gaukeltasche sind, aus der fleißig gespielt wird, besonders von einer Afterart von Freymäurern **), unter die der bekannte Betrüger Schröpfer gerathen seyn mogte.

Die

*) Euseb. Praep. Evang. L. V. c 6 p. 60.

**) Daß der lehrwürdige Freymäurerorden Afterarten erzeugen mußte, läßt sich von der Nachahmungssucht der Menschen erwarten; die bekanntesten sind gewisse Alchymisten, die nach dem Steine der Weisen suchen, und ihn bey den Freymäurern zu finden glauben — natürlicherweise ihn aber da nicht finden. Eine zweyte sind Bachanten und Betrüger, die sich aus den vorgeblich bekannt gewordenen Gebräuchen

der

Die heidnischen Pfaffen machten sich mit der Zeit ihre Citationen noch bequemer, sie errichteten den Göttern Statüen, bannten sie selbst durch Einweihungs- und Beschwöhrungsformeln hinein, und hatten sie sodann zur Hand, um sie zur Frohn arbeiten zu lassen *).

Die spätern Hexen unter den Christen substituirten bekanntlich die Teufel an die Stelle jener Götter, namentlich aber jede ihren Buhlen und Leibteufel Hans Federbusch, Claus, Jacob u. s. w. jedoch gab es Fälle wo das Latein der Subalternteufel ein Ende hatte, und Beelzebub selbst vor den Riß treten mußte, und dieser Fälle einer war namentlich das Wettermachen. Der grobe, unsophistische Aberglaube schrieb diese Kunst den Hexen allein, ohne weitere Umstände, zu, der gelehrte Theil machte die Hexe aber bloß zu einem Instrumente des Teufels pro forma, ohne die der Teufel zwar allein recht gut fertig werden könnte, um der Etiquette willen sie aber mit zuzöge bloß ihr ein Compliment zu machen. Für weiter nichts nehm ich auch die gelegentlichen Aeusserungen des Teufels, daß eine Hexe mit ihm concurriren müße, denn im Grunde war's doch nur Schalckheit des alten Bubens.

Der Proceß war eigentlich folgender. Wenn die Hexe Lust bekam, ein tüchtiges Gewitter mit schreklichen Schloßen anzuschaffen, (wozu Beelzebub sie auch wohl gelegentlich durch derbe Peitschenhiebe ankörnte);

so

der Freymäurer ein Ding zusammen gesetzt haben, das sie auch Freymaurerey nennen, und das zu weiter nichts dient, als unerfahrne Leute zu plündern und auf Leichtgläubigkeit zu schmausen. Diesen Beutelschneidern sind auch Juden willkommen, wenn sie reich sind.

*) Minuc. octav. C. XXIII. n. 4 c. XXVII. und meine Beyträge S. 103 104.

so begab sie sich irgend wohin, grub ein Loch in die Erde, goß Wasser hinein, in dessen Ermangelung auch ihr eigener Urin dieselben Dienste that, dann rührte sie die Jauche unter den Gemurmel einiger Beschwörungen um, nahm sie heraus, sprengte sie in die Luft, besonders nach derjenigen Gegend hin, wo sie Hagelschlag zu bewirken wünschte, und der Teufel that darauf das übrige. Oft war der Drang, (wie es unsre Krafebuben nennen würden) Gewitter zu machen, bey den Hexen so starck, daß sie ihre eigene Felder und Gärten mit Preis gaben, da sie denn eben so gut abgehagelt wurden, als Feinde und Freunde. In diesem Falle hatte der Teufel allein Schuld, der so lange trieb und drauf los peitschte, bis sich die arme Hexe nolens volens entschloß und ihren Brey einrührte. Bodinus ist der Meynung *), daß weder Teufel noch Hexe das Wetter machten, sondern Gott allein, der Teufel verstehe sich aber ganz vortreflich auf die Witterungs Aspecten, wisse auf ein Haar vorher, wann und wie ein Gewitter kommen werde, er treibe also kurz vorher die alten Weiber an, ihren Hokus Pokus zu machen, damit sie Wunder denken sollen, was für ein mächtiger Hans er sey.

Mit dem Bischen Jauche war es indessen nicht immer gnug, es wurden zu Zeiten ganz andre Anstalten erfordert; freilich blieb's bloße Ceremonie und Blendwerck. Pontanus (L. V.) und aus ihm Bodinus erzählen uns davon, wie sie glauben, ein merkwürdiges Beyspiel. Als die Franzosen in Suessa, im

König-

---

*) v. L. II C. VIII. p. 265 Er borgt eigentlich diese Meynung dem Verfasser des Lib. de Malefic. L. v. Inquisitorum ab. Ulrich Molitor Del Rio und Wierus waren gleicher Meynung, v. Schott Physica curiosa L. I. C. XXXIV. wenigstens erzählen sie andern getreulich nach.

Königreiche Neapolis, von den Spaniern belagert wurden, und wegen großer Dürre Mangel am frischen Wasser hatten; so schleppten einige zauberische Priester des Nachts ein Crucifix durch die Dörfer, und warfen es ins Meer; einem Esel gaben sie eine geweihte Hostie ein, und begruben ihn darauf lebendig vor die Kirchthür, und sprachen einige gotteslästerliche Segen dazu, worauf ein so ungeheurer Platzregen fiel, daß fast eine Sündfluth entstand, die die Spanier nöthigte, die Belagerung aufzuheben. Dieser Zauberey pflegten die Vascier gleichfalls und Bodinus will zu Thoulouse bey hellem Tage kleine Kinder das Spiel mit Erfolg haben treiben gesehen.

Der allgemeine Volksglaube, der bey den Ketzermeistern und Hexenrichtern eben so grob im Schwange gieng, und der einzige orthodoxe war, behauptete troß aller Vernunft: der Teufel könne recht gut Sturmwinde, Blitz, Donner und Schloßen hervorbringen, wenn Gott es erlaube — denn beym Hiob habe er ja einen Sturmwind geschaffen, und Feuer vom Himmel fallen lassen, das sey ein unleugbares Factum, und Apocalypse 7, 1. steht: **Und darnach sahe ich vier Engel stehen auf den vier Ecken der Erden, die hielten die vier Winde der Erden: auf daß kein Wind über die Erde bliese, noch über das Meer, noch über einigen Baum.** Die meisten Kirchenväter sagen, dies wären böse Engel gewesen — id quod erat demonstrandum. Aus Pf. 77. soll sich erweisen lassen, daß der Hagel, durch den die Aegyptier gezüchtiget wurden, aus der Fabrik der bösen Engel gewesen sey, (davon steht freylich kein Wort da *) und

„Pau=

---

*) Die misverstandene Stelle steht Pf. 78, 49. Die hier genannten bösen Engel waren die Plagen selbst.

Paulus nennt die Teufel aëreas potestates, (böse Geister unter dem Himmel), Fürsten dieser Luft u. s. w.

Man habe ja auch an Thatsachen keinen Mangel, daß sich die bösen Geister mit Wind abgeben, die Finnen und Lappen verkaufen bekanntlich den Schiffern den Wind in drey Knoten; löste man, bey entstandener Windstille einen Knoten; so erhoben sich sanfte Lüftchen, beym zweyten gab es Wind satt, und bey Lösung des dritten Knoten entstand ein heftiger Sturmwind.

Meine Gewährsmänner versorgen mich mit so vielen damals unbezweifelten Beyspielen, daß es schon der Mühe lohnt, einige auffallende Geschichtchen mitzunehmen. Man höre nur den so glaubwürdigen Remigius *). „Es ist kein Zweifel, daß nachfolgende „beschriebene Sachen über allen menschlichen Verstand „und Glauben bey vielen seyn mögen, viele werden es „auch verlachen. Jedoch kann ich in Wahrheit sagen, „daß mehr als zwey hundert Personen, welche ich unter „meinem Duumvirat zum Feuer verdammt habe, selbst „bekannt: wie zu gewissen Zeiten die Hexen haufenweise pflegen zusammen zu kommen, an einem Wasserbache oder See, insonderheit so etwa einer an einem „öden Orte gelegen, dahin niemand zu wandern pflegt. „Daselbst schlagen sie so lange mit Gärten (Ruthen Virga) welche sie von dem bösen Geiste empfangen haben, in das Wasser, bis sich ein dicker Dunst und „Nebel daraus erhebt, und sie mit dem Nebel zugleich „in die Höhe fahren, welche Dünste nachmals zu dicken, „schwarzen Wolken werden, in welchen sie mit den Geistern hin und her fahren, wohin sie gelüstet, auch
„end=

*) Daemonoe L. I. C. XXV.

„endlich mit Hagel und Donner wieder auf die Erde
„herunter kommen *).

„Salome und Dominica Zabella setzten weiter
„hinzu, daß sie, ehe sie das Wasser dergestalt in Be=
„wegung zu bringen pflegten, einen Topf hineinsetzten,
„in den der Teufel etwas lege, sie wissen aber nicht,
„was; oder auch einen Stein von der Größe der Schlo=
„ßen, die sie hervor zu bringen bemüht sind. Andre
„nahmen umgekehrte, brennende Kerzen, ließen die Tro=
„pfen davon in's Wasser fallen, oder Pulver, welches
„sie hineinstreuten, oder der Teufel habe sie mit gewis=
„sen, schwarzen Gärten (Virgis) versorgt, mit wel=
„chen sie aus allen Kräften in's Wasser schlagen und
„gewisse Beschwöhrungen und Segen dazu sprechen.
„Sobald dies geschehen, werde es überall schwarz und
„dunckel, und erhebe sich ein großes Ungewitter von
„Hagel und Regen über die Oerter, dahin sie wollen,
„wofern kein Hinderniß dazwischen kömmt. Auf sol=
„che Weise Gewitter machen, ist heut zu Tage nichts
„neues, sondern vor langen Zeiten im Gebrauche gewe=
„sen auf dem Berge Lycäus in Arkadien, wie Pausa=
„nias schreibt. Auf diesem Berge sagt er, war ein
„Brunne, Agnus genannt, von so seltsamer Natur,

„daß

*) Eberhard Werner Happelius erzählt in seiner Kern=
Chronica bey dem Jahre 1665 S. 101. „Zu München
„war ein großes übernatürliches Donnerwetter; als nun
„ein frommer Priester merkte, daß es ein Teufelswerck wä=
„re, beschwur er das Wetter, weswegen ein 70 jähriger
„Erz=Zauberer ganz nackend aus der Luft fiel, und das Ge=
„witter aufhörete. Der Zauberer bekannte daß er solches
„40 Jahre nebenst einigen hundert seiner Gesellen getrieben,
„und an Menschen, Viehe, Früchten und Gebäuden gros=
„sen Schaden gethan hätte, weswegen er mit glühen=
„den Zangen gezogen, erwürget und zu Asche verbrannt
„wurde."

„daß wenn man allda den Gottesdienst **) mit Fleiß
„und Andacht verrichtet, und das Waſſer mit einem
„eichenen Stöckchen nur ein wenig berühret, entſteht
„daraus ein dicker Dunſt, gleich einer Wolcke, welche
„auch zur Wolke wird, und häufigen Regen giebt.
„Folglich iſt dies nichts neues, die Hexen, die der böſe
„Feind beſitzt, erdichten es auch nicht; ſondern es hat
„ſich im Beyſeyn verſtändiger und aufrichtiger Leute
„in der That ſo zugetragen.

„Doct. Claudius Perotius, Sekretär zu Nancy,
„ein frommer, aufrichtiger Mann, erzählte mir: er
„habe vor dieſem einen Schulkameraden gehabt, der
„nebſt ſeinem Vater aus der Zaubergilde geweſen ſey.
„Dieſer Purſche habe dergleichen Dunſt und Nebel
„aus einem Becken hervor bringen gekonnt, in dem
„nur ein wenig kalten Waſſers war; dies hätten alle
„ſeine damals gegenwärtig geweſene Mitſchüler mit
„angeſehen.

„Joh. Carmäus, Jana Oberta und andere mehr
„ſagten aus: es habe ihnen nicht geträumt, ſondern
„ſie hätten es mit ihren eigenen Augen geſehen, wie
„eine unglaubliche Menge ihrer Rotte in dergleichen
„gemachten Wolken wäre hin und her, ſchneller als
„der Wind oder ein Pfeil gefahren, gleich als wenn
„Funcken aus einem dicken Rauche fahren und wieder=
„um

**) Dieſer Gottesdienſt konnte wohl kein andrer ſeyn,
als Opfer für die Gottheit, unter der dieſer Brunne oder
dieſe Quelle ſtand und Beſchwörung derſelben. Carl der
große unterſagt in der Capitulatione de Part. Sax. ſub
poena: ſi quis ad *fontes* aut arbores vel lucos votum fe-
cerit, aut aliquid more gentilium obtulerit et ad honorem
Daemonum comederit, ſi Nobilis fuerit ſolidos LX. Si
Ingenuus XXX ſi Litus XV. componat.

„um vergehen, mittlerweile habe es um sie her gedonnert und erschrecklich gepraſſelt.

„Aleria Grand Janna ſagt: als ſie desgleichen „wäre in die Wolcken gefahren, und von ungefähr im „Vorüberſchießen an einen Ort gekommen, da ſie ihren „Nachbar Johann Vehot die Pferde hüten geſehen, „hätte plötzlich ein ſchwarzer Mann vor ihr geſtanden, „der ſeine Dienſte angebothen, und gefragt hätte: ob „eine unter ihnen dieſem Bauren feind ſey? die könne „ſich jetzt rächen. Sie habe darauf geantwortet: ſie „ſey es; denn er habe ihren einzigen Sohn einſt faſt „zu Tode geprügelt, weil er die Pferde in des Bau„ren Weide getrieben. Wohlan, ſprach der Schwar„tze; iſt es dein Wille; ſo ſoll es nicht ungerochen blei„ben. Darauf fuhr er in die Höhe, ſo, daß man „ihn nicht mehr ſehen konnte, und ſchlug mit einem „Donnerſchlage nebſt vielen feurigen Strahlen, unter „die Pferde herunter, daß zwey auf der Stelle in des Bau„ren Gegenwart todt blieben.

„Barbelina Rayel ſagt: die Zauberer pflegten „in den Wolcken mit Hülfe der Geiſter Fäßer über„zwerg zu wältzen, ſo lange, bis ſie über den Ort kä„men, den ſie ſich zu verderben vorgenommen hätten; „alsbann zerſprängen die Fäßer, kämen Steine, Ha„gel, Blitz und Donner heraus, und verderbten in Ei„le alles, was ſie anträfen,,.

Allemal bediente ſich der Teufel nicht alter Wetteln, um Regen und Gewitter hervorzubringen, ſondern thats auch wohl, wenn ihn ehrliche Leute purrten und ſtöhrten. Caspar Schott [*]) verſichert uns: daß

[*]) Physica curioſa L. I. C. XXXIV. p. 123.

in der Markgrafschaft Baden selbst, ein See sey, in
dem die Nachtgeister ihr Wesen so arg trieben, daß kein
Mensch in der Nähe wohnen könne, und wer sich mit diesem pestilenzischen Wasser wasche, bekomme die Krätze
über und über. Sobald jemand einen Stein, ein Stück
Holtz oder dergleichen in diesen See wirft, wird der
Himmel mit Wolcken bedeckt, der Wind erhebt sich, es
entsteht ein Platzregen und wüthendes Ungewitter, wodurch die benachbarte Gegend sehr mitgenommen wird.
Dies hörten die Jesuiten in Baden, aber sie glaubten
es nicht, sondern hielten es für Weibermährchen: zwey
Väter dieser so philosophisch zweifelnden Gesellschaft
aus dem Badenschen Collegio giengen indessen aus
Spaß hin und warfen unter Scherzen und Lachen einer um den andern Steine hinein. Es war ein recht
schöner Tag und der Himmel ganz heiter. Allein
während des Spiels stieg mit einemmahle, ein Dunst,
in Gestalt eines Nebels aus dem See in die Höhe und
ward zu einer Wolcke, der Himmel ward trübe und
gleich darauf entstand ein so schrecklicher Regen und
Wind, daß die beyden Experimenten nachher von einander getrennt und naß wie Pudelhunde wurden auch
auf verschiedenen Wegen wieder heim kamen. Nun
war ihnen der Glaube in die Hand gethan, und doch
fanden sie bey ihren übrigen Brüdern keinen Glauben, die vorgaben: das Ding sey ohne Zweifel ganz
natürlich zu gegangen. (Man weis wie hartgläubig
die Jesuiten und Exjesuiten in solchen Stücken waren
und noch sind; Schott, Del Rio und Thyräus waren
Jesuiten und Gaßner war es gewesen.) Um indessen
ein übriges zu thun, nahm einer der ersten des Collegii,
von welchen Schott die Historie unmittelbar hat, einige
der angesehensten Männer der Stadt zu sich und begab
sich an Ort und Stelle, um sich mit eigenen Augen von
der Wahrheit oder Unwahrheit der Sache zu überzeugen,

auch

auch nahmen sie einen Pudel mit sich. Diesem konnte kein Mensch so gute Worte geben, daß er in's Wasser gegangen wäre, und wenn er sich auch den Ufer näherte; so kam er doch gleich mit einem erbärmlichen Geheule wieder zurück. Zuletzt warf man ihn mit Gewalt hinein, es war ihm aber, als wenn er in siedendes Wasser gekommen wäre, hier galt es Schwimmen, und sein Geheule war schrecklich. Drauf warfen die Herren Stücke geweihtes Wachs, Steine und was so zur Hand war, hinein, schimpften dem Teufel die Jacke voll schäkerten und lachten, und weil sie in der Nachbarschaft herum lange gnug auf den Teufel und sein Spektakel vergebens gelaurt hatten, giengen sie fröliches Herzens wieder in die Stadt zurück, überzeugt, daß alles Tand und Fabel sey. Aber die Nacht darauf hielt der Teufel nur gar zu sehr Wort, es entstand das heftigste Gewitter mit Sturm und Platzregen, dies währte einen ganzen Monath hindurch, und alle Badenser Bürger so wohl als Bauren glaubten nicht allein, daß der Teufel dies Gewitter gemacht, sondern hielten die Jesuiten auch für Mithelfer des Teufels, wodurch die armen Väter in nicht geringe Verlegenheit gesetzt wurden.

Der See oben auf dem Pilatusberge bey Luzern soll in alten Zeiten eben so kützlich gewesen seyn, er hat seine Possen aber früher dran gegeben, als sein College bey Baden.

Die alten Dichter, die bey den Heiden gewissermaßen die Dogmatik lehrten, haben diese Fabel von der Gewalt der Zauberer und vorzüglich der Hexen, die Natur auf den Kopf zu stellen, am umständlichsten gelehrt, es gab eine Zeit, wo man alles buchstäblich nahm und keine Fabel in Gedichten annahm, und in dieser Finsterniß schlichen sich jene an Abgeschmacktheit alles übertreffende Fabeln mit in das christliche Lehrgebäude ein, aus dem sie noch nicht gänzlich verwiesen sind. Del Rio *) hat die meisten Stellen aus den alten Dichtern gesammlet, die die Allmacht der Hexen besungen haben, übertrieben sind sie zwar auch in seinen Augen; allein seine Resultate weichen doch von jenen Fabeln nicht sehr ab.

Ob die Leute damals auch wohl an eine alles lenkende göttliche Regierung dachten? Das Gott bisweilen gemachte Compliment: wenn er's zuläßt entscheidet für seine Vorsehung nichts, denn man stellte sich Gott nur als einen schwachen Fürsten vor, der zwar seinen Namen noch hergab, übrigens alles gehen ließ, wie es gieng. Die Beyspiele, wo Gott es dem Teufel nicht erlaubte,

---

*) Disq. mag. L. II. Q. IX. Eine der größten Gaskonaden einer alten Hexe hat uns Petronius Arbiter hinterlassen.

> Quicquid in Orbe vides, paret mihi. Florida tellus,
> Cum volo, siccatis arescit languida succis;
> Cum volo, fundat aquas, scopulus atque arida saxa
> Indigenas jaculantur aquas. Mihi pontus inerteis
> Submittit fluctus; Zephyrique tacentia ponunt
> Ante meos sua flabra pedes. Mihi feumina parent,
> Hircanaeque tigres, et jussi stare dracones.
> Quid leviora loquor? lunae descendit imago
> Carminibus deducta meis: trepidusque furenteis
> Flectere Phoebus equos reuoluto cogitur orbe.
> Tantum dicta valent. Taurorum flamma quiescit
> Virgineis exstincta sacris; Phoebeaque Circe
> Carminibus magicis socios mutauit Vllyssis.

Um meinen unlateinischen Lesern einen Begrif von einer damaligen Hexe zu geben, die mit Gottheiten en camarade zu leben vorgab, durch sie alles vermögen wollte, und kein so häßliches Thier war, als die christlichen Hexen, will ich diese Verse in gangbare Prose übersetzen.

Alles

erlaubte, Chikanen zu machen, sind in damaligen Zeiten höchst selten, desto häufiger aber die Exempel, wo der Teufel alles that, was er wollte, trotz dem, der's ihm wehren wollte. Er hob die Gesetze der Natur auf, ohne daß Gott drauf achtete, hob die Welt aus ihren Angeln, ohne daß man's ihm wehrte, schuf zerstöhrende Gewitter, so bald es einem alten Weibe einfiel, und grif dem Schöpfer ungeahndet so oft vor, als es ihm beliebte.

Ueberall hatte der Teufel seine Finger mit im Spiele, er schlich sich ins Cabinet der Fürsten und entschied die Schlachten nach seinem und seiner Zauberer Wohlgefallen. Als Haquinus, sagt Remigius, ein Norwegenscher Fürst, mit den Dähnen Krieg führte, schuf er sich ein Gewitter, das den Feinden durch mächtig große

Alles, was du auf Erden stehest, ist meinen Befehlen unterworfen. Wenn ich will; so vertrocknet das blühende Gewand der Erde; wenn ich will, so muß der Fels mir Wasser geben und aus dürren Klippen sprudeln reiche Quellen hervor. Wie auf einer Brücke gehe ich über reissende Wasserwogen, und der Sturmwind legt mir seine Gewalt zu Füßen. Mir sind die Ströhme unterthan. Mir gehorcht der Hircanische Tiger und auf meinen Winck darf der Drache nicht mehr von der Stelle. Kleinigkeiten sind das Durch meine Gesänge ziehe ich den Mond vom Himmel herab, und wenn ich die Welt in Unordnung bringe, so muß die Sonne den Weg wieder zurück nehmen, den sie kam; so viel vermögen meine Befehle! Zahm wie ein Lamm wird der wilde Stier, wenn ich ihn mit jungfräulichen Händen opfern will und die durch Phöbus Apollo begeisterte Circe verwandelte durch ähnliche Zauberlieder die Gefährten Ulysses.

Heißt das nicht das Maul recht voll nehmen? und doch waren unsre spätern Hexen nicht schlechter als diese.

Schloßen die Köpfe dergestalt zerschlug, daß sie weder hören noch sehen konnten. Gleichergestalt schufen auch die Biarmenser, die nicht weit vom Polo arctico wohnten, als sie in den nordischen Ländern mit dem großmächtigen Könige Regner Krieg führten, ein erschreckliches Ungewitter, das sie den Dänen über den Hals schickten, und gleich darauf matteten sie ihre Feinde durch eine schwühle Hitze, die sie folgen ließen, dergestalt ab, daß der Sieg auf ihre Seite fallen mußte.

So traute man also dem elendesten Lumpengesindel eine fast der Allmacht Gottes ähnliche Gewalt zu, die Gesetze der Natur aufzulösen und Wunder zu thun, so oft sie nur wollten. Denn daß aus einer eingerührten Jauche eines alten Weibes ein Gewitter entstand, war doch wohl ein Wunder? und womit konnte man nun noch die Wahrheit der christlichen Religion beweisen? gewiß nicht mehr durch die Wunder; denn Christen wollten sie seyn, die den Pharisäern den Einwurf rechtfertigten: er treibt die Teufel aus durch Beelzebub den Obersten der Dämonen. Und welche blasphemische Begriffe von der väterlichen Regierung Gottes, wenn er's fast immer erlaubte, daß der Teufel die ärgsten Plackereyen wider seine Kinder ausübte, ohne daß Gott Miene machte, es ihm zu wehren! Weil Satan im Buche Hiobs von Gott Erlaubniß erhielt, seinen Knecht mit der abscheuligsten Kranckheit, der Elephantiasis, heimzusuchen, so machte der dumme Aberglaube daraus den läppischen Schluß, daß der Teufel an allen Kranckheiten Schuld habe, und wenn unwissende Aerzte mit ihrem Latein zu Ende waren; so hieß es: die Kranckheit ist nicht natürlich, sie ist dem Patienten von bösen Leuten angethan. Die so genannten klugen Männer †) und weise Frauen, (die ersten nennt man auch Teufelsbanner) unterhielten diesen verfluchten Aberglauben, und sie thun es leider noch in vielen, besonders südlichern Gegenden von Deutschland. Man erkundigte sich bey ihnen nach der Ursache der Kranckheit, sie gaben zweydeutige, orakelhafte Antworten, beschrieben die anthuende Hexen, mit denen man sich gezanckt hatte, allgemein, und gaben Züge an, die auf viele paßten; der leichtgläubige Aberglaube fand sodann diejenige Person leicht heraus, auf die das Orakel paßte, brachte sie in's Gerücht und denuncirte sie wohl gar, wenn sie nicht stehendes Fußes den Bezauberten wieder entzaubern wollten.

Im 11ten Hefte der Schlözerschen Staatsanzeigen (i. Jahr 1783.) hat mir ein hämischer B—e den Vorwurf gemacht, (freylich nicht diesen allein, sondern mehrere noch härtere und unverschuldetere,) daß ich mich in meinen Schriften anstellte, als wenn ganz Westphalen voll Zauberey und Aberglauben steckte, da doch unter uns kein Bauer mehr an dergleichen glaube. Der Mann hat meine Schriften nicht gelesen *); aber gesetzt auch, ich hätte die Westphälinger dieses Aberglaubens namentlich beschuldigt; so mußte er mir zutrauen, daß ich wußte, was ich that, daß ich es besser wissen konnte, als ein Richter, weil ich die abergläubigste

†) Nach der Regel wurden Scharfrichter und Schinderknechte hierunter verstanden.

*) Muthmaßlich hat er von diesem Wercke gehört und bloß den Fehler begangen, ein Buch zu recensiren, ehe es gebohren war. Gewöhnlicher ist der Fehler, ein bereits existirendes Buch, ohne es gelesen zu haben, zu verdammen, und noch gewöhnlicher ist der, das Buch nur flüchtig durch zu blättern, es kaum zu verstehen, und doch competenter Richter seyn zu wollen. Man kann dabey freylich Unrecht haben, aber gewisse Leute wollen nicht Unrecht haben, und coûte qu'il coûte, der Autor wird verdammt!

bigste Classe meiner Zeitgenossen und besonders meiner Landsleute besser und sorgfältiger studirt habe, als er, und weil mich gerade mein Beruf wirklich genauer mit ihr bekannt macht, als jeden andern Forscher. Im Preußischen Westphalen ist freylich die Aufklärung schon weit gediehen, aber die Köpfe sind noch bey weitem nicht so rein und helle, als Herr B—e glaubt; unter dem gemeinen Mann herrschen noch alle Modificationen jenes Aberglaubens sehr handgreiflich, ich treffe noch oft Kranke, die ihre Krankheit nicht erklären können, und deswegen den Schluß machen, es sey ihnen von bösen Leuten angethan. Die Sucht des gemeinen Mannes, sich bey Pfuschern Raths zu erholen, unterhält diesen Aberglauben unglücklicher Weise; denn solche Saalbader versprechen, alles zu curiren, und geht es nicht, so muß eine höhere Macht ihnen widerstehen. Einen solchen Pfuscher, der sich Doctor Münch nennen läßt, haben wir in unserer Nachbarschaft, ein völlig unwissendes Geschöpfe, der schon manchen Kirchhof gedüngt hat, und zu düngen noch immer fortfährt. Das Vertrauen auf diesen unwissenden Prahler ist doch wohl Aberglaube, und was würde Herr B—e sagen, wenn ich ihm einen gelehrten sich viel dünkenden Mann in B. nennte, der seine kranke Tochter aus den Händen gelehrter und erfahrner Aerzte nahm, und sie diesem Erzpfuscher anvertrauete? Vor 10 Jahren hatten wir hier in der Grafschaft Ravensberg ein so genanntes Wunderkind, das alle Schaden durch Streicheln zu curiren vorgab, zu dem täglich einige hundert Preßhafte wallfahrteten, und von dem sich selbst gelehrte und angesehene Leute streicheln ließen —— bis ich Gelegenheit dazu gab, daß ihm das Handwerk gelegt ward. Es darf nur ein Monddoctor in Berlin, ein Gaßner in Ellwangen, oder ein Schröpfer in Leipzig wirklich auftreten; so verschwindet mit einemmale das Luftschloß

unserer

unserer vermeynten Aufklärung, und der Philosoph sieht
mit Bedauren, wie sehr er sich in der guten Meynung
von seinen Zeitgenossen betrog. Noch vor einigen Jahren ward in meiner Nachbarschaft von einer lutherischen
Canzel über die Unzucht der Hexen mit dem Teufel gepredigt, und die Wahrheit derselben vertheidigt. Sollten wohl viele Zuhörer ungläubig heim gegangen seyn?
Unsere Bauern, die Herr B—e für so aufgeklärt
ausgiebt, beschützen noch immer, troz aller Bemühung
ihrer Prediger, den Aberglauben auszurotten, ihre
Viehställe mit Creutzen, die mit grobem Pinsel aus
Kalk gemacht werden, wider die Hexen, sie lassen ihre
zu tausende Kinder nicht ohne Segenmurmeleyen in die
Kirche bringen, oder Erwachsene ohne das Zeichen des
heil. Creuzes zur Schule gehen. Die meisten giengen
nicht für beyde Indien aus ihren Häusern, ohne sich
gewaschen und alle mögliche Vorkehrungen wider den
Teufel und die Hexen getroffen zu haben, und ich finde,
mit einem Worte, keinen einzigen Zweig des alten Aberglaubens völlig verdorret, nicht die glücklichen und unglücklichen Tage, die in Westphalen Notel- oder Sottel-
Tage genannt werden, nicht das Nachweisen gestohlner
Sachen, nicht das Böten über Wunden, nicht das Behexen der Kühe und Kinder, nicht das Sieblaufen und
das Nachforschen mit einem Erbschlüssel, und was dergleichen Thorheiten mehr sind.

Daß der Teufel Krankheiten verursachen könne,
war allgemeiner Volksglaube *); nach demselben besaß
er

---

*) „Es ist leyder dahin kommen, (sagt Anton Präto-
rius, von Zauberey und Zauberern, 3te Auflage, S. 103
„f.) so bald einem die Augen verdunkeln, der Bauch grim-
„met, die Finger schweren, die Füsse geschwellen, das Herz
„zerschmilzt, die Seel außführet, oder das Vieh verdorret,
ver-

er die Menschen, richtete ihren Cörper durch Convulsionen schrecklich zu, war der eigentliche Urheber der fallenden Krankheit und der Schlaf- und Mondsucht. Aber die Hexen hatten auch ihre angewiesene Arbeit, nicht allein Menschen um ihre Gesundheit zu bringen, sondern sie gar zu ermorden. Bey dem letzten gieng es zwar, was das Ermorden selbst betraf, noch ziemlich natürlich zu, denn im Grunde waren die so genannten Hexen nicht selten wirkliche Giftmischerinnen; daher Maga, Venefica und Malefica als gleichbedeutende Namen gebraucht wurden. Allein man ließ das Natürliche nicht lange natürlich bleiben, wirkliche Giftpulver wurden, wie es hieß, nicht mehr in den Apotheken zubereitet, sondern der Teufel hatte seine eigene Hofapotheke, und bey dem Abschiede von dem Sabbathe ward jeder Hexe ihre Portion Pulver zum Behexen und Morden ausgetheilt. Wir haben oben gesehen, daß jeder Leibteufel seiner Hexe die mit ihm erzeugte Elben oder Kinder nahm, sie pulverisirte, und ihr sodann das Pulver zu dem contractmäßigen Gebrauche zustellte. Hin und wieder ward auch der Bock auf dem Hexentanze, dem die Hexen unter andern dadurch huldigten, daß sie seine Posteriora küßten, gegen das Ende des Festes zu Pulver verbrannt, und dies Pulver unter die Gesellschaft vertheilt. Doch dies ist eine Variante, allerwärts geschahe es nicht, und in den meisten Provinzen blieb der Bock beym Leben. Das Pulver, dessen sich die meisten

Gift-

„verseihet (die Milch verkehrt,) verlähmet, verfällt und „und stirbt: Da rufft jedermann, das geht nicht recht zu, „dem ist vergeben, er hats am Apfel gessen, er hat es vom „Trunk bekommen. Da gedenckt man weit umher, wo „man gewesen, wer zu essen gegeben, vnd zugetruncken „habe: wer beygesessen, wer angegriffen, vnd was mehr. „Bald verdenckt einer diesen, der ander jenen: Hie redet „man heimlich, da rufft man laut: Der und der hats ge„than."

Giftmischer und Giftmischerinnen bedienten, war wirkliches Gift, Catharine von Medicis, unwürdige Gemahlinn Henr. II. brachte diese verdammte Giftmischerey mit nach Frankreich, viele französische Damen und Weiber lernten diese verfluchten Künste, und bedienten sich ihrer, wider welche zuletzt ein Inquisitionsgericht (Chambre ardente *) gestiftet ward; das man aus Unwissenheit oder Mißverstand für ein Hexengericht gehalten hat. Zugleich war diese Catharine auch sehr für Wahrsagereyen und dergleichen magische Possen **). Daher rühren die vielen Klagen der Nation, daß das Hexengesindel so unbestraft und frey ausgienge. Winke, die nur dann erst verständlich werden, wenn man den

als

*) Man findet dies Gericht erst um's Jahr 1679 es ward sehr geheim gehalten, und die Entdeckungen der Vergiftungskünste sind zum Glücke für die Menschheit nicht bekannt gemacht worden. Die Chambres ardentes wurden bald darauf politische Gerichtshöfe, Unglückliche zu stürzen und jetzt sind ihrer 4 in Frannkreich, zu Reims, Valence, Saumur und Caen, vor welchen die armen Contrebandiès der unmenschlichsten Grausamkeit der Conumi's, dieser verdammten Bluthunde, preis gegeben werden. S. Ueber das Finanzwesen, von Peter Andreas. u. s w 8. Leipzig 1780. Die feinern Vergiftungsmittel (Poudres de Succession) waren schon dem Theophrast und weit vor ihm der Hexe Medea bekannt. 200 Jahre vor Christi Geburt verstanden schon die Römerinnen diese heillosen Künste, so daß ihrer gegen 150 überwiesen und bestraft wurden. Die berüchtigsten neuern Giftmischerinnen waren Toffania zu Palermo und Neapolium 1720 welche die Aquetta di Napoli erfand und die Martisin Brinvillier, die 1676 zu Paris verbrannt ward. S. Joh. Beckmanns Beyträge zur Geschichte der Erfindungen. II Stück. VI.

*) Cathrine de Medicis mis la Magie si fort à la mode en France, qu'un Pretre nommè Secbelle, qui fut brulè en Greve sous Henry III pour Sorcellerie, accusa douze cens Personnes de ce Crime v. Pitavae caul. cel. T. II. p. 385.

Secbel-

allgemeinen Haß der Nation gegen das boshafte Weib kennt, das allgemein für eine Erzhexe gehalten ward.

Wollten die so genannten Hexen jemand durch Gift hinrichten; so mußten sie ihn erst in den Stand setzen, sich nicht zur Wehr setzen zu können; denn damals war die subtile italienische Giftmischerey noch nicht zu dem Grade teuflischer Vollkommenheit gekommen, als heut zu Tage. Wie sie es anfingen, lehrt uns Remigius *).
„Catharina von Metz, Hennezelius u. a. m. — haben
„einhellig bekannt, wie sie vom Satan die Gewalt em-
„pfangen haben, daß sie können in eines andern Haus
„kommen, wie und wenn es ihnen geliebet; jedoch so-
„fern, daß sie dem Teufel zuvor etliche Jahr lang treu-
„lich gedient haben: nemlich daß sie durch alle enge Lö-
„cher, ohn einige Mühe, eingehen mögen, in Gestalt
„der Mäuse, Katzen, Heuschrecken und anderer der-
„gleichen kleinen Thierlein, nachdem es die Gelegenheit
„giebt. Wenn sie dann hindurch sind, bekommen sie
„ihre vorige Gestalt wiederum, so es ihnen gefällt,
„vollbringen alsdenn ihr Fürhaben, — nemlich sie
„salben den Menschen, welchen sie begehren zu verder-
„ben, zuvor über den ganzen Leib, damit er nicht er-
„wache, reißen ihm das Maul mit Gewalt auf, damit

Sechelle hieß der Geistliche nicht, sondern Trois Eschelles, auch ward er nicht verbrannt, sondern unter der Bedingung begnadigt, daß er alle ihm bekannte Zauberer und Hexen angeben solle. S. Haub. Bibl. magic. B. II. St. 19. 20. S. 438. f. f. Verschiedene gleichzeitige Schriftsteller versichern, daß Trois Eschelles die Zahl der damals in Frankreich lebenden Zauberer und Hexen auf 300,000 angegeben habe, andere wollen nur von 1200 wissen, vielleicht hat er diese 1200 nur namhaft gemacht.

*) a. a. O. B. 1. C. 33. S. 149. der deutschen Uebersetzung.

„mit er sich nicht regen könne, und er den Trank ver-
„schütte. Endlich schütten sie ihm den Gift in den
„Hals, haben eine Lucerne (Leuchte) darbey, welche
„eine schwefelichte Flamme giebt." Die Hexen brauch-
ten indes nicht jedesmal Gift, um andre ehrliche Leute
zu ermorden. Es erzählt deswegen Laffert: *) „daß
„die Zimmermannsche, wenn sie mit jemand in Streit
„gerathen, auf vorgängige Dräuung, denenjenigen an
„ihrer eigenen Gesundheit oder Vieh Schaden wieder-
„fahren, wie denn, da sie ohnlängst mit Tönnies Lühr
„gezanckt, zu dessen Sohnes Frau geredet, ihr sollte
„die Blutader bersten, so auch erfolgt, indem sie über
„5 Wochen geblutet u. dgl. m." Eben so brachte das
Bettelmädchen Sophie Krügers **) einen Oberländer,
der es geneckt hatte, um, und Peter Steffen †) bekannte, daß er's mit Hülfe seiner Teufelin des Stecknitz-
Fahrers J. D. Sohn angethan, daß er ganz vergan-
gen und verlahmet.

Dies Morden geschieht, wie gesagt, nicht immer durch natürliches Gift, sondern durch übernatürliche Dinge und wahre Wunder. Denn wer wird es
nicht z. E. mit mir für das größeste Wunder halten,
wenn ein Janitschar in Constantinopel sein Gewehr ab-
feuert, und mich in Westphalen erlegt? Eberhard
Gockelius ††) wundert sich darüber gar nicht, und versichert auf sein ehrliches Gesicht und das Zeugniß alter

*) Relat. XII. S. 53.

**) Relat. XIII. S. 57.

†) Relat. XL. S. 172.

††) S dessen Tractat von dem Beschreyen und Verzaubern, S 75.

Zauberscribenten, daß es in der That solche Scharfschützen gebe. „Ueber angezogenes pflegt auch mehrge„dachtes Teufelsgesind die Leute durch Geschoß zu ver„letzen und zu beschädigen, von welchem viel zu sagen „wäre; denn man hat erfahren, daß ein Mensch das „ander (den andern) über 600 Meil Wegs erschossen „hat; wie auch einmal zu Paris geschehen ist, daß ein „Ehemann über Meer wegen seines Weibes, zu der „ein anderer grosse Liebe trug, ermordet worden, wie „aber dieses zugegangen, mag bey den Magis gelesen „werden". Etwas natürlicher machen es andre, die, nach Gockelius, gewisse zauberische Salben an die Hausthüren und andere Oerter schmieren, wo die Leute stets aus- und eingehen, wovon die Personen, so sie anrühren, oft in wenig Stunden sterben. Etliche schreiben Characteres in und an die Häuser, davon diejenige, so sie abwischen wollen, den Tod leiden müssen.

Nicht alle Hexen waren auf das wirkliche Morden so sehr erpicht, aber krum, lahm und ungesund machten sie die Menschen nur gar zu gern, und thaten sie es nicht; so gabs Prügel, wenn sie ihre Rechnung ablegen mußten. Die Mittel, unschuldige Leute krum und lahm zu hexen, oder ihnen wohl gar vom Brodt zu helfen, waren unzählbar und local, so daß eine italienische Hexe von den Künsten ihrer Mitschwestern in Deutschland oft nur die allgemeinsten wußte, und was in Lothringen Sitte war, war es deswegen noch in Westphalen nicht. Die gemeinsten Mittel waren nach Gockelius*) Dafürhalten „allerhand zauberische Worte, geschriebene „Zettel, Zeichen, Siegel und Figuren in Ertz gegra„ben, und in Täfelein oder Model eingeschnitten oder „eingetrucket und mit seltsamen und wunderlichen Cha„ra-

---

*) a. a. D. S. 5. 6.

„racteren bezeichnet, wächsene Bilder, Amuleta oder
„angehänckte Säcklein und Bündlein, Bändel und
„Nestel, mit besondern daran gemachten Knöpfen
„(Knoten) eingeschlagene Mahlschlösser, Magische und
„zauberische Ring, schädliches Anhauchen und Anrüh-
„ren, und andere dergleichen aus Haaren, Beinen,
„Menschenblut und Fettigkeit, von ungetauften Kindern
„zugerichtete Sachen und Vergiftungen, womit Men-
„schen und Vieh von diesem verfluchten und vermale-
„deyten Geschmeiß angegriffen und verletzet und viel
„derselben um Leib und Leben gebracht werden." Daß
geröstete und pulverisirte Elben zu diesem Behuf auch
verbraucht wurden, ist schon da gewesen. Die meisten
obigen Mittel können nur durch ein Wunder wirken,
und dahin kann man auch das zauberische Anhauchen
rechnen, nicht, wie P. Grandier, ein Mädchen verliebt zu machen, sondern ehrliche Leute umzubringen,
oder ihnen doch wenigstens eine häßliche Kräße an den
Hals zu blasen. Remigius weis davon ganz artige
Sächlein *). So erzählte z. E. eine aussäßige Frau,
im Bischofthum Constanz vielen Leuten, sie sey mit einer Nachbarin in heftige Scheltworte gerathen, gegen
die Nacht sey sie von einem warmen Winde angeblasen
worden, der aus dem Hause gegen über (wo die böse
Nachbarin wohnte) herzukommen geschienen, drauf sie
den bösen, unheilbaren Aussatz bekommen. Das hieß
nun freylich den Spaß zu weit getrieben; allein der folgenden Hexe kann man dies Stückchen eher zu gute
halten. „In demselbigen Bischofthum, in dem soge-
„nannten Schwarzwalde, ward eine Zauberin ver-
„brandt. Da nun diese Frau durch den Scharfrich-
„ter auf den Holzhaufen gesetzt ward, sagte die Hexe,
„indem sie sich zum Scharfrichter wandte: ich will
„euch

*) B. II. S. 115.

„euch den Lohn für eure Arbeit geben, blies dem
„Henker zugleich in's Angesicht, welcher denn mit einem
„so heftigen Aussatz über seinen ganzen Leib befallen, daß
„er davon gestorben ist." Remigius, der nichts weniger als geitzig ist, giebt uns von ähnlichem Caliber noch
eine dritte Historiette zum beßten, sie mag auch hier eine
Stelle finden. „In dem Bischofthum Basel an den
„Lothringischen Gränzen im Elsas, gerieth ein Mann,
„der einen ehrlichen Namen hat, mit einer Zauberin in
„Worte. Sie, welche darüber zum höchsten ergrim-
„mete, drohte ihm, sich ehestens an ihm zu rächen.
„Er achtete dieses Drohen wenig, fühlte aber dieselbe
„Nacht eine Blatter an seinem Halse, welche er, we-
„gen des großen Juckens, anfieng zu kratzen. Dar-
„aus entstand eine Geschwulst über seinen ganzen Hals
„und Angesicht, welches sich bald darauf in einen Auf-
„satz über seinen ganzen Leib verwandelte. Weil er nun
„so jämmerlich angegriffen ward, und große Vermu-
„thung auf die Zauberin hatte, mit der er sich gezankt,
„ließ er seine Freunde zusammen kommen, und gab ih-
„nen zu erkennen, wie es ihm mit dem alten Weibe er-
„gangen, und was sie ihm gedrohet habe. Diese kla-
„gen die Frau an, welche darüber gefänglich eingezogen
„ward, und als sie auf die Peinbank gebracht wurde,
„alles bekannte. Da nun die Richter genau nach allen
„Umständen fragten; so gestand sie, sie sey, höchst er-
„zürnt über die bittern Worte des Mannes, nach
„Hause gegangen, und habe daselbst ihren Leibteufel an-
„getroffen, der sie gefragt: warum sie so entrüstet sey?
„dem sie dann ihren Zank und Streit zu verstehen gege-
„ben und ihn gebeten, daß er solches rächen mögte.
„Darauf habe sie der Teufel gefragt: was sie wollte,
„daß man ihrem Feinde thun solle? Sie habe ihn er-
„sucht, daß dessen Angesicht durch eine stetige Ge-
„schwulst mögte verstellet werden, es hätte es aber die-
„ser

„ſer Diener der Boßheit weit ärger gemacht, als ſie
„es begehrt hätte. Auf welches Bekenntniß denn ihre
„Strafe erfolget, daß ſie verbrannt worden iſt."

Das Beſte bey der Sache war, daß der Teufel
und ſeine Hexen das angethane Uebel auch wieder heben
konnten, wenigſtens in vielen Fällen, allein die Caſui=
ſten waren ſehr dagegen, die auf der einen Seite zwar
allen möglichen Aberglauben gut hießen, auf der andern
Seite aber ein überaus zärtliches Gewiſſen hatten. *)
Konnte man die Hexe durch gute Worte oder Prügel
dahin bringen, die Bezauberung wieder aufzuheben,
ſo war es gut; aber oft ſtand es nicht mehr in ihrer
Macht, oft kam man auch nicht vor die rechte Thür, und
konnte das bezaubernde Individuum nicht ausfündig
machen, oder der Teufel hatte den Poſſen ohne Mitwirkung der Zauberer allein geſpielt. Wir wollen das
nicht wiederholen, was ſchon oben bey dem Auszuge
aus dem Hexenhammer da geweſen iſt. Man hatte
aber auch natürliche Mittel, theils zur Präſervation
wider das Bezaubertwerden, theils zur Cur, und
wider dieſe hatten die Theologen, Canoniſten und Ca=
ſuiſten, nicht einmal die Exorciſten was einzuwenden.
Dergleichen Mittel waren z. E.

X 3   Spina

*) Nicht alle urtheilten noch ſo vernünftig, als Johann
Geyler von Käyſersberg in ſeiner Predigt am Donnerſta
ge nach Oculi im Jahre 1508. „Du ſollt lieber krank ſeyn,
„dann mit Zauberey geſund werden; dann der Teufel müßte
„dich ſelbſt geſund machen, ſo ſolt du des Teufels müſſig
„gehen, das iſt, wider die Menſchen, die zu den Teufels-Be=
„ſchwehrern, (einem Kälber-Artzt, oder dem Schinder laufen,
„wenn ſie Krancke haben, oder etwas verliehren; Gott gebe,
„ſprechen ſie, wer mir hilft. Das ſoll nicht ſeyn u. ſ. w.

Spina alba, Frauendistel.

Wer solche vor die Thüren und Fenster stellte, hatte sich und sein Hausgesinde wider alle Zauberey versichert *).

Radix Leontipodii, Löwentappen.

Zur Austilgung zaubrischer Liebe **).

Helenium Alantwurtzel ***).

Alnus und Ligustrum.

Von beyden am Charfreytage vor Sonnenaufgang Ruthen gebrochen, zusammen gewunden und solche in Stuben, Kammern und hin und wieder im Hause aufgehängt — probatum est.

Der gemeine Mann nimt Rauten, Rittersporn, und S. Johanniskraut; das S. Joh. Kraut nebst der Wurtzel, imgleichen das Antirrhinum (Durant) müssen
indeſ-

---

*) v. Dioscorides L. I. C. 140. Ein noch zuverläßiger Mittel wäre das gewesen, alle Inquisitores haereticae pravitatis nebst allen ordinirten und nicht ordinirten Exorcisten an die Häuser und vor die Thüren aufzuhängen, damit das Licht der gesunden Vernunft Eingang gefunden hätte.

**) Dioscorides L. IV C. 126. Plinius, leichtgläubigen Andenckens, L. XIII. C. 4. empfielt das Lignum palmae, Wunderbaum, Creutzbaum. Man dürft' es nur mit einem Zahne glätten. Auch rühmt Plinius L. XVIII. C. 8. Das Leder von der Stirne der Hyäne, und C. 10 eine alte abgehauene Wolfsschnautze, an die Hausthür angenagelt. Eben dieselbe Wirkung thut auch die Haut von dem Nacken des Wolfes.

***) Diese empfahl Merkur dem Ebentheurer Ulysses, als er die Generalhexe Circe besuchen wollte. Campher irgend hin genähet wäre vielleicht probater gewesen.

indeſſen zur rechten Zeit und unter dem Einfluſſe der himmliſchen Zeichen und des Geſtirns, wie Gockelius ſagt, geſammlet werden, ich kann aber von der erforderlichen Conſtellation keine Auskunft geben. Man hängt dieſe Kräuter entweder in den vier Ecken des Hauſes, der Stube und der Kammern auf, legt ſie in's Bette, oder trägt ſie bey ſich am Halſe, oder man pulveriſirt ſie. Jacob Vallifs, Pfarrherren zu Grooſſen, Präſervativ-Curen hat uns der Herr Doctor Semler wieder bekannt gemacht *). Wie man die Bezauberung durch Wegnehmen der unter der Thürſchwelle vergrabener Zauberſachen heben könne, iſt ſchon da geweſen.

X 4 Das

---

*) Sammlung von Geiſterbeſchwöhrungen, erſtes Stück S. 47 u. ſ. w. S. 49 ſteht das Recept. „Die alte Phiſici ſchreiben von etlichen Gekräutern, vor welchen der Satan fliehet; als iſt Hypericon, das iſt S. Johanniskraut, „welches ſie dieſerhalb auch Teufelsfluche nennen, daß (weil) „der Teufel davor fliehet. Solche Kraft ſoll auch das Kraut „Morſus Diaboli, Teufelsabbiß genannt, haben u. ſ. w." Ein Mittel die Zauberey zu vertreiben, das in jenen Zeiten ſehr beliebt muß geweſen ſeyn, und ſelbſt von Botanickern empfohlen ward, hat uns Prätorius a. a. O. S. 126 aufbehalten. Rc. „Abbiß, Drachenwurtz, Teufelskirſchen, „Heidenkorn, Säwbrot, Dollkraut, Hundszung, Hertzgeſperr, Stoltz-Heinrich, (vielleicht Schmierwurtz) Bengelkraut, Kalbsaug, Berenklau und Wolffsmilch. Dieß „alles binde in Lappenbletter mit Bettlerſeil, oder Faulbaumenrinden, fein hart zuſammen, und wirffs cum ſuperſtitione, mit allem Unglauben und Gottesverachtung, „hinderwärts von dir, an ein Ort, dahin du nicht mehr „kommeſt. So weichen zur ſtund alle Zauberer von dir „hinweg, und biſtu wohl purgiret von ihrem Gifft." Zur „Präſervation wider künftige Bezauberung nahm man: „Gottes Gnad, Herr Gottsäpfel, Chriſtwurtzel, Cardobenedicten, Liebſtöckelwurtz, Mannstrew, Hilffswurtz, band „dies mit Siebengezeit zuſammen in Hertzkraut, und trug „es immer im Buſen.

Das Nestelknüpfen war gleichfalls ein Manöver der Hexen, wofür ihnen junge Eheleute schlechten Danck wußten. Wenn junge Eheleute priesterlich eingesegnet wurden; so stand irgend eine alte Hexe nicht weit davon; murmelte einen Segensspruch her, knüpfte mittlerweile Knoten in ein Band, und dies hatte die Impotenz des Ehemannes bey seiner Frauen, auch wohl, wenn's so gemeynt war, die Unfruchtbarkeit der Frau so lange zur Folge, bis die Nestelknüpferin entdeckt und gezwungen ward, (falls es in ihrer Macht stand) die Verknüpften wieder in den vorigen Stand zu setzen.

Diese Bezauberung wirckt bey einigen nur auf eine gewisse Zeit, bey andern auf immer *), bey einigen ist die Impotenz total, bey andern partial **). Außer dem konnten die Hexen auch die Liebe zweyer Eheleute in den heftigsten Haß verwandeln, wovon der Augustiner Gottschalck Hollenus ***) eine erbauliche Geschichte zu erzählen weis. „Ich habe, spricht er, eine „Frau gekannt, die den Samen der Uneinigkeit zwi„schen zwey Liebende zu säen suchte. Sie schrieb auf zwey „Stückchen Papier nebst vielen andächtigen Sprüchen „zwey unbekannte Charactere, und gab sie ihnen, sie „als Amulete bey sich zu tragen, ohne daß jedoch die „ge-

---

*) Ligari autem posse volunt plerique vel in diem, vel in annum vel in aeternum, aut donec nodus Ligulae solvatur. *Del Rio*, L. III P. I. Q. IV. Sect. VIII. p. m. 185. l. B.

**) Deinde fit saepe, ut qui cum una nequit, queat cum aliis, vel qui cum caeteris potest, cum una non possit, item ut non possit cum ea sola, quam maxime amat et deperit. v. Del Rio. l. c.

***) v. Praeceptorium ejus, fol. 20 Lit. A. ex Cit. Del Rio.

"gewünschte Wirkung erfolgt wäre. Sie schrieb sie zum
"zweytenmale, gab sie ihnen zu essen, nahm darauf ei-
"ne junge schwartze Katze, zerlegte sie in zwey Theile,
"wovon sie dem Teufel unter gewissen Gebräuchen die
"eine Hälfte opferte, die andere aber den beyden Lieben=
"den zu essen zurichtete, worauf ein so heftiger Haß
"zwischen beyden entstand, daß eins das andere nicht
"sehen konnte." Ich erinnere mich von einem kleinen
Knaben irgendwo gelesen zu haben, der in der Nestel=
knüpferey so erfahren war, daß er, ohne daß jemand
auf ihn Verdacht hatte, fast allen jungen Eheleuten bey
der Copulation den Spaß machte, bis man ihn zuletzt
auf der That ertappte, ihm die Ruthe gab und ihn
dadurch zwang, die armen Leute wieder in integrum
zu restituiren. "Und ist sich darüber sonderlich und am
"allermeisten zu verwundern, daß auch kleine Knaben,
"welche doch solcher magicarum sortium und schändlichen
"Teufels=Kunst ganz und gar unerfahren seynd, doch
"gleichwohl diese Kunst in's Werck richten können, in=
"dem sie etliche Wörter sprechen, und darauf einen
"Knoten an einen Nestel knüpfen; und also die Männ=
"lichkeit verzaubern. Ich weis mich noch wol zu erin-
"nern, daß ich von Rioleta, General Legaten zu Blois
"gehört habe, daß ein Junge von einem Weibe sey er=
"griffen worden, welcher in der Kirchen, gleich da man
"zwey neue Ehe=Leute copulirt, und der Segen über
"sie gesprochen worden, einen solchen Knoten an einen
"Senkel oder Nestel unter seinem Schaubhute geknü=
"pfet, und dieweil er über solchem Bubenstücke ergrif=
"fen worden, ist er mit seinem Nestel entlaufen. S.
"Remigius a. a. O Th. 2 St. 312. der Uebersetzung".
Eben so kräftig war auch das Nestelknüpfen in Absicht
anderer Sachen, wo es den Hexen nur eine Kleinig=
keit kostete, die seltsamsten und wundervollesten Dinge

zu verrichten *), die Diebe von gewissen Stellen weg und ganze Kriegsheere von einem gewissen Orte zurück zu halten, den Hunden das Bellen zu verwehren, das Feuer zu besprechen, ein Schiff mit dem beßten Winde und vollen Segeln an einer Stelle vest zu halten, und eine Mühle so zu besprechen, daß sie durch die äußerste Gewalt nicht in Gang gebracht werden konnte. Meinen Lesern wird es z. E. nicht unbekannt seyn, daß es noch bis auf den heutigen Tag Leute gebe, die sich vermessen, Diebe auf der Stelle vest zu halten, daß sie nicht fortkönnen, bis der Zauberer sie los läßt; oder die geheime Künste vorgeben, das Feuer besprechen zu können, daß es nicht weiter um sich greife, und zur Stunde auslösche **). Ueber eben den Leisten wird auch die Liga-

*) Quemadmodum ligatio in amorem, vel in odium, in aegritudines et sanitates et similia: item ligatio furum et latronum, ne in aliquo loco furari possint: ligatio mercatorum, ut in designato loco emere vel vendere nequeant: ligatio exercitus, qui limites aliquos transgredi prohibeatur: ligatio navium, ne ulla vi ventorum, etiam infinitis velis vento obversis, portum egredi valeant: item ligatio molendini, ne ullo impetu volvi queat: ligatio cisternae vel fontis, qua aquae extractio inhibetur: ligatio agri, ne progerminet: ligatio alicuius loci, ne quid in eo possit extrui: ligatio ignis, ut in certo loco accendi nequeat, nec aliquid combustibile admoto etiam igne vehementissimo ardeat: idem ligatio fulgurum et tempestatum, ne noceant: ligatio canum, qua vetatur latratus: ligatio avium et ferarum, qua volatus et fuga praepediuntur etc. v. Wierus L. IV. C. XXI.

**) Eine abergläubische Feuerordnung der Art, ein Edict, das man vor 200 Jahren kaum einer christlichen Obrigkeit verziehen hätte, haben wir noch von 1742. Der Herr Hofrath Hennings führt es aus den Leipziger Sammlungen von wirthschaftlichen Sachen ꝛc. B. 1 S. 229 an, in seiner Vorrede zu den Visionen — ein Pendant ꝛc.

—Fü-

ligation wider Flüchtlinge gemacht, um sie zur Wiederkehr zu zwingen, vornämlich entlaufene Dienstbothen und Sklaven. „So schreiben (wenigstens vormals) „Z. E. die Türcken den Namen des entlaufenen Skla„ven auf einen Zettel, hängen solchen in seine Stube „oder Wohnung auf, verwünschen und vermaledeyen
„den

„ — Fügen hiermit allen unsern nachgesetzten Beam„ten, abelichen Gerichtshaltern und Räthen in Städten zu „wissen, und ist denselben schon vorhin bekannt, wasmasen „wir aus tragender landesväterlichen Vorsorge alles, was „nur zur Conservation unsrer Lande und getreuen Untertha„nen gereichen kann, sorgfältig vorkehren und verordnen. „Wie nun durch Brandschaden viele in großes Armuth gera„then können, daher dergleichen Unglück in Zeiten zu steu„ren, Wir in Gnaden befehlen, daß in einer jeden Stadt „und Dorfe verschiedene hölzerne Teller, worauf schon ge„gessen gewesen, und mit der Figur und Buchstaben, die „unten beschrieben, des Freytages bey abnehmenden Mon„den Mittags zwischen 11 und 12 Uhr mit frischer Dinte „und neuer Feder geschrieben vorräthig seyn; so dann aber, „wenn eine Feuersbrunst, wovor Gott hiesige Lande in Gna„den bewahren wolle, entstehen sollte, alsdenn solcher bemeld„ter Teller mit den Worten: in Gottes Namen, in's Feuer „geworfen, und woferne dennoch das Feuer weiter um sich „greifen wollte, dreymal solches wiederhohlt werden soll, da„durch denn die Glut ohnfehlbar gedämpft wird Dergleichen „Teller nun haben die regierenden Burgemeister in den Städ„ten, auf dem Lande aber die Schultheisen und Gerichtsschöp„pen in Verwahrung auf zu behalten, und bey entstehender „Noth, da Gott für sey, beschriebenermasen zu gebrauchen. „Hiernächst aber, weil dieses jedem Bürger und Bauer zu „wissen nicht nöthig ist, solches bey sich zu behalten. Hier„an vollbringen dieselben unsern resp. gnädigsten Willen. „Gegeben N. N. den 24 Dec. 1742.

„Die Figur, deren gedacht wird, stellt zwey Zirkel, die „auf dem Teller unter einander geschrieben sind, vor. In „der Mitte aber ist eine Linie durch beyde gezogen, welche
„beyde

„den Kopf des Entflohenen. Darauf geschieht es durch „Gewalt des Teufels, daß der Flüchtling unterwegs zwi= „schen Löwen und Drachen zu gerathen glaubt, oder ihm „scheinen Seen und Ströme im Wege zu seyn, die aus „ihren Ufern treten, oder es wird mit einemmale ganz „finster um ihn, und durch diese Schreckbilder läßt er sich „bewegen, wieder zu seinem Herrn zurück zu kehren„ *).

Wir haben schon hin und wieder abergläubische Mit= tel wider das Nestelknüpfen angehender Eheleute mit bey= gebracht, aber alle konnten wir sie nicht sammlen. Hier sind indessen noch ein paar, die von dem Geiste dama= liger Zeiten zeugen, und die ein Arzt empfahl **). „Nimm ein spitz Holz, welches dem Eichbaum und Schlee= „dorn zugegen ist, und mit Geist, Form und Substanz „ihnen zuwider, als da sind Birckenbaum, Hirschhol= „der, Frimmenholz, von diesem nimm die Zweig, binds „zusammen wie einen Besen, kehre die Schoß über sich „und Strümpf unter sich, und piß von oben darein, „so ist ihm geholffen.

„So „beyde Zirkel in zwey halbe Zirkel theilet, oben und unten „aber aus den Zirkeln heraus gehet, und sonst die Zirkel zu= „sammen hänget. Oben siehet man auf dieser Linie ein krum= „mes Häckchen. In dem ersten und obersten Zirkel stehet in „dem halben zur linken der lateinische Buchstabe A. in dem zur „rechten der Buchstabe G. im untern Zirkel steht in der einen „Hälfte zur linken der Buchstabe L. in der zur rechten der „Buchstabe A. also, daß das Wort Alga herauskömmt. Un= „ter der völligen Figur aber sind die Worte: Consumatum „est und darunter drey † † † zu sehen". — Sancta Philo- sophia, ora pro nobis!

*) Wierus L. IV. C. XXI.

**) Gockelius a. a. O. S. 106.

„So es ihm aber durch seinen Herrn gethan worden,
„so hilf ihm also: Nimm süße Angelica-Wurzel 3 Loth,
„Widerthon eine Hand voll, diese zwey Stück in sein
„Trinck-Geschirr gethan, und darvon getruncken, und
„anders nichts, bis er gesund wird, und laß ihn sein
„Membrum mit der Haßlenen Mistel-Salb schmieren,
„so wird er gesund" *).

Der Stein der Weisen, oder die Kunst, Gold zu machen, war gleichfalls wahres Futter für jene abergläubische Zeiten, und den Glauben an die allmächtige Zauberey. Denn es versuchten es viele Männer, Gold zu machen, die sich von der Zauberey völlig frey wußten, und richteten natürlicher Weise nichts aus, und doch erhielt sich die leichtgläubige Sage, daß der und der die Kunst wirklich verstehe, und in der That Gold gemacht habe. Es waren entweder Betrüger, die sich dieses wichtigen Geheimnisses rühmten, um sich durch die Leichtgläubigkeit der Layen in der Kunst zu bereichern, wirklich Gold zu machen und insgeheim der Betrogenen zu lachen; oder es waren Fanatiker, denen zwar noch kein Proceß geglückt war, die aber nichts desto weniger an die Zuverläßigkeit der Kunst wie ans Evangelium glaubten, und so lange auf Hofnung hin arbeiteten, bis ihre sämtliche Habe ver-distilirt war. Der Durst nach Golde beweg andere, das Ding aus dem rechten Gesichtspunkte, wie man wähnte, anzusehen; Geister, hieß es, sind bekanntlich über die Metalle gesetzt, starke Wäch-

---

*) Canthariden und Bisam dürften, nach Weikhards und anderer Erfahrung, probater seyn, wenigstens ist mir in meiner Gemeinde ein Beyspiel bekannt, wo der Arzt durch das letztere die Bezauberung glücklich hob, und mir mein Predigen wider diesen Aberglauben, der längst noch nicht ausgerottet ist, erleichterte.

Wächter, die sich nicht foppen lassen, aber die auch ganz gutherzig sind, wenn man sie nur erst kennt, und sich in ihre Launen zu schicken weis, oder die auch ihre schwache Seite haben, und schon müssen, wenn man die rechten Mittel weis, sie zu zwingen. Dieser Höllenzwang war indessen den wenigsten bekannt, D. Faust hatte das Beste hinter dem Daumen behalten, Paracelsus nichts verrathen, Agrippa aber und Trithemius die Leute in den April geschickt. Man citirte bona fide, aber es kam niemand, und kamen die Geister auch dann und wann; so wollten sie doch von nichts wissen, oder äfften den Citanten. Unter allen Geistern war der Teufel noch der ehrlichste, wenn es sein Vortheil erheischte, man wandte sich also an ihn, um die Goldmacherkunst zu erlernen, und einigen wenigen erzeigte er den Gefallen. Aber freylich nur sehr wenigen, und diese mußten schon seine sehr guten Freunde seyn, die Kunst zu schweigen, im höchsten Grade besitzen und große Verdienste um ihn haben. Etwas geringern Verdiensten wies er blos die in die Erde vergrabene Schätze an, dem Hexenpöbel aber gab er überaus kärglich, und die meiste Zeit verwandelte sich das ihnen dargereichte wenige Geld noch obendrein in Kohlen, Asche oder Roßäpfel. Die Alchymie, welche vernünftige Leute heutiges Tages unter die wahren Kinderpossen rechnen, und das mit dem größten Rechte, rangirten die Alten ohne alle Gnade unter die Zauberkünste *).

*) Das Häuflein von sogenannten Theosophen und Theurgen ausgenommen. Die Erstern nahmen alle ihre Weisheit, also auch die Goldmacherkunst, unmittelbar von Gott, sie zeigten auch, wie unsere Adepten, den Profanen das Licht, nur Schade, daß sie es selbst nicht sahen. Die Theurgen hexten zwar auch, allein nicht durch Hülfe des Teufels,

Einige gaben es dem guten Adam auf dem Kopf schuld, daß er die Kunst Gold zu machen verstanden habe, und ließen sich nicht undeutlich merken, daß er im Hexen nicht so unerfahren gewesen sey, als man wohl denken mögte; ja Adam soll so gar ein herrliches Büchlein der Art verfertigt haben, das sich jedoch leider nicht so glücklich erhalten hat *) als die gelehrten Schriften seines Ur- ur- ur- ur- enkels Henoch, aus welchen der Apostel Judas und der Verfasser des zweyten Briefes Petri sollen geschöpft haben. Vernünftige Leute sind dagegen der Meynung, der Großvater der Menschen habe kaum reden können, vom Schreiben hab' ihn nicht einmal geträumt, und hexen habe er eben so wenig gekonnt. Und was sollte der gute Stammvater auch mit dem Golde machen? Goldene Service konnte er nicht brauchen, denn wem sollte er Dinees und Supees geben, da außer seiner Familie niemand da war, dem er sich hätte produciren können? Besetzte Kleider trug er auch nicht, und wem sollte er bestechen? Dies fiel einigen Lobrednern des Alterthums der Alchymie auf, und um es mit der poetischen Wahrheit nicht ganz zu verderben, machten sie den Mizraim, einen Sohn Hams, und Enckel Noahs, zum Erfinder der Alchymie, wenigstens

sondern der guten Geister, und diese mischten sich gleichfalls in die Alchymie, und lehrten sie ihre Zöglinge.

---

*) Allerdings soll sich diese alchymistische Schrift Adams erhalten haben, wenigstens sind Schriften unter seinem Namen wirklich in der Welt gewesen und sehr hoch gehalten worden. Womit und worauf der gute Alte schrieb, läßt sich freylich so recht nicht sagen, da das Original verlohren gegangen, aber daß er rein hebräisch geschrieben habe, und sonder Zweifel mit Puncten, werden viele nicht leugnen wollen. Wenn der ehrliche Herrman von der Hardt noch lebte; so könnte man bey ihm nachfragen.

stens zum Hersteller derselben. *). Hamm, an dem kein gutes Haar war, soll, nach der Legende der Cabalisten, seinem Vater Noah in der Arche seine Zauberbücher (Libros de magia naturali) von der natürlichen Magie gestohlen und sie seinem Sohne Mizraim geschenkt haben. Also muß der ehrliche Noah auch mehr, als Brodt essen, gekonnt haben. Daß Hamm ein Erzhexenmeister gewesen sey, wird für ausgemacht angenommen **), folglich konnte man ihm die Goldmacherkunst auch schon zutrauen, ohnerachtet ihm das Gold eben so unnütz war, als dem ersten Ahnherrn der Menschen. Andre machen Mosen und seine Schwester Miriam zu Erfindern dieser fabelhaften Kunst, und viele lassen Salomo den ersten Goldmacher seyn. Es versteht sich, daß diese drey Leute nicht zaubern konnten, indessen hat man leztern doch ein Büchlein zugeschrieben, (Claviculae Salomonis) aus dem sich das Geisterbannen lernen läßt, und wer solches die leztverflossenen 3 Jahrhundert in Händen hatte, qualificirte sich zur Haft und Folter. Am allerhäufigsten ist aber Hermes Trismegistus für den ersten Urheber der Alchymie gehalten worden, unsere heutigen Adepten erkennen ihn für ihren Stammvater und nennen die Kunst nach ihm die hermetische.

Die Möglichkeit, unedlere Metalle in Gold zu verwandeln, hat man in jenen Zeiten des Aberglaubens und der dicksten Unwissenheit gar nicht bezweifelt, Del Rio beweist sie durch viele Argumente, unter andern aber mit dem heil. Augustinus, der des Dafürhaltens ist, daß die ägyptischen Zauberer auf eine natürliche Art

---

*) v. Del. Rio LI. C. V. Q 1. Sect. I. p. m. 30.

**) v. Del. Rio. l. c.

Stäbe in Schlangen verwandelt hätten. Das war
freylich schwehrer, als das Goldmachen, und da der
Teufel den Hexen die Macht ertheilt, sich und andere Menschen in Wölfe, Hunde, Katzen u. s. w. zu verwandeln;
so muß ihm der alchymistische Proceß freylich nur eine Kleinigkeit seyn, und man muß sich wundern, daß er nicht
noch häufiger getrieben ward. Denn ihn treiben, und
wirklich mit Erfolg treiben, ist zweyerley. Damals mußte die Welt also in dieser Rücksicht noch vernünftiger
seyn, als jetzt, in dem philosophischen 18 Jahrhunderte,
wo aus dieser Gaukeltasche häufiger gespielt wird, wo
Gutmanns Offenbarung und Jacob Böhmens
Unsinn, zur Schande unseres Zeitalters, Freunde, Leser und Bewunderer finden, und nicht wenige Prose-
lyten der lächerlichsten Thorheit machen *). Wer sollte

*) Gutmanns Offenbarung göttlicher Majestät ist ein
theosophisches Werk, gegen das Jahr 1560 gedruckt. Weil
es der Welt niemals an Narren gefehlt hat, so ward dies
Buch so selten und so sehr gesucht, daß man das Exemplar
mit 30 oder 40 Thaler bezahlte, und sein Geld wohl angelegt zu haben glaubte. 1619 ward es ipsis nundinis ve-
nalibus in Frankfurth am Mayn wieder aufgelegt aber auch
diese Ausgabe ist nebst dem von 1675 schon wieder selten
und theuer geworden. Ich habe diese Edition in Leipzig
mit 5 Thalern bezahlt. Gutmann ist ein bliebteres Futter
für unsere theosophische Adepten, als Jacob Böhme, (der
jedoch mehr Auflagen erhalten hat;) man sprach also
vor einigen Jahren stark davon, daß Gutmanns Offenbarung wieder gedruckt werden solle. Leider wäre diese Unter-
nehmung für einen Verleger nichts gewagtes, weil die Anzahl der Gutmannianer in Deutschland sehr groß seyn soll;
aber für die Aufklährung? Hier muß ich schweigen. Joh.
Vogt sagt in seinem Catalogo librorum rariorum p. 499.
von

te in unserm Zeitalter noch Rosencreuzersche Possen und neue Auflagen alchymistischer Schnurren erwarten, die zur Ehre des gesunden Menschenverstandes nicht tief genug in Vergessenheit vergraben werden konnten? *)

Daß der Teufel, der alles konnte und alles wußte, auch bey dem alchymistischen Processe zu Rathe gezogen ward, lehrt uns Del Rio **) in einer seiner Meynung nach glaubwürdigen Erzählung. „Von der teufelischen „Goldmacherey erzählt uns der Verfasser der Dämono-„manie, er habe es aus des Wilhelms von Constanz, ei-„nes berüchtigten Alchymisten, eigenem Munde, daß „seine Gehülfen, die lange vergeblich arbeiteten, ohne „Gold

von dieser Gutmannischen Offenbarung: Liber hic Aegidii Gutmanni, Viri ingenii portentosi adeo rarus est, ut vel quinquaginta, immo centum Ioachimicis olim venderetur. Der ganze Tittel dieses Buchs ist: Offenbarung göttlicher Majestät, darinnen angezeiget wird, wie Gott der sich anfänglich allen seinen Geschöpfen mit Worten und Wercken geoffenbahret, und wie er alle seine Werke, derselben Art, Eigenschaft, Kraft und Wirkung in kurze Schrift artig verfasset und solches alles dem ersten Menschen, den er selbst nach seinem Bildniß geschaffen, überreicht, welches denn bis daher gelanget ist.

*) Man erinnere sich z. E. der neuen alchymistischen Bibliothek, die der sel. Prof. Schröder in Marburg noch vor 10 Jahren heraus gab, und der neuen Sammlung von einigen alten und sehr rar gewordenen philosophisch und alchymistischen Schriften, die 1774 mit dem 6ten Theil beschlossen ward, vieler anderer und noch jüngerer nicht einmal zu gedenken, denn wem fällt nicht die verunglückte Gasconade des D Prince von ähnlichem Gepräge ein, die gewiß noch neu genug ist? Aber Wind und Betrug war sie so gut als alle vorhergehende.

**) Disq. mag. L. I. C. v. Q. V. p. 38.

„Gold zu sehen, zuletzt Rath und Hülfe beym Teufel
„gesucht hätten: ob sie recht zu Wercke giengen und ih-
„re Absicht zu erreichen hoffen dürften: oder ob sie bey
„ihrem Processe etwa ein Versehen begangen hätten?
„Der Teufel gab nach seiner Gewohnheit, eine dunke-
„le, zwendeutige Antwort: arbeitet! arbeitet! Die
„Tröpfe bekamen dadurch Muth, bliesen und laborirten
„aus allen Kräften, bis alle Species durch Rauch ver-
„dampft waren. Sie ermüdeten deswegen noch nicht,
„sondern fuhren treuherzig fort, bis ihnen Wilhelm
„zuletzt ins Ohr raunte, daß der Teufel den Leuten
„durch Zwendeutigkeiten Nasen zu drehen pflege, sie möch-
„ten das Ding also lieber seyn lassen, und andre Ge-
„schäfte vornehmen, die ihren Mann gewisser nährten."
Del Rio beklagt es, daß sich die Narren nichts destoweniger noch eine zwente Nase vom Teufel hätten drehen
lassen, und erzählt noch ein paar andere Geschichten
ähnlichen Inhalts.

Ich könte diese Einleitung in die Geschichte der
Hexenprocesse (denn weiter sollte dieser erste Band nicht
seyn) noch mit vielen ähnlichen Puncten des Aberglaubens vermehren; allein ich muß davon abstehen, theils,
weil bey künftigen Actenlieferungen vieles gelegentlich
vorkommen wird, wofür ich hier keinen Platz mehr
habe, theils muß ich aber auch zum Ende eilen, um
die Presse nicht länger auf mich warten zu lassen, die
durch einen Vorfall aufgehalten ward, der auch mir
nicht anders als äußerst unangenehm seyn konnte,
und mir schier alle Lust verleidet hätte, die Feder je
wieder in die Hand zu nehmen. Die Geschichte dieser Widerwärtigkeit ruhe in Vergessenheit, denn wer
vermag alles zu sagen, was man wohl sagen könnte?

wer jeden widerlegen? Nur so viel bin ich mir selbst
schuldig, meine Leser zu bitten, mir meinen Stand-
punct nicht zu verrücken, von dem ich selbst jenen Aberglauben ansehe, und ihn auch der Welt anschaubar
zu machen bemüht bin. Die Geschichte ist eine Lehrmei-
sterin für die Weisen und eine Geissel der Thoren; sie
redet laut, so bald Tyrannen und Despotismus sie nicht
mehr zwingt, zu schweigen, und durch getreue Schil-
derungen schreckt sie neue Generationen ab, in die
Fehler ihrer Vorfahren zu fallen. Des Aberglaubens,
von dem hier die Rede ist, ist noch gnug, noch sehr,
sehr viel in der Welt, Weisheit der Fürsten kann ihn
zwar zurückhalten, aber nicht ausrotten, und dies vermag noch weniger ein philosophisches Räsonnement.
Dagegen stelle man die Geschichte des Aberglaubens
und seiner schädlichen Folgen getreulich dar, diese wird
eher wirken, eher abschrecken, als abstracte Widerle-
gungen. Denn man rede einem jungen, hartherzigen
Prinzen auch noch so viel von Gerechtigkeit, väterlicher
Liebe und Verschonung vor, die ein Regent seinen
Unterthanen schuldig ist, wird das wohl so viel wirken, als eine getreue, anschauliche Geschichtserzählung
der Grausamkeiten eines Nero, Caligula oder Schach
Nadir? Hier reden die Thaten selbst nnd am laute-
sten, wenn sie schlechthin und ohne Commentar erzählt
werden, den man dem Leser selbst überlassen muß. Die
Treue eines Geschichtschreibers liefert, so viel sie kann,
das Gemählde ganz, ohne Lücken und Versteckungen
und ohne weibische Ziererey, ohne Ausrufungen: laßt
uns den Vorhang vorziehen, denn auf einen nie-
dergelassenen Vorhang wird kein Leser und Zuschauer
eingeladen, sondern auf die Vorstellung selbst. Gern
hätt' auch ich den Vorhang vor jene Scenen teuflischer
Schmutzereyen gezogen, die so durch und durch in den

Hexen-

Hexenkram mit verwebt sind, die beynahe bey jeder Inquisition die Hauptsache ausmachten und die ersten Fragen veranlaßten, wenn ich keine Geschichte des Ganzen versprochen hätte und eben deswegen schuldig gewesen wäre. Freylich kann es Spröde beyderley Geschlechts geben, die mir diese Treue zu einem Verbrechen machen werden; das muß ich mir eben so gut gefallen lassen, als jeder Anatomiker und Hebammenlehrer, davon treue Beschreibung noch eher zu argen Gedanken Anlaß geben kann, als die allerwidernatürlichste, ekelhafteste, fabelhafte und ausgefolterte Aussage der Hexen, die nur höchstens auf viehische, ganz unter die Menschheit herabgesunkene Gemüther einen Eindruck machen kann, an denen nichts mehr zu verderben ist. John Moore sagt, daß die vielen Nuditäten in Florenz an Bildern und Statüen nicht den geringsten ärgerlichen Eindruck auf das Frauenzimmer machten, weil man sich daran gewöhnt habe, und es ist der Erfahrung gemäß, daß sich pura naturalia beßer ohne Nachtheil ansehen laßen, als halb verschleyerte, die nur durch den Zauber einer schlüpfrigen Darstellung Brunst erwecken. Die schmutzige Neuseeländerin ohne alle Bedeckung und das garstige beräucherte Weib eines Pescherä ist nicht halb so gefährlich, als unsre Dame im kurtzen Morgenröckchen, die ihre Brüste nur mit Gaze bedeckt. So viel zur Zurechtweisung deren, die Gelegenheit nehmen mögten, mir von dieser Seite für eine saure Mühe zu dancken.

Noch andere, die den Drang zu tadeln so unwiderstehlich bey sich empfinden, oder es für ihren Beruf halten, könnten überhaupt sagen: wozu das Aufwärmen alter Thorheiten? Freylich sind es Thorheiten und noch was schlimmeres; allein eine Universalgeschichte ohne Erzählung alter Thorheiten, Irrthümer und Laster wäre eine niederträchtige Lüge und ein so leeres Werk daß es sich auf den Feyerabend schreiben und lesen ließe. Und sollte der dumme Aberglaube denn wirklich so verjährt, so aus der Mode gekommen seyn, daß es keines Erwähnens mehr bedürfte? Noch im Jahre 1780 hatten Patrioten in Constanz eben die Gelegenheit, wider den verdammten Ablaßkram eines Kapuzinergenerals zu kämpfen, die vor mehr als 250 Jahren den unheilbaren Riß in die Kirche machte, und von jedem erleuchteten Katholicken verabscheuet wird. *) Am 15 Jul. 1776 unterwarf sich noch zu Suffolk, einem Dorfe unweit Saxmundham in England ein Pferdedoktor der Wasserprobe, um sich von dem Argwohne der Zauberey zu reinigen **). Noch im Jahre 1780. ward auf den Alpen ein altes Mütterlein zweymal als Hexe auf das schrecklichste gefoltert, und gern hätte man sie verbrannt, wenn sie sich durch die Schmerzen hätte erweichen lassen, ein Laster zu gestehen, das noch nie in der Welt gewesen ist ***). Noch vor wenigen Jahren ward dies Inquisitionswesen in Polen, und namentlich in der Gegend von Witkove in der Woiwobschaft Gniesen getrieben †). Das ganze Dorf Tschemeschne stand die Wasserprobe aus, man schlug der vorgeblichen Hexe Maul und Nase durch,

um

*) S. Ephemeriden der Menschheit, 2 Stück. S. 144. B. 1782.

**) Eben daselbst. Stck. 8. S. 235.

***) Ebdf St. 6. S. 744.

†) S. Bernouilli's Reisen, Jahrgang 1781. B. 4. S. 271. f.

um aus dem Blute zu urtheilen, ob sie schuldig sey, oder nicht, und einige Jahre vor dem Kriege wurden noch zwo solcher Unglücklichen um Witkove verbrannt. Das, was den überaus unterhaltenden Verfasser dieses Aufsatzes bewog, diese Geschichte mitzutheilen *), bewog auch mich, dies Buch zu schreiben. Ist auch dieser Aberglaube vielen Weltbürgern, besonders in Staaten, wo die Fürsten aufgeklärt sind, nicht im Ganzen mehr sichtbar, so ist er's doch noch immer in seinen Zweigen, aus denen bald ein Ganzes würde zusammen gesetzt seyn, wenn die Regierung nachgebend seyn wollte **). Noch bis diese Stunde ist die Constitutio Criminalis Carolina im heil. römischen Reiche nicht aufgehoben worden, folglich auch nicht die den Hexenproceß betreffende Artikel, noch ist dieser Aberglaube nichts weniger, als völlig ausgerottet; bleibt da einem Schriftsteller nichts zu sagen übrig? Und sollte denn wohl da, wo die Regierung durchgreift, sich der Aber=

---

*) Ebd. S. 273. „Es kann hier und dort von Nutzen „seyn, da man nicht sicher ist, daß nicht, indem ich dieses „schreibe, eine von den 88 des heiligen römischen Reichs „Reichsstädten, oder ein löblicher Canton." Und das geschah wircklich zu Glarus, wo eine vorgebliche Hexe, die Magd des Doct. Tschudy, hingerichtet ward, und ihr vorgeblicher Mitschuldige Steinmyller sich im Gefängniß erhing. S. Berliner Monathschrift 1783. Mai. S. 476. f. „Der löblichen dreyzehn Cantons oder „auch etwa ein kleiner Fürst, der sich von Gottes Gnaden ei„nen Galgen hält, ein ähnliches Schauspiel, in Ermangelung „einer Marionetten=Bude oder einer Bärenhetze, auffüh„ren läßt.

**) Man erinnere sich nur der neueren Farcen, die ein vorgeblicher Meßias Rosenfeld und der Monddoctor in Berlin gespielt haben. Geschieht das am grünen Holz, was wills am dürren werden?

Aberglaube so bald wegschaffen lassen? Folter und Scheiterhaufen kann der Fürst wegschaffen, aber nicht den Aberglauben selbst; dies bleibt das Werck des Volkslehrers, und wie er's thun will und kann, muß ihm nicht vorgeschrieben werden, da er sein Publicum am beßten kennen muß. Auch mißlungene Versuche verdienen ihrer Absicht wegen eher Danck als Tadel, und ich muß es erwarten, ob meine Bemühungen so ganz zweckwidrig seyn werden oder nicht.

Dies alles hätte ich in der Vorrede sagen können, wenn sie nicht zum Unglück schon abgedruckt gewesen wäre, als mir die erste Gelegenheit zu dieser Schutzschrift gegeben ward; ich thue es also jetzt.

Wie bald der zweyte Band folgen werde, der näher in's Detail gehen wird, kann ich zwar noch nicht versprechen; aber an mir soll es nicht liegen, ihn möglichst bald zu liefern, und an Fleiß soll es auch nicht fehlen, die Fortsetzung immer interessanter zu machen, wenn mir Gott Zeit und Kräfte schenkt.

www.ingramcontent.com/pod-product-compliance
Lightning Source LLC
Chambersburg PA
CBHW030004240426
43672CB00007B/817